KB079605

자동화된 불평등

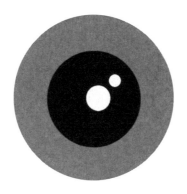

AUTOMATING INEQUALITY:
HOW HIGH-TECH TOOLS PROFILE, POLICE,
AND PUNISH THE POOR

자동화된 불평등

첨단 기술은 어떻게 가난한 사람들을
분석하고, 감시하고, 처벌하는가

버지니아 유뱅크스 지음 | 김영선 옮김 | 홍기빈 해제

북트리거

20세기 초에는 구빈원이 아주 흔해서 그림엽서에 역겹거나, 이상화되거나,
불길한 모습으로 자주 등장했다.

Saturnalian Greetings

ASHES TO ASHES
DUST TO DUST
IF THE BUG-HOUSE DON'T GET YOU
THE POOR-HOUSE MUST!

by Ottokar

This is the "House for the Needy" at the Sauk Co. Farm. 4½ miles south of Reedsburg. Wisconsin.

이 책에 대한 찬사

자동화 시대에 '가난한 사람들이 어떻게 살아가는지' 보여 주는 놀라운 연대기다. 유뱅크스는 디지털에 의한 새로운 분리, 즉 가장 소외받는 사람들을 옭아매는 전체주의화한 감시망을 폭로한다. 설득력 있고 정신이 번쩍 들게 하는, 이 인간미 넘치는 책은 데이터 기반 정책의 디스토피아를 폭로하며 모두에게 공정한 사회를 만들 것을 촉구한다.

— **얼론드러 넬슨**(『DNA의 사회적 삶*The Social Life of DNA*』 저자)

명쾌한 책. 겉치레에 불과하기는 하지만 개혁이 있었음에도, 사회적 약자들을 위한 정책이 가장 가난한 사람들의 배제와 처벌에 집착하는 아주 오래된 빈곤법의 신조에 여전히 지배받고 있음을 유뱅크스는 보여 준다.

— **프랜시스 폭스 피번**(『빈민 규제*Regulating the Poor*』 저자)

기술에 관한 단 한 권의 중요한 책을 올해 읽게 될 것이다. 오늘날 모두가 인터넷이 민주주의에 미치는 영향에 대해 우려하지만, 유뱅크스는 우리가 맞닥뜨리고 있는 문제가 '가짜 뉴스'보다 훨씬 더 심각한 것임을 보여 준다. 자동화 시스템은 고의로 사회적·경제적 불평등을 견고히 하고, 사적·공적 복지를 약화시킨다. 유뱅크스는 역사에 뛰어들어 참호 속에서 리포트를 전하며, 우리가 맞닥뜨리는 정치적 디지털 세력을 더 잘 이해해 효과적으로 반격할 수 있도록 도와준다.

— **애스트라 테일러**(『대중의 플랫폼*The People's Platform*』 저자)

이 책은 법 집행부터 의료보험, 사회복지사업까지 미국의 제도가 어떻게 가난한 사람들, 특히 가난한 유색인들에 대한 처벌을 확대하고 있는지 매우 효과적으로 드러낸다. 미국의 불평등을 만들어 내는 현대의 수단에 관심이 있는 사람이라면 모두가 읽어야 할 책.

— **도로시 로버츠**(『검은 몸 죽이기*Killing the Black Body*』, 『산산조각 난 유대*Shattered Bonds*』 저자)

우리 모두를 위한 책이다. 지역 지도자, 학자, 법률가, 정부 지원 수급자, 그리고 디지털 산업으로 부유해진 국가가 기술을 이용해 어떻게 영구적인 최하류층을 만들어 내고 유지하는지 한층 더 잘 이해하는 것이 생존과 직결된 사람이라면 누구나. 우리 시대의 책."

— **맬키어 A. 시럴**(미디어정의센터 공동 설립자 및 사무총장)

『자동화된 불평등』은 정보 기술이 소외받는 사람들에게 미치는 사회적 영향을 이해하는 데 가장 중요한 최근의 책 가운데 하나다. 인공지능이 사람들에게 해를 끼칠 가능성에 대한 논의를 시작할 때, 유뱅크스의 책은 필독서다.

— **이선 주커먼**(『MIT 시민미디어센터장』 저자)

대단히 놀랍고 훌륭하다. … 유뱅크스가 분명히 한 대로, 자동화는 윤리를 유기하는 새로운 기술과, 쓰고 버릴 수 있다고 여겨지는 수백만 명의 목숨뿐 아니라 민주주의 자체를 위협하는 도구적 효율을 결합했다. 이 디지털 악몽이 어떻게 우리 삶을 통제하려는 제도 속 깊숙이 뻗어 있는지, 그리고 어떻게 거기에 이의를 제기할 수 있는지 알고 싶다면, 이 책을 꼭 읽어야 한다.

— **앙리 지루**(『위기에 처한 대중*The Public in Peril*』 저자)

『자동화된 불평등』은 무척 흥미롭고 강렬한 감정을 불러일으킨다. 이 책은 취약한 삶에 대해 이야기한다. 잘못된 데이터, 부당한 소프트웨어, 그리고 상황을 바로잡기에는 너무나 서툴거나 부패한 관료로 인해 난장판이 된 삶을. 모두가 이 책을 읽고, 불가해한 법과 컴퓨터 코드 뒤에 때때로 가려지는 현대의 국가 통치 방식이 실제로 어떻게 작동하는지 알아야 한다.

— **프랭크 파스콸레**(『블랙박스 사회: 당신의 모든 것이 수집되고 있다』 저자)

버지니아 유뱅크스의 새 책은 신흥 감시 국가에 대한 흥미진진한 이야기로 우리를 경악케 한다. '디지털 구빈원'은 가난한 사람들을 돕기보다는 관리하고, 징계하고, 처벌하기 위해 그 망을 점점 확장하고 있다. 이 책을 읽어라. 그리고 유뱅크스와 손잡고 그것이 떠받치는 불의에 맞서 반격하라.

— **샌퍼드 슈람**(『복지 논쟁*Words of Welfare*』, 『빈민 길들이기*Disciplining the Poor*』 저자)

바버라 에런라이크의 『노동의 배신』 또는 매튜 데스먼드의 『쫓겨난 사람들』과 맞먹는 필독서. 철저히 연구되고, 아주 이해하기 쉬우며, 대단히 겸손하다. 사례 연구와 정연한 논리를 통해 기술의 비용과 결과를 다루는 중요한 책들이 많지만, 실로 알고리즘에 의한 의사 결정과 불평등의 세계로 독자들을 끌어들이는 건 이 책이 처음이다. 잘 쓰인 문화 기술지 같다.

— **다나 보이드**(『소셜 시대 십 대는 소통한다』 저자)

『자동화된 불평등』의 주장은 사회복지 프로그램에서의 자동화된 의사 결정이 디지털 구빈원을 만들어 낸다는 것이다. 디지털 구빈원은 미국의 가난 문제에 항상 따라다니던 부정적인 유형의 도덕적 판단을 영구화한다. 유뱅크스는 데이터 과학자들이 모든 사람들을 존중하고 차별 양상을 악화시키지 않을 것을 맹세하는 히포크라테스 선서를 제안한다.

— 《뉴욕리뷰오브북스》

(기술과 정책에 관한 이 책의 성취에) 눈을 뗄 수가 없다. 이 책의 주장을 가난한 사람들, 사회복지사, 정책 입안자뿐 아니라 전문직 계층에게 널리 알려야 한다. 기술이 정의를 대신할 수 없다는 점을 모두가 알아야 한다.

— 《뉴욕타임스》

우리가 빈곤을 어떻게 처벌하는지에 관한 뛰어난 책. 『쫓겨난 사람들』과 훌륭한 한 쌍을 이룰 것이다.

— 바버라 피스터, 《인사이드하이어에드》

유뱅크스는 우리가 가난한 사람들을 관리해서 빈곤을 퇴치할 필요가 없다고 말한다. 그는 인디애나주의 가난한 사람들, 로스앤젤레스의 노숙인, 피츠버그의 아동 복지를 관리, 조작, 통제하는 아주 다양하고 상당히 다른 세 가지 접근법을 탐사한다.

— 《샌프란시스코 북리뷰》

유뱅크스는 자동화된 시스템이 사람들을 자원으로부터 분리하고, 분류하며, 범죄화하고, 사생활을 침해한다고 주장한다. 결국 이런 문제는 가난한 사람들뿐 아니라 모든 사람들에게 영향을 미칠 것이라고 한다. 이 책의 마지막 장에서는 디지털 구빈원의 해체 전략을 제시한다.

— 《북리스트》

유뱅크스가 이런 동향에 영향을 받는 미국인들에게 보내는 지지는 열정적이면서, 날카로운 분석이 함께하며, 인상 깊은 연구로 뒷받침되고 있다.

— 《라이브러리저널》

컴퓨터는 오랫동안 탈문화 영역으로 여겨져 왔다. 이런 인식은 바뀌어야 한다. 하지만 정책 입안자들과 유권자들이 진정 문제가 어느 정도인지를 알아야만 변화가 일어날 것이다. 디지털화를 찬양하는 시대, 권력 집단이 대개 이런 알고리즘이 낳는 결과로부터 보호받는 곳에서는 이런 변화가 일어나기 어렵다. 물론 무작위의 우연이 발생하는 경우는 예외이지만 말이다. 이런 면에서 유뱅크스의 이야기는 우리 모두에게 소름 끼치는 교훈을 가져다준다.

— 《파이낸셜타임스》

공공 부조에서 인간의 의사 결정을 대체하거나 인간의 의사 결정을 증진시키기 위해 알고리즘을 첨가하는 세 가지 실험을 연구한다.

— 《자코뱅 매거진》

유뱅크스는 왜 모두가 빈곤 관리의 현재와 미래를 심각하게 걱정해야 하는지 능숙하게 보여 준다. 그는 개개인의 이야기와 더불어 데이터를 제시해 폭로한다. 우리 안에 아주 깊숙이 자리한 편견을 냉정한 수학에 담아, 사실상 사회의 가장 취약한 사람들을 눈에 보이지 않는 우리cage 안에 가두려는 정치적 의지를, 또한 그것을 위한 토양이 무르익어 쉽사리 그런 체제를 확고히 할 수 있음을.

— 《뉴욕데일리뉴스》

유뱅크스가 수집한 이야기와 데이터가 우리를 격분시킨다고 말하는 것으로는 부족한 것 같다. 소외된 사람들은 대개 기술 도구를 통한 평가 및 처벌 실험에 가장 먼저 맞닥뜨린다. 『자동화된 불평등』은 예리하게도 기술이 이런 목적에 교묘히 이용되는 방식을 분명하게 보여 준다.

— 《뉴리퍼블릭》

유뱅크스는 아름다운 전기적 이야기를 날카로운 관찰 및 비판과 결합한다. 그 덕분에 이 책은 캐시 오닐이 "대량 살상 수학 무기"라고 한 것에 관한 문헌에서 없어서는 안 될 것이 되었다.

— 코리 닥터로우, 《보잉보잉》

CONTENTS

저자 메모

이 책에서 나오는 인세의 50퍼센트를 피츠버그의 소년법원프로젝트,
인디애나폴리스의 인디애나법률서비스,
그리고 로스앤젤레스지역활동네트워크에 기부한다.

소피에게

일러두기

1. 도서명은 국내에 번역된 도서의 경우 한국어판 제목을 그대로 따랐으며, 번역되지 않은 도서의 경우에는 옮긴이가 번역한 제목과 원서 제목을 함께 표기했다.

2. 본문에 나오는 인명과 지명 등의 표기는 원칙적으로 국립국어원이 정한 외래어 표기법을 따랐으나, 옮긴이의 요청이 있거나 관례로 굳어진 몇몇 경우는 예외로 했다.

3. 저자가 겹따옴표로 강조한 부분은 한국어판에서도 겹따옴표로 처리했고, 이탤릭체로 강조한 단어나 문장은 한국어판에서 고딕체로 처리했다.

4. 저자의 주석은 모두 미주로 처리했다. 옮긴이의 주석은 간단한 뜻풀이인 경우 본문 괄호 속에 넣고 '옮긴이'라고 표기했으며, 문맥상 보충하거나 독자의 이해를 위해 덧붙이는 내용은 모두 본문에 각주로 처리했다.

5. 거리, 면적, 무게 등의 단위 표기는 국제 도량형 표기법에 맞추었다. 단, 문맥과 상황에 따라 야드파운드법을 적용했다.

서론

적신호

2015년 10월 이 책을 쓰기 시작한 지 일주일이 지났을 때, 13년을 함께해 온 다정하고 훌륭한 나의 동반자 제이슨이 남자 넷에게 습격을 당했다. 뉴욕주 트로이, 우리가 사는 구역의 길모퉁이 가게에서 집으로 걸어오는 길에서였다. 제이슨은 처음 얻어맞기 전 누군가가 담배 한 대를 청한 일을 기억했다. 그 후로는 언뜻언뜻 스치는 기억뿐이었다. 식품 잡화점 접의자에서 정신을 차린 일, 잡화점 주인이 기다리라고 말한 일, 경찰관이 질문한 일, 구급차를 타고 달리는 동안 빛과 소리가 들쭉날쭉하던 순간.

어쩌면 제이슨이 기억하지 못하는 게 좋을지도 모른다. 그를 공격한 사람들은 턱 여섯 군데, 양쪽 안와, 한쪽 광대뼈를 부러뜨려 놓고는 35달러가 든 지갑을 가지고 달아났다. 퇴원할 때, 제이슨의 머리는 보기 흉한 썩은 호박 같았다. 우리는 안면 재건 수술을 할 수 있을 만큼 붓기가 가라앉도록 2주를 기다려야 했다. 10월 23일, 성형외과 의사가 손상된 부분을 바로잡고, 티타늄 판과 작은 뼈 나사로 두개골을 재건하고, 턱뼈를 철사로 연결해 다물게 하는 데 6시간이 걸렸다.

우리는 제이슨의 시력과 청력이 손상되지 않은 것을 기적으로 여겼다. 제이슨은 무척 고통스러워했지만 비교적 기분이 좋았다. 이는 하나밖에 나가지 않았다. 지역 주민들이 우리를 중심으로 뭉쳐 거의 끊이지 않고 우리 집으로 죽과 스무디를 배달해 날랐다. 친구들은 의료보험 본인 부담금, 임금 손실, 그리고 정신적외상과 치료에 드는 다른 예기치 않은 비용을 도와주려고 모금 행사를 계획했다. 처음 몇 주 동안은 경악과 두려움에 빠져 있었으나, 우리는 운이 좋다고 생각했다.

그러다가 수술 며칠 후, 나는 제이슨의 진통제를 사러 약국에 갔다. 그런데 약사는 처방전이 취소되었다고 했다. 시스템상 우리는 의료보험에 가입되어 있지 않은 것으로 나타났다.

나는 허둥지둥 보험회사에 전화를 걸었다. 녹음된 음성 메시지를 따라가 대기하자, 고객 서비스 상담원과 연결되었다. 나는 처방전 보험 처리가 거부되었다고 설명했다. 상담원은 친절히 걱정해 주며

컴퓨터 시스템에 우리의 보험 보장 "개시일"이 나타나지 않는다고 말했다. 나는 이상한 일이라고 대답했다. 제이슨의 응급실 비용을 청구했을 때는 보험금이 지급되었기 때문이다. 그 시점에는 개시일이 있었음에 틀림없다. 이후 우리 보험에 무슨 일이 일어난 걸까?

상담원은 단순한 착오, 사소한 기술상 결함이라고 확인해 주었다. 그러더니 백엔드back-end 데이터베이스에서 뭔가 마술을 부려 우리의 처방전을 다시 보험 처리해 주었다. 나는 그날 늦게 제이슨의 진통제를 샀다. 하지만 보험증권이 사라진 일이 상당히 꺼림칙했다. 우리는 9월에 의료보험증을 받았다. 보험회사는 10월 8일 응급실 및 방사선과 이용분에 대해서는 보험금을 지불했다. 어떻게 보험 개시일이 누락될 수 있는 걸까?

보험회사 웹사이트에서 우리가 청구한 내역을 찾아보다가 나는 속이 뒤틀렸다. 10월 16일 이전 청구분은 지급되었다. 하지만 일주일 후의 수술비는 모두―6만 2,000달러가 넘었다―거부되었다. 나는 다시 보험회사에 전화를 걸었다. 녹음된 음성 메시지를 따라가서 기다렸다. 이제 나는 허둥거리기만 한 게 아니라 화가 났다. 고객서비스 상담원은 "시스템상" 우리 보험이 아직 개시되지 않아서 보험 적용이 되지 않았다는 말만 앵무새처럼 반복했다. 보험이 없는 동안 접수된 청구분은 모두 거부될 터였다.

곰곰이 생각하다가 가슴이 쿵 내려앉는 느낌이 들었다. 나는 제이슨이 습격을 당하기 불과 며칠 전에 새로운 일을 시작했고, 우리는 보험회사를 바꿨다. 제이슨과 나는 결혼한 상태가 아니어서, 그는 내 동거 상대로 보험에 들어 있다. 새로 보험을 든 지 일주일이 지난 상태였고, 그러다가 1만 달러에 달하는 금액을 청구했다. 콜센터에서 잘못 입력하여 개시일이 누락되었을 가능성은 있었다. 하지만 나의 본능은, 어떤 알고리즘이 우리를 보험 사기 조사 대상자로 지목해서 보험회사의 조사가 끝날 때까지 우리의 보험 혜택을 유예시켰다고 말해 주었다. 우리 가족은 적신호를 받은 것이다.

디지털 시대가 시작된 이래 재정, 고용, 정치, 의료, 복지 서비스에서의 의사 결정은 획기적인 변화를 겪고 있다. 40년 전에는 우리 삶을 형성하는 거의 모든 주요한 결정이, 다시 말해 일자리, 주택 담보대출, 보험, 신용거래, 또는 정부 서비스를 제공받을 수 있을지 없을지가 인간에 의해 이루어졌다. 이런 결정은 대개 사람보다는 컴퓨터와 비슷한 방식으로 생각하는 보험 수리(사고, 화재, 사망 등의 통계 기록을 연구해 보험 요율, 보험 위험률 등을 산출하는 일-옮긴이) 과정을 거쳤지만, 여전히 인간의 재량이 승리를 거뒀다. 오늘날, 우리는 대부분의 의사 결정 권한을 정교한 기계에 넘겨주었다. 자동화된 복지 수급 자격 판정 시스템, 순위를 매기는 알고리즘, 위험 예측 모형이 어떤 주민이 감시를 받고, 어떤 가정이 필요한 자원을 얻고, 누가 일자리 최종 채용 후보자 명단에 오르고, 누가 사기 건으로 조사를 받을지 통제하는 것이다.

의료보험 부정수급은 정말 문제다. 미국 연방수사국FBI에 따르면, 이로 인해 고용주, 보험 계약자, 납세자가 1년에 거의 300억 달러의 비용을 부담하고 있다. 그 대부분이 소비자가 아니라 보험회사가 저지르는 것이기는 하지만 말이다. 나는 보험회사가 사기성 보험금 청구를 적발하기 위해 자기네 마음대로 도구를 이용한다고 해서, 또는 심지어 그런 사기를 예측하려 한다고 해서 비난하는 게 아니다. 하지만 이런 적신호가 인간에게 미치는 영향은 재앙에 가까울 수 있다. 특히 목숨이 달린 중요한 서비스를 받지 못하게 되는 상황으로 이어질 때 말이다. 우리가 가장 취약하다고 느낄 때, 우리가 사랑하는 사람의 심신이 쇠약해지는 고통을 겪고 있을 때, 의료보험이 끊기면 궁지에 몰려 절망에 빠지고 만다.

　보험회사와 싸울 때, 나는 제이슨을 돌보고 있기도 했다. 제이슨은 눈이 부어 뜰 수가 없었고 재건한 턱과 안와는 통증으로 화끈거렸다. 나는 알약들(진통제, 항생제, 항불안제)을 스무디에 집어넣고 뒤섞었다. 제이슨이 화장실에 갈 때는 부축을 했다. 습격당한 그날 밤에 제이슨이 입었던 옷을 보고서는, 마음을 단단히 먹고 피가 딱딱하게 말라붙은 호주머니를 훑었다. 제이슨이 그때 일을 떠올리며 깨어났을 때는 그를 안심시켰다. 친구들과 가족에게서 쏟아지는 지원들을 처리할 때는 고마운 마음 반, 기진맥진한 마음 반이었다.

　나는 고객 서비스 전화번호로 몇 번이고 전화를 걸었다. 관리자를 바꿔 달라고 했지만, 콜 센터 직원은 내 고용주만이 자기네 상사와 이야기할 수 있다고 했다. 마침내 직장 인사 담당 직원에게 연락해 도움을 청하자, 즉시 조치를 취해 주었디. 머칠 안에, 우리의 의료보험이 "부활되었다". 그것은 엄청난 구제였다. 우리는 파산에 대한 두려움 없이 계속해서 후속 진료 예약을 하고 치료 일정을 잡을 수 있었다. 하지만 보험 적용이 되지 않았던 불가사의한 몇 달 동안의 청구분은 여전히 거부되었다. 나는 싸우면서 힘들게 하나하나 그걸 바로잡아야 했다. 보험 처리가 되지 않은 수많은 청구서들이 채권 추심에 들어갔다. 끔찍한 분홍색 봉투를 받을 때마다 의사, 보험회사, 채권 추심 대행사에 전화를 거는 과정을 처음부터 다시 시작해야 했다. 날짜 하나가 누락되어 발생한 결과를 바로잡는 데 1년이 걸렸다.

나는 우리 가족이 보험회사와 벌인 싸움이 운 나쁘게 인간이 실수한 결과인지 어떤지 알 수 없을 터이다. 하지만 우리가 의료보험 부정수급을 감지하는 어떤 알고리즘에 의해 조사 대상이 되었다고 믿을 만한 타당한 이유가 있다. 우리는 의료 불법행위임을 드러내는 가장 흔한 자취를 일부 남겼던 것이다. 즉 우리가 보험금을 청구한 때는 새 보험증권이 개시된 직후였고, 밤늦게 받은 의료 서비스에 대한 청구가 많았다. 제이슨의 처방전에는 통증을 다스리는 데 도움이 되는 옥시코돈(마약성 진통제-옮긴이) 같은 규제 약물이 포함되어 있었다. 게다가 우리 두 사람은 전통적이지 않은 관계여서, 제이슨의 부양가족 자격에 누구라도 의문을 제기할 수 있었다.

보험회사는 그 문제가 기술상의 오류 때문이었다고, 데이터베이스에서 숫자 몇 개가 누락되었기 때문에 일어난 것이라고 거듭 해

명했다. 하지만 문제는 알고리즘에 의해 표적이 되었다는 것이다. 즉 이 디지털 잡음에서 우리는 어떤 패턴을, **우리**를 감시하는 전자 눈을 감지하지만, 정확히 무엇이 잘못된 건지 콕 집어 말할 수 없다. 우리를 향해 적신호가 켜졌을 때, 이를 통지해 주어야 한다는 규정 이 있는 것도 아니다. 또 보험회사에 부정수급 탐지를 위한 디지털 시스템의 내밀한 세부 사항을 공개하도록 강제하는 정보공개법도 없다. 신용 평가 보고라는 주목할 만한 예외가 있기는 하지만, 우리 생애기회life chances를 형성하는 수식(數式), 알고리즘, 모형에 우리가 접근할 수 있는 권리는 두드러지게 제한되어 있다.

세상에는 우리 가족을 조사 대상으로 삼은 시스템과 같은 정보 감시자가 사방팔방에 있다. 디지털 보안 요원이 우리에 관한 정보 를 수집하고 행동을 추론해서, 자원에 대한 접근을 통제한다. 어떤 것들은 명백히 눈에 보인다. 거리 구석구석 빽빽한 폐쇄회로 카메 라, 우리의 동선을 기록하는 휴대전화 위성위치확인장치, 정치 시 위대 위를 나는 경찰의 드론 등. 하지만 우리 정보를 수집하고 행동 을 감시하는 많은 장치들은 헤아릴 수도, 눈에 보이지도 않는 코드 들이다. 그것은 소셜미디어의 상호작용 속에 묻어들어가embedded 있 고, 정부 서비스를 위한 애플리케이션을 통해 흐르며, 우리가 샀거 나 사려고 하는 모든 제품을 감싸고 있다. 그것은 사회생활 구조 안에 깊숙이 얽혀 있어서, 우리는 주시당하고 분석되고 있다는 사실을 거의 알아차리지도 못한다.

모두가 이 새로운 디지털 데이터 체제에서 살고 있지만, 누구나 동일한 방식으로 그것을 경험하지는 않는다. 우리 가족은 정보 접근성, 자유로이 쓸 수 있는 시간, 전문직 중산층이 대개 당연시하는 자기 결정권을 가진 덕분에, 겪은 일을 견딜 만했다. 나는 알고리즘에 따른 의사 결정에 대해 잘 알았기에 곧바로 우리가 보험 사기 조사 대상이 되었음을 의심했다. 유연 근무제 덕분에 전화로 몇 시간 동안 보험 문제를 처리할 수 있기도 했다. 내 고용주는 우리 가족의 복지에 신경을 써서 나를 도와주었다. 또 우리가 당연히 의료보험 자격이 있다고 여겼기 때문에, 제이슨은 필요한 진료를 받았다.

더군다나 우리는 상당한 물적 자원을 가지고 있었다. 친구들의 모금 행사로 1만 5,000달러가 모였다. 우리는 제이슨의 업무 복귀를 도와줄 보조원을 한 명 고용했고, 나머지 돈은 보험의 본인 부담금, 소득 손실, 식비와 치료비 같은 데서 늘어난 지출에 썼다. 뜻밖에 생긴 돈을 다 쓰고서는 저축을 헐었다. 그런 다음에는 담보대출금 상환을 중단했다. 결국에는 새 신용카드를 발급받아 추가로 5,000달러 빚을 졌다. 우리를 질리게 만드는 보험 조사가 이어지면서 생겨난 경제적·정서적 피해로부터 회복되는 데는 시간이 좀 걸릴 터이다. 하지만 큰 그림에서 볼 때, 우리는 운이 좋았다.

디지털 의사 결정 시스템의 표적이 될 때, 모든 사람이 이렇게 잘 대응하지는 못한다. 어떤 가정은 우리가 누린 물적 자원과 주민들의 지원을 얻지 못한다. 많은 사람들이 자신이 표적이 되고 있다는 사실을 모르거나, 표적이 될 때 대항할 만한 힘이나 전문 지식을 가지고 있지 않다. 아마도 가장 중요한 것은, 제이슨과 내가 겪었던 유(類)의 디지털 감시가 많은 사람들에게 일회성 일탈이 아니라 매일 일어나는 일일지 모른다는 점이다.

조지 오웰은 유명한 소설 『1984년』에서 한 가지 잘못 생각했다. 빅브러더Big Brother는 누구 **한 사람**이 아니라, **우리 모두**를 감시하고 있다. 대부분의 사람들이 개인으로서가 아니라, 사회 집단의 일원으로서 디지털 감시의 표적이 되고 있다. 유색인, 이민자, 비인기 종교 집단, 성적 소수자, 가난한 사람들, 그 밖의 억압받고 착취당하는 사람들은 혜택받는 집단보다 감시와 추적의 부담을 훨씬 크게 지고 있다.

소외 집단은 공적 혜택에 접근하거나, 치안 유지가 잘되는 지역을 통행하거나, 의료보험 제도 안으로 들어가거나, 국경을 넘을 때, 더 높은 수준의 데이터 수집 요구에 맞닥뜨린다. 수집된 데이터는 이들을 의심과 추가 조사의 표적으로 삼는 데 이용되면서, 소외 집단의 주변성을 강화하는 작용을 한다. 이들 집단은 부적격하다고 여겨져 처벌적 공공 정책과 집중 감시 대상으로 지목되고, 이런 순환이 다시 시작된다. 이는 일종의 집단적 적신호이자, 되먹임 되는 불평등의 순환 고리이다.

예를 들어, 2014년 공화당 출신 메인주지사 폴 러페이지는 메인주 내에서 빈곤가정일시지원Temporary Assistance to Needy Families, TANF으로 얼마 안 되는 현금 수당을 받는 가정들을 비난했다. 이 수당은 전자 수당이체electronic benefits transfer, EBT 카드에 들어 있어서, 언제 어디서 현금이 인출되었는지 디지털 기록이 남는다. 러페이지 행정부는 연방 및 주 정부 기관이 수집한 데이터를 발굴해*, 빈곤가정일시지원 수령인들의 현금 인출 3,650건이 담배 가게, 술집, 그리고 주 바깥에서 이뤄졌다는 자료를 만들었다. 당시 이 데이터는 구글 닥스Google Docs로 대중에게 공개되었다.

러페이지가 수상쩍게 본 거래는 그 기간 동안 완료된 110만 건의 현금 인출 가운데 0.03퍼센트에 지나지 않았고, 그 데이터는 현금이 어떻게 쓰였는지가 아니라 어디서 인출되었는지를 보여 줄 뿐이었다. 하지만 러페이지 주지사는 이 공공 데이터를 공개함으로써, 수당으로 술, 복권, 담배를 사는 빈곤가정일시지원 수령 가정들이 납세자들에게 사기를 치고 있다고 암시했다. 입법자들과 전문직 중산층들은 주지사가 빈약한 데이터로 뽑아낸 왜곡된 이야기를 열렬히 받아들였다.

메인주 의회는 빈곤가정일시지원 수령 가정이 모든 현금 영수증을 12개월 동안 보관해, 사용 내역을 주 정부의 회계감사를 받도록 하는 법안을 제출했다. 민주당 의원들은 러페이지의 목록을 근거로 들며 메인주 검찰총장이 사기 행각을 조사하고 기소할 것을 촉구했다. 주지사는 빈곤가정일시지원 수급자들이 주 바깥의 현금자동인

---

*   데이터 마이닝data mining, 혹은 데이터 발굴은 대규모 데이터에서 유용한 패턴을 추출하는 과정이다.

출기에서 수령액을 인출하는 것을 금지하는 법안을 제출했다. 이렇게 제안된 법안들은 따를 수도 없거니와 명백히 위헌인 데다가 실행할 수도 없었지만, 그것은 중요하지 않았다. 이는 수행성 정치per-formative politics(행위를 통해 의미를 발현하는 정치. 수행성이란 단순히 의사소통을 하기 위한 것이 아니라 행위를 하거나 완결하기 위한 발화, 또는 대화의 역할을 설명하는 용어다. 성직자가 두 사람이 부부가 되었음을 선언하는 것, 판사가 판결을 내리는 것이 수행적 발화의 예이다. 인디애나주 주지사의 발언 또한 정치적 행위를 위한 수행적 발화다.-옮긴이)인 것이다. 이들 법안은 효력을 발휘하도록 의도되지 않았다. 오히려 사회복지 제도에 오명을 쌓아, 공공 부조를 이용하는 사람들은 범죄자이고, 게으르며, 씀씀이가 헤픈 소비 중독이라는 문화적 서사를 강화하도록 의도되었다.

러페이지가 전자수당이체EBT 정보를 이용해서 가난한 노동자 계층의 의사 결정을 추적하고 오명을 씌운 것은 크게 놀랍게 다가오지 않았다. 2014년, 나는 20년째 기술과 빈곤에 대해 고심하며 글을 써 오고 있었다. 지역 기술 센터에서 강의를 하고, 풀뿌리 단체를 조직하는 사람들을 위해 디지털 정의에 관한 워크숍을 조직했으며, 저소득 주거지 여성들과 함께 참여 설계 프로젝트를 이끌었다. 또 복지 및 아동보호 서비스 상담자, 개별사회복지사caseworker(상담자의 개별 사정에 따라 구체적인 사회복지 지원을 하는 전문가-옮긴이) 수백 명을 대상으로 행정 기술에 관한 그들의 경험에 대해 인터뷰했다.

이런 일을 하는 첫 10년 동안은 새로운 정보 기술이 미국의 경제 정의와 정치적 활력에 미칠 영향에 대해 조심스럽게 낙관했다. 연구와 조직 활동을 하면서, 나는 고향 뉴욕주 트로이의 가난한 노동자 계층 여성들이 다른 학자나 정책 입안자들이 생각하는 것처럼 "기술 빈곤층"이 아니라는 걸 알게 되었다. 데이터 기반 시스템은 이들의 삶 어디에나 있다. 저임금 일자리, 형사 사법 제도, 공공 부조 제도에서 특히 그렇다. 2000년대 초에도 걱정스러운 동향이 많이 보이긴 했다. 이를테면 첨단 기술 경제의 발전은 내 고향에서 경제 불평등을 확대시켰고, 강도 높은 전자 조사가 공공 주택 및 복지 프로그램에 통합되었으며, 정책 입안자들은 가난한 노동자 계층의 요구와 식견을 완전히 무시하고 있었다. 하지만 내 동료들은 희망에 찬 전망을 분명히 했다. 가난한 노동자 계층이 자기 이야기를 하고, 다른 사람들과 연결되고, 곤경에 처한 그들의 공동체를 강화하는 데 정보 기술이 도움이 될 수 있으리라 보았다.

대침체기(2007년 비우량 주택담보대출 사태가 시작된 이래 2000년대 말과 2010년대 초에 걸쳐 미국과 전 세계가 겪은 경제 침체기-옮긴이) 이후, 첨단 기술 도구가 가난한 노동자 계층 주민들에게 미치는 영향에 관한 나의 관심은 높아졌다. 지난 10년 동안 경제에 대한 불안감이 치솟는 동시에 공공서비스에서 정교한 데이터 기반 기술이 급부상했다. 이를테면 예측 알고리즘, 위험 모형, 그리고 자동화된 복지 수급자격 판정 시스템 등이 그렇다. 공공 프로그램의 데이터 기반 관리에 대한 대규모 투자는 최소 비용으로 최대 효과를 내고 정말로 필요한 사람들에게 도움을 주어야 한다는, 효율성에 대한 요구로 합리화된다. 하지만 가난한 사람들을 돕는 프로그램이 예전만큼 평이 좋지 않은 때에 이런 도구들이 활용되고 있다. 이는 우연의 일치가 아니다. 빈곤 관리 기술은 중립적이지 않다. 그것은 경제 불안에 대한 국가의 두려움과 가난한 이들에 대한 혐오에 의해 만들어지고, 차례로 빈곤의 정치학과 빈곤에 대한 경험을 형성한다.

새로운 데이터 체제의 지지자들은 디지털에 의한 의사 결정이 가난한 노동자 계층 사람들에게 미치는 영향을 거의 인정하지 않는다. 하지만 경제적 계층이 낮은 사람들은 이런 근시안에 동의하지 않는다. 이들은 흔히 자신이 이런 시스템의 수급자라기보다는 표적이라고 본다. 예를 들어 2000년 초 어느 날, 나는 생활보호대상자인 한 젊은 엄마와 앉아서 그녀가 기술과 관련해서 겪은 일에 대해 이야기를 나눴다. 대화 주제가 EBT 카드로 바뀌자, 도로시 앨런은 이렇게 말했다. "그 사람들 대단해요. 그걸 (사회복지사업) 이외에 추적 장치로도 이용해요." 내가 충격받은 듯이 보였음에 틀림없다. 개별 사회복지사가 툭하면 자신의 구매 기록을 들여다본다고 도로시가 설명했기 때문이다. 가난한 여성들이 감시 기술의 시험 대상이 되고 있다고 도로시는 말했다. 그러더니 이렇게 덧붙였다. "우리한테 일어나는 일에 주의를 기울이는 게 좋을 거예요. 다음은 당신들 차례니까."

도로시의 통찰은 선견지명이 있었다. 그녀가 이야기한, 사생활 침해적인 전자 조사는 오늘날 모든 계층에서 일어나는 흔한 일이 되었다. 디지털 추적 및 의사 결정 시스템은 치안 유지 활동, 정치적 예측, 마케팅, 신용 평가 보고, 범죄 선고, 사업 경영, 재정, 공공 프로그램 관리에서 일상화되었다. 더욱 정교해지고 적용 범위가 넓어질수록, 이런 시스템은 통제, 조작, 처벌을 위한 폭력으로 묘사되기 시작했다. 새로운 기술이 의사소통을 촉진하고 기회를 열어 준다는 이야기는 찾아보기 어려워졌다. 현재, 나는 새로운 데이터 체제가 가난한 노동자 계층의 기회를 제약하고, 정치적 조직을 와해시키며, 이동을 제한하고, 인권을 약화시킨다는 이야기를 주로 듣는다. 2007년 이후 무슨 일이 일어났기에 많은 사람들의 희망과 꿈이 바뀐 것일까? 어째서 디지털 혁명이 많은 사람들에게 악몽이 되어 버린 것일까?

이 물음에 답하고자, 2014년 나는 미국의 가난한 노동자 계층을 분류하고 감시하는 데 첨단 기술이 미친 영향에 대한 체계적인 조사에 착수했다. 나는 세 가지 이야기를 선택해 분석했다. 복지 수급 자격 판정 과정을 자동화하려는 인디애나주의 시도, 로스앤젤레스의 노숙인 전자 등록 시스템, 어떤 가정의 아이가 장차 학대나 방치의 희생자가 될지 예측해 준다는 펜실베이니아주 앨러게니 카운티의 위험 모형이 그것이다.

이 세 가지 이야기는 복지사업 제도의 다양한 측면을 포착한다.

즉 빈곤가정일시지원TANF, 영양보충지원계획Supplemental Nutrition Assistance Program, SNAP, 메디케이드Medicaid(저소득층·장애인 의료 보험-옮긴이) 같은 인디애나주의 공공 부조 제도에서부터 로스앤젤레스의 노숙인 서비스, 그리고 앨러게니 카운티의 아동복지에 이르기까지 두루 다룬다. 또 지리적 다양성을 보여 주는데, 나는 미국 심장부의 농촌 지역인 팁턴 카운티에서 시작해, 1년 동안 로스앤젤레스의 스키드 로Skid Row(노숙인 밀집 지역-옮긴이)와 사우스센트럴 지역을 탐사하고, 피츠버그를 에워싼 빈곤한 교외 지역에 살고 있는 가족들과 이야기를 나누는 것으로 마무리를 지었다.

이 이야기들을 선택한 이유는 윤리적으로, 기술적으로 복잡한 문제를 갖는 자동화된 의사 결정이 지난 10년 동안 얼마나 빠르게 증가해 왔는지 분명히 보여 주기 때문이다. 2006년 인디애나주의 복지 수급자격 판정의 현대화 실험은 아주 간단했다. 이 시스템은 복지 서비스 신청을 온라인으로 받아, 소득 및 그 밖의 개인 정보를 점검하고 확인해서 혜택 수준을 정했다. 7년 후에는 로스앤젤레스의 노숙인을 전자 등록하는 통합 등록 시스템이 시험 사용되었다. 전산화된 알고리즘을 활용해, 등록된 노숙인들을 이용 가능한 가장 적절한 주택 자원과 연결시켜 주는 서비스였다. 2016년 8월에 개시된 앨러게니가정선별도구Allegheny Family Screening Tool는 통계 모형을 이용, 아동 학대와 방치에 대한 조사 개시 여부를 결정짓는 위험 예측 점수를 상담 전화 선별 직원들에게 제공한다.

나는 이런 시스템에 가장 직접적인 영향을 받는 가정들과 가까이서 일하는 단체에 집근함으로써 각 조사지에서 연구 기록을 시작했다. 3년 동안 105회 인터뷰를 하고, 가정법원의 재판을 참관하고, 아동 학대 상담 전화 센터를 관찰하고, 공공 기록을 조사하고, 정보 공개법에 따른 요청서를 제출하고, 법원 기록을 자세히 살피고, 수십 번에 걸쳐 지역 모임에 참석했다. 빈곤 가정의 관점에서 출발하는 것이 중요하다고 생각했지만, 거기서 그치지 않았다. 빈곤 구제에 이용되는 새로운 디지털 사회 기반 시설을 양쪽 당사자 모두의 입장에서 이해하고 싶은 바람에서, 개별사회복지사, 활동가, 정책 입안자, 프로그램 관리자, 기자, 학자, 경찰관과 이야기를 나누었다.

내가 알게 된 사실은 너무나 충격적이었다. 미국 전역에서 가난한 노동자 계층이 새로운 디지털 빈곤 관리 도구의 표적이 되고 있고, 그 결과 생명을 위협받는 상황에 맞닥뜨리고 있다. 자동화된 적격성 판정 시스템은 가난한 노동자 계층이 생존과 번영에 필요한 공공 자원을 요청하는 일을 단념시킨다. 복합적인 통합 데이터베이스는 사생활 보호나 정보 보안을 위한 안전장치가 거의 전무한 채로 이들의 가장 개인적인 정보를 수집하는 반면에, 그 대가로 거의 아무것도 제공하지 않는다. 예측 모형과 알고리즘은 이들에게 "위험한 투자"와 "문제 부모"라는 꼬리표를 붙인다. 사회복지사업, 법 집행, 주민 감시가 대단히 복합적으로 작용해 이들의 모든 움직임을 가시화해서 정부, 광고, 공개 조사를 위해 이들의 행동 양식에 대한 정보를 제공한다.

이런 시스템이 미국 전역에서 놀라운 속도로 인적, 사회적 서비스에 통합되고 있다. 가난한 노동자 계층에 미치는 영향에 대한 정치적 논의는 거의 없다시피 한 채로 말이다. 자동화된 적격성 판정은 이제 거의 모든 주의 공공 부조 기관에서 일반적인 관행이다. 노숙인 서비스 관리에서는 통합 등록 시스템이 선호되고, 미국노숙관계부처간협의회와 주택도시개발부가 이를 지지한다. 앨러게니가정선별도구가 개시되기도 전에, 이를 설계한 사람들은 캘리포니아주에 또 다른 아동 학대 위험 예측 모형을 만들기 위한 협의를 진행하고 있었다.

이 새로운 시스템은 저소득 지역 유색인들에게 가장 파괴적이고 치명적인 파급력을 갖지만, 피부색의 경계를 넘어 모든 가난한 노동자 계층 사람들에게 영향을 미친다. 복지 수급 가정, 노숙인, 빈곤 가정이 첨단 기술에 의한 조사의 부담이 가장 과중한데, 자동화된 의사 결정의 증가로 영향을 받는 사람들이 이들만은 아니다. 이런 시스템의 광범위한 이용은 우리 모두를 위한 민주주의의 질에 영향을 미친다.

자동화된 의사 결정은 사회 안전망을 파괴하고, 가난한 사람들을 범죄자 취급하며, 차별을 심화하고, 미국의 가장 뿌리 깊은 국민적 가치를 위태롭게 한다. 그것은 체제 공학의 문제다. 우리가 누구이고, 누가 되고 싶은지에 대해 사회가 공유하는 결정을 재구성하는 것이다. 또한 정치적 책임과 투명성을 거의 기대할 수 없는 이른바 "인권 수준이 낮은 환경"에서 가장 광범위한 디지털 의사 결정 도구가 시험되고 있는데, 우선 가난한 사람들을 목적으로 만들어진 시스템은 결국 모든 사람들에게 이용될 것이다.

미국의 가난한 노동자 계층은 오래전부터 사생활 침해적인 감시, 야밤의 불시 단속, 그리고 처벌적인 공공 정책의 대상이 되어 왔는데, 이것은 빈곤의 오명과 고통을 증대시켰다. 19세기에 이들은 지방자치단체의 구빈원에 격리되었다. 20세기에는 개별사회복지사의 조사를 받으며 재판 받는 죄인처럼 다뤄졌다. 오늘날 우리는 데이터베이스, 알고리즘, 위험 모형으로, 내가 **디지털 구빈원**이라고 부르는 것을 구축하고 있다. 이 디지털 구빈원은 미치는 범위와 영향력에서 예전의 모든 것을 능가할 성싶다.

앞선 빈곤 관리 기술의 혁신과 마찬가지로, 디지털에 의한 추적과 자동화된 의사 결정은 전문직 중산층 대중으로부터 빈곤을 은폐시키며, 국가가 비인간적 선택을 하는 데 필요한 윤리적 거리를 제공한다. 이를테면 누가 식료품을 얻고 누가 굶주릴지, 누가 거주할 곳을 얻고 누가 노숙인으로 남을지, 어느 가정이 주 당국에 의해 해체될지 따위의 선택에서 그렇다. 디지털 구빈원은 미국이 가진 오랜 전통의 일부다. 우리는 빈곤 퇴치의 공동 책임을 회피하기 위해 가난한 개인들을 관리한다.

구빈원에서 데이터베이스로

"날 구빈원으로 보내려 하는군!"

오늘날 우리는 대부분 구빈원을 그저 반사적으로 언급할 뿐이다. 하지만 한때 구빈원은 실재했고, 아주 두려운 기관이었다. 그 절정기에, 구빈원은 그림엽서와 대중가요에 등장하기도 했다. 지역사회들은 자선심 많은 시민과 일반 구경꾼들을 위해 구빈원 방문을 관광 일정에 포함시켰다. 미국 전역의 도시들에는 한때 그곳에 자리해 있던 구빈원의 이름을 딴 거리가 있다. 메인주 브리스틀과 미시시피주 내치즈에는 푸어팜로드(구빈원농장길)Poor Farm Road, 오하이오주 메리스빌과 노스캐롤라이나주 그린빌에는 카운티홈로드(카운티운영구빈원길)County Home Road가 있다. 일부 거리는 이름이 바뀌어 과거를 알기 어렵다. 예컨대 버지니아비치에 있던 푸어하우스로드(구빈원길)Poor House Road는 현재 프라스페러티로드(번영길)Prosperity Road가 되었다.

내 고향 뉴욕주 트로이의 구빈원은 1821년에 설립되었다. 구빈원에 수용된 사람들 대부분은 육체노동을 하기에 몸이 너무 아프거나, 나이가 지나치게 많거나, 너무 어렸다. 하지만 신체 건강한 입소자는 61만 5,000제곱미터에 달하는 농장과 인근 채석장에서 일을 했기에, 이 구빈원은 렌셀러카운티산업사Rensselaer County House of Industry*라는 이름을 얻었다. 1824년 존 밴 네스 예이츠는 뉴욕주로부터 요청을 받아 1년 동안 "빈민의 구제와 해결"에 대해 연구한 끝에, 트로이의 사례를 이용해 뉴욕주가 모든 카운티에 구빈원을 세워야 한다고 주장했다. 그의 계획은 성공했다. 10년이 지나지 않아서 뉴욕주 55개 카운티에 구빈원이 세워진 것이다.

"경제적, 인도적" 구호를 제공하리라는 낙관적인 예측이 있었지만, 구빈원은 가난한 노동자 계층 사이에 제대로 공포를 불러일으키는 기관이었다. 1857년 입법기관의 한 조사로 이 산업사가 정신질환자를 한 번에 최장 6개월까지, 폭 1.5미터에 길이 2미터의 감방에 감금한 사실이 밝혀졌다. 덮고 잘 것이란 짚뿐인 데다 위생 시설이 없었기 때문에, 겨울이면 오줌 범벅의 지푸라기가 몸에 얼어

---

*   산업사House of Industry는 18세기와 19세기에 극빈자들을 구제하기 위한 빈민구제법에 따라 대영제국의 다양한 도시에 세워진 자선단체다. 원래 이 단체는 강제로 빈민들을 수용해서 일을 시키는 작업 시설 형태를 띠었고, 나중에 빈민들에게 일시적·영구적 숙소, 음식, 연료 등을 지원했다.

붙어 "날씨가 풀려야만 제거할 수 있어서" 영구 장애를 일으켰다.

1857년 《트로이데일리휘그》는 "구빈원의 전반적인 상황은 어느 모로 보나 열악하다"고 전한다. "최저 입찰자에게 빈민 관리를 도급 주는 계약 체계에 상당한 원인이 있다. … 그 체계 자체가 속속들이 부패해 있다." 렌셀러 카운티의 빈민 감독관인 저스틴 그레고리는 매주 1달러로 빈민을 돌보겠다고 약속해 구빈원 계약을 따냈다. 계약의 일환으로, 그는 빈민들의 노동력을 무한정 이용할 수 있도록 허락받았다. 이 구빈원의 농장은 굶주린 입소자들이 재배한 채소를 팔아서, 그해에 2,000달러의 수익을 올렸다.

1879년 《뉴욕타임스》는 제1면에 "구빈원 도당"이 사망한 산업사 입소자들의 사체를 지역 내 의사들에게 해부용으로 팔고 있었다고 보도했다. 1885년 관리 부실 조사에서는 렌셀러 카운티의 구빈부서로부터 2만 달러를 절도한 사실이 적발되어, 구빈원 원장 아이어러 포드가 사직해야 했다. 1896년 후임자 캘빈 더넘은 회계 부정이 탄로 나자 스스로 목숨을 끊었다.

1905년 뉴욕주자선위원회는 조사에 착수해 렌셀러카운티산업사에 만연한 성 학대를 적발했다. 간호사 루스 실링거는 남성 담당 의사 윌리엄 윌멋이 수시로 여성 환자들을 강간하려 했다고 증언했다. 입소자들은 마비를 앓는 메리 머피가 윌멋에게 강간을 당했다고 주장했다. "입소자들이 복도에서 발소리를 들었는데, 윌멋이 거기 다시 내려와 있었대요." 실링거는 이렇게 증언했다. "그리고 다음 날 아침, 나는 그 여자 두 다리가 벌어져 있는 걸 봤죠. 그 여자는 하반신이 마비되어 스스로 움직일 수 없는데 말이에요."[1]

구빈원 원장이자 월멋의 상사인 존 키텔은 월멋의 관리 덕에 입소자 보호 비용이 줄어, 렌셀러 카운티가 "매년 5,000달러에서 6,000달러"를 절감할 수 있었다고 주장하며 그를 변호했다. 월멋은 기소되지 않았다. 상황 개선을 위한 조치가 취해진 것도 1910년이 되어서였다. 트로이의 구빈원은 1954년까지 계속 운영되었다.

비록 구빈원이 물리적으로 철거되기는 했지만, 그 유산은 오늘날의 가난한 사람들을 가두고 옭아매는 자동화된 의사 결정 시스템 안에 여전히 건재하다. 세련된 첨단 기술이 이용되지만, 현대의 빈곤 관리 시스템(자동화된 의사 결정, 데이터 발굴, 예측 분석)은 과거의 구빈원과 주목할 만한 친족 관계를 유지하고 있다. 가난에 대한 처벌적이고 도덕주의적인 관점에서 비롯된 우리의 새로운 디지털 도구는 첨단 기술에 의한 통제 및 조사 시스템을 구축하고 있다. 디지털 구빈원은 가난한 사람들이 공공 자원에 접근하는 것을 단념시키고, 이들의 노동, 지출, 성생활, 육아를 감시하며, 미래 행동을 예측하려 한다. 그리고 이런 요구에 순응하지 않는 사람들은 처벌하고 범죄자 취급한다. 그 과정에서 "적격한" 가난과 "부적격한" 가난 사이에 날로 정교해지는 도덕적 구분이 만들어지는데, 이런 분류는 서로를 돌보지 못하는 우리의 국가적 실패를 합리화한다.

이 장은 어떻게 해서 우리가 여기까지 왔는지 연대순으로 추적한다. 즉 어떻게 벽돌과 모르타르로 된 구빈원이 데이터 기반 구빈원으로 변모했는지 살펴볼 것이다. 19세기 렌셀러카운티구빈원에서 오늘날 디지털 구빈원까지의 여정은 가난을 몰아내고 완화하고 싶어 하는 사람들과 가난한 이들을 비난하고, 구속하고, 처벌하고 싶어 하는 사람들 사이에서 벌어진 오랫동안의 논쟁을 여실히 보여 준다.

미국 최초의 구빈원은 1662년 보스턴에 세워졌다. 하지만 가난한 사람들을 공공 기관에 가두는 것이 빈곤을 통제하는 국가의 주요 방식이 된 것은 1820년대가 되어서였다. 그 추동력은 대재앙과도 같은 1819년의 공황이었다. 1812년 전쟁(나폴레옹전쟁 중 영국의 해양봉쇄 정책을 계기로 발발한 미국와 영국 사이의 전쟁-옮긴이)에 뒤이어 엄청난 자본 투기가 일었고, 이 시기가 지나자 미합중국제2은행은 거의 파산 지경에 이르렀다. 기업들이 도산하고, 농산물 가격이 하락했으며, 임금이 80퍼센트나 떨어지고, 부동산 가치는 곤두박질쳤다. 50만 명의 미국인이 실직했는데, 이는 자유민 성인 남성 인구의 약 4분의 1에 해당했다. 하지만 정치 평론가들은 가난한 사람들이 겪는 고통보다는 "구제가 필요한 빈민"의 증가, 즉 공공복지에의 의존성을 더 걱정했다. 각별한 관심사는 원외 구호outdoor relief였다. 다시 말해, 공공 기관의 테두리 **바깥에서** 빈민들에게 식료품, 연료, 의료, 의복, 그리고 다른 기초적인 필수품을 제공하는 것이었다.

많은 주가 "빈민 문제"에 대한 보고서를 의뢰했다. 매사추세츠주에서는 부유하고 영향력 있는 유니테리언교 집안의 후손인 조사이어 퀸시 3세가 이 일에 임명되었다. 퀸시는 진정 빈곤의 고통을 덜고 싶어 했지만, 가난은 경제적 타격이 아니라 개인의 악습이 불러오는 결과라고 믿었다. 그는 빈민에는 두 부류가 있다고 제안함으로써 자기 생각의 모순을 해결했다. 1821년 조사이어 퀸시 3세는 **무력한** 빈민이 "고령, 어린 나이, 질병, 또는 신체 쇠약 때문에 전혀 일을 할 수 없는" 반면, **유능한** 빈민은 태만할 뿐이라고 썼다.[2]

퀸시에게, 빈민 문제는 원외 구호 자체에서 비롯된 것이었다. 무능한 빈민과 유능한 빈민을 구분하지 않고 도움을 주었기 때문이라는 것이다. 그는 무차별적인 원조 제공이 "노동하는 사회계층"의 근면성과 절약 정신을 망가뜨리고, 영구히 의존하는 빈민층을 만들어 낸다고 의심했다. 퀸시의 해결책은 "공공 기관(구빈원) 입소를 조건부로 하는 경우 외에는 모든 공적 제공"을 허락하지 않는 것이었다.[3]

이런 주장은 엘리트층에게 매력적인 것으로 드러났다. 적어도 오하이오주에 77군데, 텍사스주에 79군데, 버지니아주에 61군데의 구빈원이 세워졌다. 1860년경 매사추세츠주에는 한 곳당 입소자가 5,600명인 구빈원이 219군데 있었고, 조사이어 퀸시는 오랫동안 보람찬 정치 경력을 쌓은 후에 은퇴 생활을 즐기고 있었다.

구빈원은 처음부터 양립할 수 없는 두 가지 목적에 복무했는데, 이는 끔찍한 고통과 비용의 급상승으로 이어졌다. 한편으로 구빈원은 노인, 허약자, 병자, 장애인, 고아, 정신 질환자를 돌보는 반(半)자발적인 기관이었다. 다른 면에서 구빈원의 가혹한 환경은 노동하는 빈민이 원조를 구하는 일을 단념시키기 위한 것이었다. 가난한 사람들을 철저히 단념시키라는 요구는 돌봄을 제공하는 이 기관의 역량을 약화시켰다.

입소자들은 그들이(백인 남성이라면) 누리는 모든 기본 시민권의 박탈을 받아들인다는 빈민 서약을 하도록 요구받았다. 투표나 결혼을 할 수 없었고, 공직도 맡을 수 없었다. 가족들은 뿔뿔이 흩어졌다. 그 시대 개혁가들은 가난한 가정의 아이들이 부유한 가정과의 접촉을 통해 구제될 수 있다고 믿었기 때문이다. 아이들은 부모에게서 떨어져 견습생이나 가정부로 내보내지거나, 고아 열차*에 실려 개척자 농장의 무임금 노동력으로 보내졌다.

구빈원은 운영자가 개인적으로 이익을 볼 수 있는 기회가 아주 많았다. 구빈원 원장은 보수의 일부로서 땅과 입소자의 노동을 무제한 이용할 수 있었다. 그래서 구빈원의 일상 작업 대부분이 부업이 될 수 있었다. 예컨대 원장은 구빈원 입소자에게 판매용으로 가외의 식료품을 재배하게 하거나, 영리 목적으로 추가의 세탁과 수선을 맡게 하거나, 입소자를 가정 또는 농장 노동자로 고용살이를 내보낼 수 있었다.

일부 구빈원은 비교적 양호했지만, 대다수는 초만원에, 환기가

---

* 미국에서는 1854년부터 1929년까지, 이른바 '고아 열차'가 부모 없는 고아와 집 없는 아이들을 동부의 복잡한 도시로부터 수송해 주로 중서부의 농촌 지역 가정에 위탁했다.

잘 안 되고, 몹시 더러웠다. 여름에는 견디기 어려울 정도로 더웠고, 겨울에는 끔찍이도 추웠다. 의료와 위생 시설이 불충분했고, 입소자들은 물, 침구, 옷 같은 기초 공급품이 부족했다.

관리자들이 돈을 아끼려고 절차나 원칙을 종종 무시했는데도, 구빈원은 여전히 비용이 많이 드는 곳이었다. 구빈원을 지지하는 사람들이 약속하는 규모의 효율성은 신체 건강한 노동력을 필요로 했다. 하지만 유능한 빈민의 입소를 단념시키라는 요구로 인해, 사실상 대부분의 입소자가 일을 할 수 없었다. 1856년 뉴욕주 구빈원 입소자는 4분의 1가량이 아이들이었다. 또 다른 4분의 1은 정신 질환자, 시각장애자, 청각장애자, 또는 발달 지체자였다. 나머지는 대부분 고령자, 병자, 신체장애자, 또는 출산 후 회복 중인 가난한 산모들이었다.

지독한 환경이기는 했지만, 구빈원은—주로 그것이 가진 단점 때문에—입소자들이 공동체 의식을 갖게 했다. 이들은 함께 일하고, 무시와 학대를 견디고, 아픈 사람들을 보살피고, 아이들을 서로 봐주고, 함께 먹고, 빼곡한 공동실에서 잠을 잤다. 많은 사람들이 경제 성장기 사이에, 또는 노동시장 침체기에 주기적으로 구빈원을 이용하며 의지했다.

구빈원은 인종차별이 사라진 미국 최초의 공공 기관 가운데 하나였다. 듀보이스(미국의 사회학자이자 흑인운동 지도자-옮긴이)는 1899년 출간한 『필라델피아주의 니그로 *The Philadelphia Negro*』에서, 백인이 빈민 감독관직을 독점하고 아프리카계 미국인들에 대한 원외 구호를 거부하기 때문에 도시의 구빈원에 아프리카계 미국인들이 과하게 많다고 보고했다. 코네티컷주에서 캘리포니아주까지, 구빈원 등록부에서는 흑인, 니그로, 유색인, 물라토(라틴아메리카에 많은 백인과 흑인의 혼혈 인종-옮긴이), 중국인, 멕시코인으로 묘사되는 입소자를 흔히 볼 수 있었다. 구빈원 내 인종 및 민족의 통합은 본토박이 백인 엘리트들에게는 껄끄러운 지점이었다. 역사가 마이클 캐츠는 이렇게 전한다. "1855년 뉴욕의 한 비평가는 '온갖 계층과 피부색, 온갖 연령과 습성의 빈민들이 공동 식사를 하고, 공동 식탁을 이용하고, 공동 숙소를 함께 쓴다'고 불평했다."[4]

구빈원은 채무자를 가두는 곳도, 노예를 가두는 곳도 아니었다. 부랑, 취태, 간통, 또는 구걸로 체포된 사람들을 강제로 구빈원에 가둘 수는 있었다. 하지만 엄밀히 따지면, 많은 사람들이 자발적으로 구빈원에 입소했다. 구빈원은 가족이 부양할 형편이 안 되는 아이, 불운한 일을 당한 유랑자, 고령자와 의지할 데 없는 이, 버림받은 이와 과부, 편모, 병든 사람과 장애인, 해방된 노예, 이민자, 그리고 경제의 주변부에서 살아가는 또 다른 사람들에게 최후 수단이 되는 시설이었다. 구빈원에 머무는 기간은 대부분 한 달이 안 되지만, 고령자 및 장애인 입소자는 흔히 수십 년을 머물렀다. 일부 구빈원에서의 사망률은 매년 30퍼센트에 육박했다.[5]

구빈원을 지지하는 사람들은 이 기관이 돌봄을 제공하는 한편 절약과 근면성이라는 도덕적 가치를 심어 줄 수 있으리라고 판단했다. 현실을 말하자면, 구빈원은 공포를 불러일으키고 심지어 죽음을 재촉하는 기관이었다. 사회복지를 연구한 역사가 월터 트래트너가 썼듯이, 그 시대 엘리트 미국인들은 "(부분적으로 빈민이 비명횡사하도록 허용함으로써) 빈곤을 없앨 수 있고, 또 없애야 한다고 믿었다." 이를 테면, 19세기 사회철학자 너새니얼 웨어는 이렇게 썼다. "인류애를 접어 두면, 그런 무위도식자들을 모두 죽이는 것이 사회에 가장 큰 이익이 될 것이다."[6]

잔인함과 높은 비용에도 불구하고, 지방자치단체가 설립한 구빈원은 1873년 공황(과잉된 철도 투자 열풍이 자본시장을 왜곡해 발생한 공황-옮긴이)에 휩싸일 때까지 미국이 빈곤을 관리하는 주요 방식이었다. 남북전쟁 후의 경제 호황이 도금 시대Gilded Age*에 만연한 부패의 무게를 못 이겨 붕괴되었다. 만연한 투기는 은행의 줄도산으로 이어졌고, 금융공황은 재앙에 가까운 또 다른 불경기를 낳았다. 철도 건설은 3분의 1 수준까지 떨어지고, 미국 전역의 산업 용광로 가운데 거의 절반이 폐쇄되었으며, 수십만 명의 노동자들이 실직했다. 임금이 삭감되고, 부동산 시장은 폭락했으며, 압류와 퇴거가 뒤따랐다. 지

* 『도금 시대』는 마크 트웨인과 찰스 두들리 워너가 1873년에 발표한 풍자소설로, 남북전쟁 후 미국이 농업국에서 공업국으로 탈피하는 과정에서 물질만능주의에 사로잡혀 각종 부정부패가 속출하는 모습을 비판한 작품이다. 이 작품의 제목을 따 미국에서 자본주의가 급속히 발전한 1865~1890년경에 이르는 시기를 '도금 시대'라 한다.

방정부와 평범한 개인들은 이에 대응해 급식 시설을 만들고, 무료 숙박소를 세웠다. 현금과 음식, 옷, 석탄을 배급하기도 했다.

1877년 철도 총파업은 볼티모어앤오하이오철도Baltimore & Ohio Railroad 노동자들의 임금이 또다시 삭감된다는 사실이 알려지면서 시작되었다. 철도 회사의 주주들은 10퍼센트의 배당금을 가져간 반면, 노동자들은 1873년 수준의 절반으로 임금이 깎인 것이다. 철도 노동자들은 열차에서 내려 엔진을 떼어 내고, 화물 수송 열차가 조차장을 통과하지 못하게 막았다. 역사가 마이클 벨레사일스가 『1877년, 폭력적인 삶의 해1877: America's Year of Living Violently』에서 이야기한 대로, 총검과 개틀링 기관총으로 무장한 경찰과 민병대가 파업 진압을 위해 출동하자, 광부와 운하 노동자들이 동조해 들고일어났다. 결국 50만 명의 노동자(잡역부와 바지선 선장, 광부와 제련공, 선로공과 통조림 공장 노동자)가 일터를 떠나 미국 역사상 최초의 전국 파업에 돌입했다.

벨레사일스는 체코인과 아일랜드인이 시카고에서 서로를 응원했다고 전한다. 이들은 전통적으로 적대하던 민족이었다. 웨스트버지니아주 마틴스버그에서는 백인과 흑인 철도 노동자들이 함께 열차장을 폐쇄했다. 뉴욕주 호넬스빌의 노동자 계층 가정들은 이리Erie 철로의 레일에 비누를 칠했다고 한다. 파업을 방해하던 열차들은 언덕을 오르려다가, 견인력을 상실하고 뒤로 미끄러져 시내로 돌아갔다.

이 불황은 독일, 오스트리아-헝가리 제국, 영국에도 영향을 미쳤다. 이에 대응해 유럽 각국 정부는 현대적인 사회복지 제도를 도입했다. 하지만 미국에서는 중산층 평론가들이 계급투쟁과 "서내한 공산주의 물결"7에 대한 공포를 부추겼다. 1819년 공황(토지 붐으로 인한 과도한 부동산 대출을 규제하면서 일어난 금융공황-옮긴이)을 거치면서, 백인 경제 엘리트들은 가난한 노동자 계층의 투쟁성이 커지자 복지를 공격하는 것으로 대응했다. 그들은 다음과 같이 물었다. 정당한 필요에 의해 공동 숙박소를 이용하는 것인지 어떻게 확인할 수 있는가? 어떻게 공짜 밥을 제공하는 동시에 노동을 강제할 수 있는가? 이에 답해 새로운 유형의 사회 개혁, 즉 과학적 자선 운동scientific charity movement이 공적인 빈민 구제를 총공격하기 시작했다.

과학적 자선은 보다 엄격한 데이터 기반 방식으로 부적격한 빈민과 적격한 빈민을 구별해야 한다고 주장했다. 심층 조사가 도덕적 분류 및 사회통제 방법이었다. 이제 각 빈곤 가정은 해결해야 할 "사건case"이 되었다. 초창기 자선단체협회는 시 경찰관을 이용해 구호 신청자들을 조사하기까지 했다. 개별사회복지사업casework(특정 개인의 조건이나 사정을 고려한 사례별 사회복지사업-옮긴이)이 탄생한 것이다.

개별사회복지사업가는 가난한 사람들이 신뢰할 만한 증인이라고 생각하지 않았다. 그들은 경찰, 이웃, 동네 가게 주인, 성직자, 교사, 간호사, 그리고 다른 자선 협회를 통해 가난한 이들이 하는 이야기를 확인했다. 메리 리치먼드는 1917년 출간한 개별사회복지사업 방법에 관한 교재 『사회 진단Social Diagnosis』에서 이렇게 말했다. "(개별사회복지사업가가) 결정 근거로 삼는 증거의 **신뢰성**은, 법정에서 상

대편 변호사가 제시하는 법적 증거 못지않게 철저히 조사되어야 한
다."[8] 과학적 자선은 가난한 사람들을 재판에 결석한 형사 피고인처
럼 다뤘다.

과학적 자선사업가들은 적격한 백인 빈민과 부적격한 백인 빈민
사이에는 유전적 차이가 있다고 믿었기 때문에, 구호 신청자를 심
층 조사하라고 충고했다. 부적격 빈민을 원조하면, 그야말로 그들이
살아남아 유전적으로 열등한 후손을 재생산할 수 있게 할 터였다.
과학적 사회복지사업가인 프레더릭 아미 같은 당시의 중산층 개혁
가들이 보기에는 "잡초가 꽃과 함께 재배되어서는 안 되기" 때문에
사회 진단social diagnosis(개별사회복지사업 과정의 하나로 수집된 자료를 분석, 검
토해 문제의 본질을 해명하는 과정-옮긴이)은 필수였다.[9]

이 운동이 유전에 초점을 둔 것은, 엄청난 인기를 끈 우생학 운동
의 영향 때문이었다. 프랜시스 골턴이 창시한 영국의 우생학은 엘
리트들의 계획적인 생식을 장려했다. 이들의 "고귀한 자질"을 위해
서였다. 하지만 미국의 우생학 실천가들은 그들이 가난한 사람들의
부정적인 특성이라고 여기는 것들을 제거하는 쪽으로 빠르게 주의
를 돌렸다. 이를테면 낮은 지능, 범죄 관련성, 무절제한 성생활 같은
특성이 그랬다.

우생학은 최초의 빈민 데이터베이스를 만들어 냈다. 뉴욕주 콜
드스프링하버에 있는 카네기협회 후원 연구소, 그리고 버몬트주부
터 캘리포니아주까지 뻗어 있는 주립우생학기록보관소의 사회과학
자들은 미국 전역으로 흩어져 가난한 사람들의 성생활, 지능, 습관,

행동에 관한 정보를 수집했다. 이들은 긴 설문지를 채우고, 사진을 찍는 한편, 지문을 채취하고, 머리 크기를 측정하고, 자녀수를 세고, 가계도를 만들었다. 그리고 "저능아", "정신박약", "매춘부", "의존적"과 같은 말로 조사 일지를 채웠다.

우생학은 1880년대에 미국을 휩쓴 백인 우월주의 물결의 중요한 요소였다. 짐크로법Jim Crow rules(공공장소에서 흑인과 백인의 분리와 차별을 규정한 법-옮긴이)이 제정되었고, 백인종을 "외부의 위협들"로부터 보호하기 위해 제한적 이민법이 통과되었다. 우생학은 앨버트 프리디 박사가 말한 "무능하고, 무지하며, 쓸모없는, 남부의 반사회적 백인 부류"를 분석적으로 조명함으로써 백인종을 안으로부터 청소하기 위한 것이었다. 우생학과 과학적 자선은 수십만 건의 가족 사례 연구를 수집했다. 브루클린 자선국장 조지 버젤은 이를 "지적 능력, 발달, 장점, 단점에 따라 각각 색인화하고 분류할 수 있는 꼬리표를 붙여서, 모든 인간 가족을 정리하려는" 노력이라고 묘사했다.[10]

이런 움직임은 백인의 빈곤에 대한 엘리트층의 불안을, 증가하는 이민자 수에 대한 두려움 그리고 아프리카계 미국인은 열등하게 타고났다는 인종차별주의적 신념과 뒤섞어 버렸다. 우생학 이론이 대중적으로 표명되는 방식은 이런 차별을 재생산하고 부추겼다. 다시 말해, 아프리카계 미국인들은 완전히 퇴출되었고, 북유럽계 부유한 백인들이 우생학에 따른 위계의 정점을 차지했으며, 그 중간에 있는 모든 사람들은 미심쩍게 여겨졌다. 주(州) 박람회의 우생학 전시회에서 열리는 건강가족선발대회에서는 언제나 석고상처럼 매끄

럽고 흰 피부를 가진 가족이 우승을 거뒀다. 공공 재정을 고갈시킨다는, 생활고에 시달리는 무리는 종종 인종차별을 받았다. "타락한" 유전자와 연관되는 것은 항상 어두운 피부, 낮은 이마, 넓은 얼굴이었다.

광범위한 생식 제한은 아마도 과학적 자선과 우생학의 불가피한 종착지였을 것이다. 강제 불임시술을 합법화한 벅 대 벨 소송*Buck v. Bell**에서, 대법관 올리버 웬델 홈스는 잘 알려져 있다시피 이렇게 썼다. "타락한 자손이 범죄로 처형당하거나 저능해서 굶주리기를 기다리는 대신, 명백히 부적합한 사람들이 그들 종(種)을 이어 가지 못하도록 사회가 막을 수 있다면, 세계 전체로서는 더 나은 일이다. 강제적인 예방접종을 뒷받침하는 원리는 나팔관 절제에도 충분히 폭넓게 적용할 수 있다."11 이런 강제 불임시술은 제2차 세계대전 중 나치의 잔혹행위와 견주어져 호의를 잃었다. 하지만 우생학은 미국에서 6만 명 이상의 가난한 노동자 계층 사람들이 강제 불임시술을 당하는 결과를 초래했다.

간간이 인종 통합이 이뤄졌던 구빈원과 달리, 과학적 자선은 아프리카계 미국인의 빈곤이 백인의 빈곤과는 별개의 문제라고 여겼다. 사회사가 마크 필에 따르면, 과학적 자선은 "19세기 후반 미국인들이 말하는 '니그로 문제(Negro Problem)'를 다소 고의로 무시했다."12 그래서 이 운동은 소수의 "적격한" 백인 빈민들에게 얼마 안 되는

---

*   '벅 대 벨' 소송은 3대 이상 저능아를 출산한 경우라면 우생학적으로 불임시술을 강제할 수 있다며, 캐리 벅에게 강제 불임시술을 선고한 재판이다.

자원을 제공했다. 이들은 조사 기법과 첨단 기술을 이용해, 그 밖의 누구도 원조를 구하지 못하도록 단념시켰다. 더 이상 해 볼 도리가 없을 경우, 과학적 자선은 보호시설 수용에 의지했다. 즉 자선을 받기에 도덕적으로 순수하지 않거나, 자활할 만큼 튼튼하지 않은 사람들은 구빈원으로 보내졌다.

과학적 자선 운동은 여러 새로운 발명에 의존했다. 개별사회복지사업가, 구호 조사, 우생학 기록, 데이터 정보 센터가 그것이다. 이 운동은 법률가, 학자, 의사들이 그 시대에 실증적으로 가장 정교한 과학이라고 믿는 것에 기댔다. 과학적 자선은 증거를 바탕으로 실천할 권리를 주장했다. 이는 과학적 자선의 지지자들이 어리석은 감정적 접근법, 또는 심히 타락한 정치적 접근법이라고 본 과거의 빈민 구제 접근법과 과학적 자선을 구별하기 위함이었다. 하지만 이 운동의 첨단 기술 도구와 과학적 근거는 사실 가난한 노동자 계층을 무력화하는 시스템이었다. 이 시스템은 이들의 인권을 부정하고, 자주권을 침해했다. 구빈원이 가난한 노동자 계층으로 하여금 공공 자원을 포기하게 하는 기구였다면, 과학적 자선은 엘리트들이 그럴싸하게 부인할 수 있게 하는 기술이었다.

이전의 구빈원처럼, 과학적 자선은 두 세대 동안 빈곤 구제를 지배했다. 하지만 이 강력한 운동도 대공황을 견디지 못했다. 대공황이 절정에 달했을 때는 1,300~1,500만 명으로 추산되는 미국 노동자들이 실직했다. 실업률이 전국적으로 25퍼센트에 육박했고, 일부 도시에서는 60퍼센트를 넘었다. 붕괴 이전에는 확고한 중산층이던 가정들이 처음으로 공적 구호를 받고자 했다. 적격한 빈민과 부적격한 빈민 사이의 항상 애매한 경계는 전국적인 위기 앞에서 일소되었다.

1930년과 1931년에 대공황이 기세를 떨치자, 상황은 과학적 자선의 한계를 넘어섰다. 빵 배급 줄이 길어졌고, 쫓겨난 가정들이 공동 아파트와 지방자치단체의 숙박소로 몰려들었으며, 지역의 긴급 구제 계획은 압도하는 요구 앞에 무너졌다. 가난한 노동자 계층은 악화되는 환경에 항의했고, 서로 돕기 위해 함께 결집했다.

실직한 수천 명의 노동자가 조직화해서 식료품 가게를 약탈했다. 광부들은 밀매되는 석탄을 노략해 분배했다. 빵 줄, 수프 줄, 양배추 줄이 있었다. 프랜시스 폭스 피번과 리처드 클로워드가 『빈민 규제 *Regulating the Poor*』에서 전한 대로, 지역 구제 기관은 팻말을 들고 소리치며 돈과 음식을 내놓을 때까지 물러나기를 거부하는 시위자들로부터 반복 공격을 당했다. 집세 지불을 거부하는 시위자들은 압류와 퇴거에 대항해 가스와 전기 밸브를 뒤바꿔 놓았다. 1932년 4만 3,000명의 "보너스 부대Bonus Army"(참전 보상금 조기 지급을 요구하기 위해 워싱턴에 몰려든 제1차 세계대전 참전 병사들의 집단-옮긴이) 시위 참가자들이 미국 국회의사당 근처의 포토맥 강둑과 공터에 진을 쳤다.

프랭클린 D. 루스벨트는 시민들이 느끼는 이런 불안의 물결을 타고 대통령직에 올랐다. 루스벨트는 원외 구호로 대거 복귀하기 시작했다. 연방긴급구호국FERA은 어려움에 처한 가정들에 물자와 현금을 나눠 주었다. 또 루스벨트 행정부는 민간자원보전단*과 토목사업국 같은 새로운 연방 고용 계획을 만들었다. 이 계획을 통해 실업자들은 사회간접자본 개선 사업, 공공시설 건설, 정부 행정, 의료 서비스, 교육, 예술 분야에서 일하게 되었다.

뉴딜 정책은 개인적인 자선으로 가던 추세를 뒤집었다. 그래서 1934년 초, 연방긴급구호국, 민간자원보호군단, 토목사업국 같은 연방 계획을 통해 노동 구제 또는 가정 구제로 지원을 받는 인구가 2,800만 명에 달했다. 이 계획들은 아주 많은 사람들을 위해, 대단히 빠르게, 무척 많은 일을 할 수 있었다. 공적 자금이 충분하고—연방 긴급구호국만 해도 최종적으로 400만 달러를 쏟아부었다—과학적 자선을 표방한 개별사회복지사업가들이 개척한 심층 조사를 포기했기 때문이다.

1819년과 1873년의 불황기에 그랬듯이, 비평가들은 구제 계획이 공공 부조에 대한 의존성을 낳는다고 탓했다. 루스벨트 자신은 연방 정부가 직접 구제 사업에 관여하는 데 대해 심한 불안감을 갖고 있었다. 루스벨트는 중산층의 반발에 빠르게 굴복해 현금과 물자를 제공하는 연방긴급구호국을 폐지하고 공공산업진흥국WPA으로 대체했다. 연방 복지부의 창설을 요구하는 루스벨트 진영 일부의 항

* 도시의 청년 실업자들을 군대식으로 조직해 미국 전역에 캠프를 설치해서 황폐해 지는 산림 보호에 투입했다.

의에 맞서, 공공산업진흥국은 자원 배분에서 산업 진흥으로 행정의 중심을 이동시켰다.

뉴딜 법안은 의심할 여지 없이 수천 명의 목숨을 구하고 수백만 명의 빈곤을 방지했다. 새로운 노동법은 노동조합의 번창으로 이어져, 견실한 백인 중산층을 형성했다. 1935년의 사회보장법Social Security Act은 실업, 고령, 또는 가족 생계 부양자 사망의 경우에 현금을 지급한다는 원칙을 확립했다. 게다가 구제가 개인의 도덕성에 근거하는 게 아니라 권리의 문제가 되었다. 하지만 뉴딜 정책은 인종, 성, 계층 간 분열 또한 불러일으켜 오늘날까지도 계속해서 우리 사회에 불평등을 낳고 있다.

루스벨트 행정부는 백인 우월주의에 굴복했는데, 그것은 여전히 쓰디쓴 결과를 낳고 있다. 아프리카계 미국인들이 북부 도시에서 80퍼센트의 실업률을 경험하고 있었으나, 민간자원보전단은 연방 정부가 지원하는 일자리 구제에서 흑인의 참여 한도를 취업 가능한 일자리의 10퍼센트로 제한했다. 1934년의 국민주택법National Housing Act은 거주지 분리를 촉진하고, 흑인 빈곤층 거주 지역에 대한 대출 거부를 권장함으로써 흑인 주민들의 부담을 배가시켰다. 와그너법 Wagner Act(1935년 뉴딜 정책의 일환으로 만들어진 노동조합 보호법-옮긴이)은 노동자들이 조직화할 권리를 인정했지만, 인종차별적인 노동조합을 허용했다. 가장 중요하게는, 남부의 주들이 사회보장법을 지지하지 않을 위험에 대응해, 농업 및 가사 노동자들을 고용 보호에서 노골적으로 배제했다. 이 "남부 절충안"으로 대다수 아프리카계 미국인 노동자들, 그리고 적지 않은 수의 가난한 백인 임차 소작인, 물납 소작인sharecropper, 가사 노동자가 최저임금, 실업 보호, 노령 보험, 단체교섭권이 없는 상태로 남겨졌다.

뉴딜 정책은 또 여성과 가족의 경제적 부양을 위한 주요 매개체로서 남성 생계 부양자를 중시했다. 연방 정부의 보호는 임금, 노동조합 가입, 실업보험, 연금과 결부되어 있었다. 그런데 장기적으로 임금을 받는, 일 년 내내 일하는 상근직을 장려함으로써, 여성의 고용 패턴보다 남성의 고용 패턴에 특혜를 주었다. 뉴딜 정책의 또 다른 특징적인 프로그램인 부양아동지원Aid to Dependent Children, ADC(1962년 이후에는 부양아동가정지원Aid to Families with Dependent Children: AFDC이라 불림)은 남성 임금 소득자가 사망한 후 아이들이 있는 소수의 편모들을 지원하기 위해 만들어졌다. 이렇게 해서 여성의 경제적 안정은 아내, 엄마, 또는 과부로서의 역할과 단단히 결부되었고, 여성의 경제적 의존성이 계속되었다.

뉴딜 구제 정책의 기획은 유능한 빈민과 무능한 빈민의 구분을 재확립했다. 그렇지만 그것은 조사이어 퀸시의 시나리오를 뒤집어 놓았다. 유능한 빈민은 여전히 일시적인 실업 상태에 빠진 백인 남성 임금노동자였다. 하지만 이전 100년간의 빈곤 정책이 뒤집어지면서, 이들은 갑자기 **적격한** 빈민으로 여겨져 재취업을 위한 연방 정부의 지원을 받았다. 무능한 빈민은, 여전히 안정된 고용을 가로막는 인종차별, 한부모, 장애, 만성질병 같은 오랜 문제에 직면한 사람들이었다. 하지만 이들은 갑자기 **부적격하다고** 규정되었고, 복지 당국은 이들에게 마지못해 인색하고 처벌적이며 일시적인 구제를 제공했다.

배제된 노동자, 편모, 고령의 빈민, 병자, 장애인들은 복지의 역사를 연구한 역사가 프리밀러 네이더슨이 말한 "청소용-mop-up" 공공 부조 프로그램에 의존해야 했다.[13] 실업자와 빈민, 남성의 빈곤과 여성의 빈곤, 북부의 백인 남성 산업 노동자와 그 밖의 모든 이들 사이의 차별은 이중의 사회보장제도를 낳았다. 사회보험 대 공공 부조가 바로 그것이다.

공공 부조 프로그램은 연방 정부가 아니라 주와 지방자치단체에 의해 혜택 수준이 정해지기 때문에 인색했다. 지역 및 주 복지 당국이 등록자 수를 낮게 유지하기 위해 적격성 규정을 만들고 경제 장려책을 두었기 때문에, 공공 부조 프로그램은 더욱 가혹했다. 소득 제한과 자산 조사가 신청자와 수급자에 대한 온갖 추적과 감시를 합리화했기 때문에 더 사생활 침해적이었다.

사회보험과 공적 부조를 구분함으로써, 뉴딜 정책을 펼친 민주당 정권은 오늘날 경제 불평등의 씨앗을 뿌리고, 백인 우월주의에 굴복했으며, 빈곤층과 노동자 계층 사이의 갈등을 조장하고, 여성의 노동을 평가절하했다. 루스벨트는 보편적 복지 혜택 프로그램이라는 개념을 폐기함으로써 과학적 자선의 조사와 감시, 견제를 부활시켰다. 그런데 이런 기법들은 폭넓은 스펙트럼을 가진 가난한 노동자 계층을 표적으로 삼기보다, 막 생겨나고 있던 새로운 표적 집단에 선택적으로 적용되었다. 이 집단은 "생활보호대상 엄마-welfare mother"로 알려지게 된다.

⊕

사회보장법에 따라 만들어진 모든 프로그램을 공공 부조로 보는 것이 타당하지만, 가장 논란이 많은 청소용 프로그램인 부양아동지원이 "복지"와 동의어가 되었다. 만약 그것이 큰 성공을 거둔, 가난한 여성들의 정치 운동에서 궁극적인 구심점 역할을 하지 않았다면, 부양아동지원/부양아동가정지원은 역사의 각주로 남았을 것이다. 처음 35년 동안 이 프로그램은 중산층 백인 편모로 대상을 제한해 시행되었다. 극소수 가정들이 이 프로그램에 지원했고, 그 가운데 약 절반이 거부당했다.

주와 카운티의 규정은 수많은 적격한 수급자들, 그 가운데서도 특히 유색인 여성들을 배제했다. "고용 가능한 엄마employable mother" 규정은 가정부와 농장 노동자를 배제했다. 입법자들은 이들의 임금 노동을 이들이 아이들을 돌보는 일보다 더 중요하게 여겼다. "적합한 가정suitable home" 규정은 미혼모, 이혼당하고 버려진 여성, 여성 동성애자, 그리고 복지 부서들이 성적으로 부도덕하다고 여기는 그 밖의 여성들을 배제했다. "대리부substitute father"(代理父) 규정은 공공 부조를 받는 여성과 친밀한 관계에 있는 남성이 여성의 아이들을 경제적으로 책임지게 했다. 거주 제한으로 인해 주 경계를 넘어가는 사람은 혜택을 받지 못했다. 사회복지는 가난한 사람들에게 그들의 권리, 즉 신체 통합성bodily integrity(몸에 대한 침해나 학대, 배제 등으로부터 자유로울 권리-옮긴이), 안전한 작업 환경, 이동성, 정치 참여, 사생활 보호, 자기 결정 등에 대한 권리를 가족을 위한 변변찮은 지원과 맞바꿀 것을 요구했다.

차별적 적격성 규정은 개별사회복지사에게 민원인의 인간관계를 조사하고, 삶의 온갖 측면을 파고들며, 심지어 이들의 집을 불시 단속할 수도 있는 폭넓은 자유를 주었다. 1958년 백인 노동자 계층이 사는 오리건주 스위트홈에서 경찰과 사회복지사들이 일련의 합동 불시 단속을 계획했는데, 이 습격은 모두 자정에서 오전 4시 30분 사이에 이뤄졌다. 1963년에는 캘리포니아주 앨러미다 카운티의 개별사회복지사들이 1월의 어느 추운 밤 복지 혜택을 받는 700가구에 침입해, 신고하지 않은 정부(情夫)를 적발하겠다고 엄마와 아이들을 침대에서 밀어냈다.《로스앤젤레스타임스》의 하워드 케네디가 보도한 바에 따르면, 급습한 사람들이 신분을 밝히지 않고, 불필요하게 욕설을 퍼부었으며, "들어오지 못하게 하자 문을 부수기도 했다"고 피해자들은 불평했다. 전미유색인종지위향상협회NAACP는 앨러미다 카운티에서 일어난 불시 단속이 "주로 니그로와 멕시코계 미국인 빈곤아동지원Aid to Needy Children, ANC 수급자를 상대로 이루어졌으며, 차별과 관련되어 있을 수 있다"고 비난했다.[14]

부양아동지원/부양아동가정지원 수급자에 대해 과학적 자선식(式) 조사가 다시 시작된 것은 이주 양상의 변화와 시민권 운동에 대한 대응이었다. 그로 인해 이 프로그램의 인종 구성이 변화하고 있었던 것이다. 백인 우월주의자의 테러와 남부에서의 물납 소작인 축출을 피해, 1940년과 1960년 사이에 300만 명 이상의 아프리카계 미국인이 북부 도시로 이주했다. 많은 이들이 더 안전한 집, 더 나은 일자리, 더 많은 존엄성과 자유를 찾았다. 하지만 고용, 주택, 교육에서의 차별은 백인 외 인종의 훨씬 높은 실업률을 낳았고, 이주자들은 가족 부양에 도움을 받기 위해 공공 부조에 관심을 보였다.

같은 시기에, 시민권 운동-Civil Rights Movement은 아프리카계 미국인이 공공시설과 정치 참여에 대해 동등한 도덕적 권리를 갖는다고 분명히 표명했다. 공립학교에서의 인종차별 철폐와 투표권의 확대를 지지하는 주장은 공공 부조에서의 인종차별 철폐를 지지하는 주장으로 쉽게 확대되었다. 1963년 일자리와 자유를 위한 워싱턴 행진에 몇몇 일원이 참석한 후, 초기 복지권 단체인 "적정 복지를 지지하는 엄마들-Mothers for Adequate Welfare"이 만들어졌다. 역사학자 프리밀러 네이더슨에 따르면, 이들은 흑인 생활보호대상 엄마로서 겪는 일상의 모욕과 차별에 대항해 싸우는 워싱턴 행진에 영감을 받았으며, 보스턴으로 돌아와 식료품 나눔 프로그램을 시작하고 싶어 했다.[15] 미국 전역에서 지역 조직들이 합류해, 부당한 현 상황에 이의를 제기하는 전국적인 운동이 형성되었다. 부양아동가정지원을 받을 자격이 있는 사람들 가운데 절반 이상이 그 혜택을 받지 못하고 있었던 것이다.

복지권 운동은 복지 수급자격에 대한 정보를 공유하고, 지원서 작성을 도왔으며, 복지 사무소에 가서 차별 관행에 이의를 제기했다. 또한 입법기관에 로비를 하고, 정책을 만들었으며, 뉴딜 프로그램들이 아무런 의심 없이 받아들이던 온갖 전제에 이의를 제기했다. 가장 중요하게, 이 운동의 일원들은 육아 노동도 노동이라고 주장했다. 복지권 단체들은, 여성이 원하는 경우에는 직장에 다닐 권리를 지지했지만, 어린아이를 둔 편모가 집 밖에서 일하도록 요구하는 모든 프로그램에는 적극 저항했다.

복지권 운동의 성공은 놀라웠다. 이 운동으로 회원이 3만 명에 달하는 전미복지권단체National Welfare Rights Organization, NWRO가 탄생했다. 또한 가구, 교복 및 기타 가정용품 등을 제공하는 특별 보조금에 대한 접근권이 확대되었다. 이 운동은 결혼 여부, 인종, 고용에 상관없이 모든 가난한 가정이 최저 소득을 보장받기 위한 투쟁을 진두지휘했다. 그리고 흑인 여성과 편모를 공공 부조로부터 배제하는 것이 헌법에 위배된다는 사실을 인식하고서, 차별적인 적격성 규정을 뒤집기 위해 법적 이의 제기를 시작했다.

킹 대 스미스 소송(1968년)King v. Smith에서 승리하면서 "대리부" 규정이 뒤집히고 개인의 성적 사생활에 대한 기본권이 보장되었다. 셔피로 대 톰프슨 소송(1969년)Shapiro v. Thompson에서는 거주지 규정이 개인의 이동권에 관한 위헌적 제한이라는 데 대법원이 동의했다. 골드버그 대 켈리 소송(1970년)Goldberg v. Kelly은 공공 부조 수급자가 정당한 법 절차에 대한 권리를 가지고 있으며, 공정 심리fair hearing* 없

---

* 법적 구제 수단을 이용할 수 있게 되기 전에 권리가 손상되거나 거부될 예정이어서, 정식 재판 절차로는 정당한 법 절차를 보장받기 힘든 특별한 상황에서 이루어지는 심의회를 가리킨다.

이는 그 혜택을 종료시킬 수 없다는 원칙을 명시했다. 이런 법적 승리들로 진정 혁명적인 판례가 만들어졌다. 즉 가난한 사람들이 중산층과 동일한 권리를 누려야 한다는 것이다.

부양아동가정지원이 공세에 시달리자, 1969년 리처드 닉슨 대통령은 이를 대체할 연간 소득 보장 계획인 가족지원계획Family Assistance Program, FAP을 제안했다. 4인 가족에게 일 년에 1,600달러의 최저 소득을 보장한다는 것이었다. 이 계획으로 부양아동가정지원에서 제외되었던 저임금 두부모 가정two-parent families이 혜택을 받게 되었다. 근로소득이 있으면 지원금에서 근로소득 100퍼센트를 제한다는 페널티 규정을 없애, 연간 소득 가운데 720달러까지는 지원금 혜택이 줄어드는 일 없이 복지 수급자가 가질 수 있게 했다.

하지만 닉슨이 제안한 최저 소득은 여전히 4인 가족을 빈곤선 훨씬 아래에 머물게 했다. 전미복지권단체는 이와 다른 적정소득법Adequate Income Act을 제안했다. 4인 가족의 기본 소득을 5,500달러로 정한 법이었다. 닉슨의 계획은 기본 노동 요건을 포함했는데, 이는 어린아이들을 둔 편모들에게 걸림돌이었다. 보수와 진보 모두에게 인기가 없던 가족지원계획은 실패했고, 부양아동가정지원에 대한 압력은 계속 높아졌다.

사회운동에 용기를 얻어, 더 많은 가정이 공공 부조를 신청했다.

더군다나 법적 승리로 보호를 받게 되면서 거부당하는 가정은 더 줄어들었다. 적격성 제한이 폐지되자 부양아동가정지원이 확대되었다. 그 기초 통계자료는 아주 놀랍다. 1961년에는 320만 명이었던 부양아동가정지원 수급자가 1971년에는 거의 1,000만 명에 이르렀다. 이 지원 계획에 대한 연방 정부의 지출은 같은 10년 동안 10억 달러(1971년)에서 33억 달러로 증가했다. 이 운동의 성과는 대부분 빈곤 아동들에게 돌아갔다. 1966년에는 빈곤 아동의 4분의 1만이 부양아동가정지원의 혜택을 받았는데, 1973년에는 5분의 4 이상이 지원을 받았다.

전미복지권단체의 구성원은 주로 가난한 아프리카계 미국 여성이었다. 하지만 복지권 운동에는 중산층 협력자들이 있었고, 복지권 운동을 하는 이들은 다양한 인종 간의 조직이 장기 목표를 달성하는 데 아주 중요하다고 보았다. 이들의 불균형한 빈곤 취약성을 반영하듯, 1967년 부양아동가정지원 수급자 명부의 50퍼센트가량이 아프리카계 미국인들이었다. 하지만 전미복지권단체의 초대 의장 자니 틸먼은 백인 복지 수급자가 고통받는 동료이자 잠재적 협력자임을 알았다. 1971년 한 인터뷰에서 틸먼은 이렇게 설명했다. "우리는 인종 분리를 할 형편이 안 됩니다. 생활보호를 받는 가난한 백인 소녀들에게 굶주리면 어떤 기분인지 들었는데, 나도 굶주리면 똑같은 기분이거든요."[16]

하지만 복지권 운동가들이 통합과 연대를 꿈꿨음에도, 부양아동가정지원의 확대는 백인 중산층의 반감을 불러일으켜 이 운동의 성공을 가로막았다. 복지권에 대한 반발이 커지면서, 빈곤에 대한 뉴스 보도는 점점 더 비판적이 되었다. 정치학자 마틴 길렌스는 이렇게 쓰고 있다. "빈민에 대한 뉴스 기사가 비호의적이 되면서, 뉴스에서 가난한 흑인의 이미지가 부풀려졌다."[17] 복지 부정수급과 악용에 관한 기사에는 대개 흑인의 얼굴 사진이 실려 있었다. 아프리카계 미국인의 빈곤은 1960년대에 극적으로 줄어들어, 부양아동가정지원 취급 건수 가운데 아프리카계 미국인의 몫은 줄어들었다. 하지만 시사 잡지의 빈곤 관련 기사에 나타난 아프리카계 미국인의 비율은 1964년과 1967년 사이에 27퍼센트에서 72퍼센트로 껑충 뛰어올랐다.

1973년 (1차 석유파동의 영향으로-옮긴이) 불황이 닥치면서 복지 비용, 부정수급, 비능률에 대한 히스테리가 고조되었다. 로널드 레이건과 그 밖의 보수 정치인들이 주도한 부양아동가정지원에 대한 납세자 저항은, 가난한 사람들이 헌법이 보장하는 모든 권리를 누려야 한다는 생각에 이의를 제기했다. 하지만 복지권 운동의 성공으로 일궈진 결실이 법제화되어 있기 때문에, 더 이상 차별적인 적격성 규정을 통해 공공 부조에서 배제할 수는 없었다.

점점 엄격해지는 법적 보호와 공공 부조 지출을 억제하라는 요구 사이에서 진퇴양난에 빠진 선출직 공무원 및 정부 관료들은 정치적 술책을 부렸다. 이들은 더 효율적인 자원 분배를 통해 비용 절감을 약속하는, 광범위한 신기술을 주문했다. 실제로, 이런 기술 시스템은 빈민들과 이들의 법적 권리 사이에 서 있는 벽처럼 작용했다. 디지털 구빈원이 탄생하는 순간이었다.

컴퓨터는 1970년대 초 복지 수급자에 대한 조사와 감시를 강화해 공공 지출을 줄이기 위한 중립적인 도구로서 지지를 얻었다. 1943년 루이지애나주는 대부분의 아프리카계 미국인이 부양아동 지원을 받지 못하도록 차단하는 "고용 가능한 엄마" 규정을 마련한 첫 번째 주가 되었다. 31년 후, 루이지애나주는 전산화된 임금 대조 시스템을 개시한 최초의 주가 되었다. 이 프로그램은 복지 지원자들이 스스로 보고한 소득을 직업소개소 및 실업수당 혜택 자료의 전자파일과 비교해 점검했다.

1980년대 무렵에는 컴퓨터가 공공 부조를 받는 가정에 대한 엄청난 양의 데이터를 수집하고, 분석하고, 저장하고, 공유했다. 연방 보건교육복지부는 복지 수급자의 이름, 사회보장번호, 생일, 그리고 그 밖의 정보를 국방부, 주 정부, 연방 정부 기관, 민사 및 형사 법원, 지역 복지 기관, 사법부와 공유했다. 새로운 프로그램들은 불일치 사항을 찾기 위해 급증하는 사례 기록을 뒤졌다. 부정수급 탐지 프로그램이 세심히 프로그래밍되었다. 데이터베이스가 함께 연결되어, 다양한 사회복지 프로그램을 넘나들며 수급자의 행동과 지출을 추적했다. 복지 수급자의 법적 권리 확대와 공공 부조에 대한 지지 약화 사이의 갈등이 첨단 기술 도구의 공세로 해결되었다.

공공 부조 프로그램은 연방 정부가 자금을 대고 지역 정부가 관리하기 때문에, 복지 행정 기술의 활용은 주마다 다양했다. 하지만 뉴욕주의 사례는 우리가 참고할 만하다. 뉴욕주에서는 가장 큰 규모의, 가장 강경한 복지권 운동이 있었고, 미국 전역에서 가장 빠르게 부양아동가정지원 명부를 늘려 나갔다. 1960년대 말, 미국의 복지 수급자 10명 가운데 1명이 뉴욕시티에 살았고, 이들은 대략 60개에서 80개 사이의 지역 복지권 단체를 조직했다.

이 운동은 1968년 봄, 도시 전역에서 매일 시위행진을 벌이는 조직적 활동을 시작했다. 여기에는 복지부 본부에서 3일 동안 연좌 농성을 벌이는 것이 포함되었는데, 이 농성은 기마경찰대가 출동하고서야 끝났다. 이런 뚜렷한 행동주의에 영향을 받아, 개별사회복지사들은 자신의 역할을 지원자들이 사회복지 혜택을 포기하게 하기보다 지원자들을 대변해 주는 것이라고 여기기 시작했다. 1973년 랜드연구소RAND Institute(주로 미국의 국방에 관한 계획과 예산을 연구하는 민간 연구소-옮긴이)가 '빈민 시위Protest by the Poor'라는 제목으로 내놓은 보고서에 따르면, 브롱크스와 브루클린의 개별사회복지사들은 이들 도시의 사회복지사업부가 "형식적인 절차를 없애 넘쳐 나는 민원인의 요구를 처리하지"[18] 않으면 파업을 하겠다고 위협했다.

1969년 뉴욕주는 "공공복지 행정을 위한 컴퓨터 기반 관리 정보 시스템"를 개발하려는 보건교육복지부의 전국시범사업Nationwide

Demonstration Project에 참여하겠다고 청원했다. 당시 주지사였던 공화당원 넬슨 록펠러는 닉슨의 가족지원계획FAP이 국회에서 통과될 것이고, 뉴욕주의 복지 문제는 연방 정부가 주 및 지역의 복지 비용을 인계받음으로써 해결되리라고 확신했다.

1970년 가족지원계획이 국회에서 통과되지 않자, 록펠러는 뉴욕주의 현재 복지 체계가 "낡고" "엄청난 부담"이라면서, 뉴욕주가 "대안이 없지만 가난한 사람들의 필요를 채워 주기 위해 계속 최선을 다해야 한다"고 발표했다. 몇 달 후 주 의회에 보내는 성명서에서, 록펠러는 점점 커져 가는 우려를 표명했다. 현재의 복지가 "인간의 존엄성, 독립성, 개인의 책임을 고무시키기보다는, 현재 그런 것처럼, 정부에 영구히 의존하도록 부추기기 때문에" 만약 근본적으로 달라지지 않으면 "결국 과부하가 걸려 우리 사회를 무너뜨릴" 것이라고 했다.[19]

록펠러는 주 전체의 일괄 복지 개혁을 발표했다. 그는 1년 거주 요건을 확실히 하고, 현재 복지 수급자들이 주 바깥으로 이주하는 데 동의하면 교통편과 현금 보너스를 제공하는 "자발적 이주 계획"을 제안했다. 록펠러가 제안한 개혁은 복지 수급자가 어떤 일이든 구해서 하지 않으면 복지 혜택을 박탈할 것을 요구했고, 어느 수급자가 "고용 가능"한지 결정하고 복지 보조금 규모를 정하는 개별사회복지사의 재량권을 없앴다. 록펠러는 개별사회복지사의 최저임금 요건을 폐지하고, 이 일을 할 수 있는 학력 자격을 낮추었으며, "복지 수급자가 수급자격이나 추가 혜택을 얻도록 부적절하게 지원하는" 개별사회복지사에 대한 처벌을 강화했다.

록펠러는 또 복지 행정 감찰관이라는 새로운 공직을 만들어, 자신의 정치자금 모금자인 조지 버링거를 임명했다. 1972년 2월 최초 연례 보고서에서, 버링거는 부실 행정으로 인해 "편법, 사기, 남용"의 "병폐"가 시의 복지 명부를 오염시켰다고 비난했다. 그는 이렇게 썼다. "대수술이 타당하다." 버링거는 뉴욕주의 모든 복지, 메디케이드, 푸드 스탬프(저소득층에 제공하는 식품 구입용 바우처나 전자 카드-옮긴이) 수급자를 위한 전산화된 중앙 등록소를 제안했다. 이 시스템을 설계한 이들은 복지가 "수월한 돈벌이"가 되지 않도록 종지부를 찍으려 한 록펠러의 집착을 시스템 설계에 섞어 넣었다. 뉴욕주는 로스 페로(Ross Perot)의 일렉트로닉데이터시스템스사(社)Electronic Data Systems와 계약을 맺고 "문서로 충분히 입증되는 부적격 수급자, 복지 행정의 부실 관리와 사기를 줄이기" 위한 디지털 도구를 만들었다. 이것은 또 보조금 산출과 적격성 판정을 자동화해서, 지역의 의사 결정에 대한 "주 정부의 감독을 향상"시킬 터였다.[20] 설계, 개발, 그리고 그 결과 만들어진 복지관리체계(Welfare Management System, WMS)의 시행에는 최종적으로 8,450만 달러의 비용이 들었다.

뉴욕주의 복지 명부는 빠르게 늘어나다가, 복지관리체계를 온라인화한 1970년대 중반에 안정세를 유지했다. 그 후 부양아동가정 지원을 받는 가난한 개인들의 비율이 곤두박질치기 시작했다. 이런 양상이 주마다 반복되었다. 새로운 제한 규정과 첨단 기술 도구의 결합은, 복지권 운동으로 이룬 진전을 되돌려 놓았다. 1973년에는

빈곤선 아래에서 살아가는 미국인들 가운데 거의 절반이 부양아동
가정지원을 받았다. 새로운 복지 행정 기술이 도입되고 10년 후, 그
비율은 30퍼센트로 떨어졌다. 현재, 그 비율은 10퍼센트 미만이다.

복지의 종언에 대한 책임은 대개 1996년의 '개인의 책임 및 노동
기회의 조화를 위한 법Personal Responsibility and Work Opportunity Reconciliation
Act, PRWORA'에 있다. 이 법은 부양아동가정지원AFDC을 빈곤가정일시
지원TANF으로 대체하고, 수급자가 반드시 직장에서 일하도록 했다.
빈곤가정일시지원은 공공 부조 수급자격을 거의 예외 없이 평생에
걸쳐 60개월로 제한하고, 엄격한 노동 규정을 도입했으며, 4년제 대
학 교육에 대한 지원을 종료했다. 또 이를 준수하지 않을 경우 처벌
하기 위해 광범위한 제재 조치를 시행했다.

제재는 예를 들어, 약속에 늦거나, 배정된 자원봉사를 하지 않거
나, 직업훈련에 참석하지 않거나, 약물 검사를 끝마치지 않거나, 정
신 건강 상담에 가지 않거나, 개별사회복지사가 적극 지시하는 그
밖의 치료 또는 직업훈련을 무시하면 가해진다. 이런 제재를 받으
면 한시적 또는 영구적으로 혜택을 상실할 수 있다.

'개인의 책임 및 노동 기회의 조화를 위한 법'이 공공 부조를 두
드러지게 축소시킨 것은 사실이다. 1996년과 2006년 사이에 거의
850만 명의 사람들이 복지 명부에서 빠졌다. 2014년 현금 지원 서
비스를 받은 성인의 수는 1962년에 비해 감소했다. 1973년에는 빈
곤 아동 5명 가운데 4명이 부양아동가정지원 혜택을 받고 있었다.
현재 빈곤가정일시지원 혜택을 받고 있는 빈곤 아동은 5명 가운데

1명도 안 된다.

그런데 사회복지 수급자 명부를 걸러 내는 과정은 빌 클린턴이 "우리가 아는 복지를 끝장내겠다"고 약속하기 훨씬 전부터 시작되었다. 더 공격적인 조사와 점점 정밀해지는 추적 기술이 광범위한 부패와 사기에 대한 낭설에 소재를 제공했다. 이런 이야기들은 더욱 가혹한 규정과 매우 엄격한 처벌을 낳았다. 그리고 이것은 차례로 규정 준수를 감시하기 위한 데이터 기반 기술의 폭발적인 증가를 요구했다. 1996년 연방 정부의 개혁은 그저 20년 전부터 시작된 과정을 마무리 짓는 것에 불과했다. 복지권에 대한 반감으로 디지털 구빈원이 탄생한 이후 진행된 일들이 비로소 마무리된 것이다.

공공서비스에 대한 자동화되고 알고리즘적인 접근법을 지지하는 사람들은 흔히 새로운 세대의 디지털 도구가 "파괴적"이라고 말한다. 이들은 빅데이터가 완고한 관료주의를 대대적으로 개혁하고, 혁신적인 해결책을 촉진하며, 투명성을 높인다고 말한다. 하지만 가난한 노동자 계층을 구체적인 표적으로 삼는 프로그램에 초점을 맞추면, 새로운 데이터 분석 체제는 혁명이라기보다는 진화에 가깝다. 그것은 1820년대 이후 존재해 온 도덕주의적이고 처벌적인 빈곤 관리 전략의 단순한 지속이자 확대에 지나지 않는다.

구빈원과 과학적 자선에 대한 이야기는 빈곤 구제가 경제 위기의 시기 동안 더욱 처벌적이며, 지탄도 더 많이 받는다는 점을 보여준다. 가난한 노동자 계층은 자신의 권리를 제한하는 데 저항하고, 차별적 제도를 해체하며, 생존과 상호부조를 위해 힘을 합친다. 하지만 거듭 중산층의 반발에 맞닥뜨린다. 사회복지는 자선으로 바뀌고, 상호부조는 의존성으로 재구성되며, 빈민의 발전을 되돌리려는 신기술이 확산된다.

1970년대 이후 가난한 노동자 계층의 기본권을 인정하지 않으려는 반대 운동이 꾸준히 증가하고 있다. 자금이 충분하고, 널리 지지받아 대단한 성공을 거두게 된 터였다. 이 운동은 가난한 사람들에 대한 그릇된 이야기를 만들어 유포한다. 가난한 이들은 자격이 없고, 사기를 치며, 의존적인 데다, 부도덕한 소수집단이라는 것이다. 사회복지를 비판하는 보수적인 사람들은 지속적으로 아주 효과적인 선전전을 벌이고 있다. 이들은 노동자 계층과 빈곤층이 한정된 자원을 두고 제로섬게임을 벌이며 서로 싸우게 해야 한다고 미국인들을 납득시키려 한다. 프로그램 관리자와 데이터 과학자들은 좀 더 조용하게, 첨단 기술 도구를 밀어붙이고 있다. 이런 기술 도구는 더 많은 사람들을 더 인도적으로 도울 것을 약속하는 한편으로, 효율성을 촉진하고 부정수급을 적발해 비용을 억제한다. 우리는 디지털 구빈원이 복지 혜택을 합리화하고 능률화하기 위한 방법이라고 끼워 맞추지만, 실제 목표는 구빈원이 언제나 추구해 온 것과 같다. 가난한 사람들을 분석하고, 감시하고, 처벌하는 것 말이다.

미국 심장부의 자동화된 적격성 판정 시스템

인디애나주 티프턴. 작은 흰 당나귀 한 마리가 울타리 기둥을 물어 뜯고 있다. 여기서 우리는 철로와 나란히 난 좁다란 다목적 도로 근 처의 스타이피즈 가족네로 향한다. 마이클 스키너, 일명 "댄"은 65 세로 전직 신문기자이자 나의 인디애나주 중부 안내인이다. 댄은 자기 모친의 19년 된 세단을 끌고 선로를 건너 1.6킬로미터쯤 지나 서 스타이피즈 가족이 사는 집의 진입로로 들어선다. 스타이피즈 일가의 커다란 흰색 집은 옥수수밭의 바다에 고립되어 있다. 하지 만 2015년 3월의 이 화창한 날, 옥수숫대는 낮게 잘리고 진창으로 녹아드는 눈으로 인해 물러져 있다. 킴 스타이피즈와 케빈 스타이 피즈는 아이들을 크게 키워야 한다고 농담을 한다. 7월이 되면, 키가 자은 아이들은 옥수수 속으로 사라지기 때문이다. 나는 두 부부와 함께 이들의 딸 소피에 대해 이야기를 나누려고 여기에 왔다. 소피는 인디애나주가 복지 수급자격 판정의 자동화를 실험하는 도중에 메디케이드 혜택을 상실했다.

2012년 나는 인디애나대학교 블루밍턴캠퍼스에서 새로운 데이터 기반 기술이 공공서비스에 어떤 영향을 미치는지에 대해 강연했다. 강연이 끝나자, 옷을 잘 차려입은 한 남자가 손을 들어 질문을 했는데, 그 질문이 이 책을 쓰게 만들었다. "여기 인디애나에서 무슨 일이 일어나고 있는지 알고 있군요, 그렇죠?" 남자가 물었다. 나는 멍하니 남자를 쳐다보며 고개를 저었다. 그는 나에게 빠르게 요약해 주었다. 인디애나주가 복지 수급자격 판정 과정을 민영화하고 자동화하기 위해 맺은 13억 달러짜리 계약, 수천 명의 복지 혜택 상실, 세간의 이목을 끌었던 인디애나주 대법원에서의 계약 위반 소송 등의 이야기였다. 남자는 내게 명함을 건넸다. 금빛 글자들이 남자가 인디애나주 민주당 하원의원 매트 피어스임을 알려 주었다.

2년 6개월 후, 그 복지 자동화 이야기가 나를 소피 스타이피즈의 집으로 데려왔다. 소피는 활기차고 명랑하며 고집 센 여자아이였다. 암갈색 머리카락, 초콜릿색 커다란 눈에, 뇌성마비를 앓는 사람들의 특징인 넓은 이마를 가지고 있었다. 2002년 태어나자마자 소피는 성장 장애, 전반적인 발달 지체, 그리고 신생아와 태아에게 영향을 미치는 백질 뇌 손상인 백질 연화증 진단을 받았다. 게다가 1번 단완 염색체 결실 증후군도 진단받았다. 신생아 5,000명에서 1만 명 가운데 1명에게 발생한다고 여겨지는 질환이었다. 소피의 양쪽 귀는 심각한 청력 상실이 있었다. 킴과 케빈은 소피가 앉거나, 걷거나, 말하지 못할지도 모른다는 말을 들었다. 태어나고 2년 동안, 소피는 반듯이 누워 있기만 했다. 소피는 거의 움직이지 않았다.

소피 부모는 발달 지체 아동을 지원하는 인디애나주 장애재활사업부 프로그램인 "퍼스트스텝스First Steps"(첫걸음-옮긴이) 담당자에게 문의했다. 이 프로그램을 통해 소피는 치료 및 영양 관리 서비스를 받았고, 소피의 가족은 상담과 지원을 받았다. 가장 중요한 사실은 소피의 위에 직접 영양분을 전달하기 위해 영양공급관을 주입했다는 점이다. 생후 2년 동안 소피는 거의 먹질 못했다. 영양공급관을 통해 직접 영양을 공급하기 시작한 직후에, 소피는 일어나 앉기 시작했다.

2015년 내가 찾아갔을 때, 소피는 13세였다. 소피는 혼자 돌아다니고, 학교에 간다. 알파벳의 모든 글자를 알고 있다. 처음에 의사들은 킴더러 그게 소피와 수화를 하는 데 아무런 도움이 되지 않을 것이라고 말했지만, 소피는 가족의 피진어pidgin(서로 다른 언어를 가진 사람들의 의사소통 과정에서 생겨난 언어로, 여기서는 일종의 가족 방언을 뜻한다-옮긴이) 수화로 300~400개의 단어를 이해하며 부모님, 친구들과 의사소통을 한다. 소피는 하루 종일 학교에 있다가 와서, 주황, 분홍의 줄무늬 잠옷 차림으로 〈엘모 월드Elmo's World〉를 보며 자기 방에서 쉬는 중이다. 킴 스타이피즈가 우리 두 사람을 소개해 주고, 우리는 서로 손을 흔들어 인사한다.

내가 소피에게 분홍색 텔레비전이 마음에 든다고 말해 달라고 킴에게 부탁하자, 킴은 웃음을 터뜨리며 수화로 메시지를 전한다. "소피는 참 대단해요." 소피의 엄마가 말한다. 금발 머리에 색 바랜 파란 눈을 가진 그녀는 엄지손가락에는 금반지를 끼고, 장시간 서서 보내는 사람들이 신는 슬라이드온 크록스를 신고 있다. "만약 다른 아이들이 소피 반만이라도 노력한다면, 모두 수백만 달러를 버는 천재가 될 거예요. 그 정도로 소피는 열심히 노력했거든요."

스타이피즈 가족에게 열심히 노력하는 건 낯선 일이 아니다. 케빈은 금속관과 플라스틱판으로 지은 온실에서 재래종 토마토부터, 브로콜리, 상추, 고추, 강낭콩, 호박, 심지어 복숭아까지 키운다. 이 농작물들을 얼리고 통조림으로 만들어서 겨우내 소비한다. 하지만 2008년은 힘든 한 해였다. 케빈은 실직했고, 그와 동시에 가족의 건강보험도 상실했다. 케빈과 킴은 인터넷으로 자동차 부품을 팔아 버는 돈으로 아이 일곱을 부양하려 애쓰고 있었다. 두 사람의 아들 맥스는 최근 제1형 당뇨병 진단을 받았다. 게다가 소피는 많이 아파서 줄곧 먹은 것들을 게워 냈다.

메디케이드가 없었다면, 소피의 치료를 경제적으로 감당하기 힘들었을 것이다. 소피의 유동식은 믿을 수 없을 만큼 값이 비쌌다. 소피는 발달 지체를 가진 큰 아이들을 위한 특수 기저귀가 필요했다. 영양공급관은 삽입할 때마다 1,700달러가 들었다. 소피를 돌보는 데 드는 비용은 매달 6,000달러가 넘었다.

사정이 정말로 어려워지기 시작한 것은 2007년 말이었다. 당시

킴은 저소득층 성인들에게 중증 질환 의료보험을 제공하는 헬시인디애나플랜Healthy Indiana Plan에 지원했다. 다섯 아이들은 메디케이드로 보장을 받았으나, 킴과 케빈은 의료보험이 없었다. 킴이 신청 절차를 밟기 시작한 직후에, 식구 넷이 병을 앓게 되었다. 킴은 식구들을 간병하는 동안에는 필요한 서류를 모두 갖추지 못하리란 걸 알았다.

그래서 킴은 티프턴에 있는 가족사회복지사업국Family and Social Services Administration, FSSA 지역 사무소로 가서, 개별사회복지사에게 말하고 신청을 보류해 달라고 요청했다. 티프턴의 개별사회복지사는 최근 FSSA에 변동이 생겼기 때문에, 더 이상 지역 차원에서 신청 결정이 이뤄지지 않는다고 킴에게 말했다. 킴은 60킬로미터 떨어진 매리언에 있는 고객 센터 상담원과 통화해야 했다.

킴은 매리언의 사무소에 전화를 걸어서 자신의 신청서가 "처리될 것"이라는 말을 들었다. 티프턴의 개별사회복지사도, 매리언 고객 센터의 상담원도, 킴이 서류에 서명해서 신청 절차를 중단할 것임을 분명히 해야 한다고 말해 주지 않았다. 킴과 킴의 남편이 의료보험에 들려고 하다가 들지 않은 일이 아이들의 보험 혜택에 영향을 미칠지 모른다는 말도 해 주지 않았다.

그러다가 이 가족은 FSSA로부터 편지를 한 통 받았다. 여섯 살 난 소피 앞으로 온 이 통지문은 소피가 메디케이드 수급자격을 증명하는 데 "협조하지 않았기"때문에, 한 달 이내에 메디케이드 혜택을 상실할 것이라고 알려 주었다. 통지문은 어쩐지 소름이 끼칠 정도로 간결하면서도, 심히 관료적이었다. 그 내용은 다음과 같았다.

발송일: 2008년 3월 26일

소피 스타이피즈 귀하

MA D 01 (MI)

귀하의 메디케이드 혜택이 아래와 같은 사유로 인해 2008년
4월 30일 효력이 중단될 예정입니다.

-수급자격 증명 협조 불이행

-소득지원법 또는 규정 관련 증명 협조 불이행

: 470IAC 2.1-1-2

중요 사항: 만약 귀하께서 다른 범주에서 메디케이드 수급자
격이 있다고 생각하고 귀하의 사례에 대해 더 많은 정보를 가
지고 있다면, 이 통지문의 발송일로부터 10일 이내에(이 통지
문을 우편으로 받았다면 13일 이내에) 통지문 상단에 나와 있
는 번호로 문의해 주시기 바랍니다.

이 통지문은 2008년 4월 5일에 도착했다. 우편 발송 후 10일이 지난 상태였다. 스타이피즈 가족이 FSSA에 문의해 오류를 바로잡을 수 있는 시간은 3일이 남아 있었다. 킴은 즉시 조치를 취하기 시작했다. 자신의 상황을 설명하는 장문의 편지를 작성해, 4월 6일 일요일에 매리언의 사무소로 팩스를 보냈다. 편지에서 킴은 메디케이드 덕분에 소피가 살아 있으며, 자신은 다른 보험이 없고, 의약품비만 해도 한 달에 수천 달러가 든다고 힘주어 썼다. 소피의 약은 5일이면 떨어질 예정이었다. 킴은 매리언의 고객 센터로 전화를 걸었고, 이전에 헬시인디애나플랜 신청을 중단한다고 밝히는 서류에 서명하지 않았기 때문에 소피에 대한 지원이 중단될 것이라는 얘기를 들었다. 킴은 아무도 서류 절차에 대해 말해 준 적이 없었다고 항의했다.

하지만 때는 너무 늦었다.

인디애나주에 따르면, 스타이피즈 가족은 적격성 판정 과정에 협조하지 않았고, 주(州) 법에 따르면, 이에 대한 처벌은 의료 혜택의 전면 거부였다. 이 제재는 본인들을 위한 의료보험에 가입하려고 하는 킴과 케빈에게 영향을 미칠 것이고, 소피는 이미 받고 있는 메디케이드 혜택을 거부당할 터였다. 킴은 왜 다른 자녀들은 혜택이 중단되지 **않았는지** 물었다. 그러자 다른 아이들 역시 그렇게 되었다는 사실을 알게 되었다. 편지가 네 통 더 올 것으로 예상되었다.

스타이피즈 가족은 댄 스키너에게 연락했다. 댄은 연로한 후저 Hoosier(인디애나주 토박이를 이르는 속칭으로 '시골뜨기', '촌놈', '무지렁이'라는 뜻-옮긴이)들 편에서 일하는 연장자행동연합에서 자원봉사를 하며 은퇴 생활을 보내고 있었다. 2007년 초, 연장자행동연합은 인디애나주 중부 전역의 개인과 단체들로부터 전화를 받기 시작했다. 푸드 팬트리food pantry(푸드 뱅크나 슈퍼마켓, 개인 등으로부터 기증받은 식품 등을 필요한 사람들이 가져갈 수 있게 만든 곳-옮긴이) 선반이 텅 비고, 유나이티드 웨이United Way에 긴급 의료 지원 요청이 넘쳐 난다는 것이었다. 스키너는 하워드 카운티에서 시장실, 노인 관련 지역 기관, 가톨릭 사회복지회, 노인복지관, 멘털헬스아메리카Mental Health America를 찾아다니며 독자적으로 조사를 시작했다. 그 결과, 엄청난 수의 사람들이 "협조 불이행"으로 수급 혜택을 상실하고 있다는 사실을 알게 되었다.

스키너에게, 소피의 경우는 특히 간담을 서늘하게 하는 사례였다. "그 아이는 여섯 살이고, 회복되고 있었어요. 수화도 배웠고. 걷기 시작하고 있었죠!" 스키너가 말했다. "조금씩 먹을 수 있게 되었는데, 아이가 3,000칼로리를 섭취할 수 있게 되면 영양공급관을 빼낼 거라고 하더군요. 소피는 바로 그 단계에 있었는데, 협조하지 않았다고 메디케이드 혜택을 중단한 거였죠." 그 무렵 스타이피즈 가족이 연락해 왔다고 스키너는 기억했다. 이들은 절망적인 상황에 처해 있었고, 즉각적인 조치가 필요했다.

스키너는 인디애나주의 장기 의료보험 문제를 다루는 데 전념하는 단체인 제너레이션즈프로젝트Generations Project의 설립자이자 책임자 존 카드웰에게 전화를 걸었다. 두 사람은 미국퇴직자협회와 미국퇴직자연합에서 동료들을 모아서, 로비를 하고, 대중매체에 알리고, 긴급 기자회견을 요청했다. 스키너는 소피와 소피의 부모를 승합차에 태워 인디애나폴리스(인디애나주 주도-옮긴이) 주 의회 의사당으로 데려갔다. "소피는 입을 옷이 별로 없었어요." 킴 스타이피즈가 기억을 떠올린다. "그때 소피는 행복한 캠핑족이 아니었거든요. 소피의 짧은 인생은 험난했죠." 스키너는 그들이 휠체어에 탄 소피와 "뒤따르는 텔레비전 카메라들"을 데리고 주지사실로 들어갔다고 말했다. "그 사람들은 예상치 못한 일이었죠."

어느 순간, 주지사 미치 대니얼스가 이들 무리 옆을 스쳐 갔다. "솔직히 주지사는 우리 쪽으로 올 수 있었어요." 스키너는 기억을 떠올렸다. "그냥 지나가더군요. 미치 루브(FSSA 국장)가 함께였죠. 그 사람들은 우릴 빤히 쳐다보면서 계속 갔어요." 케빈 스타이피즈가 방 건너편으로 소리쳐, 대니얼스에게 와서 자기 가족과 이야기를 좀 나누자고 요청했다. 하지만 주지사와 FSSA 국장은 이들을 인정하지 않았다. "그 사람들은 그런 일은 처리하고 싶지 않은 지위에 오른 거죠. 층층이 단계를 밟아 올라왔으면 하는 거예요." 나중에 케빈이 설명했다. "중간에 사람들을 두길 원하는 겁니다." 이들 무리는 대니얼스 주지사의 사회복지 정책실장 로렌 밀스에게 면담을 요청했고, 그는 이들과 만나기로 합의했다. 다음 날 오후 4시, 소피는 메디케이드 혜택을 회복했다.

이런 경우는 소피의 가족만이 아니었다. 2006년 공화당 주지사 미치 대니얼스는 복지 개혁 계획을 시행했다. 그는 다국적기업에 의지해서 복지 수급 신청 과정을 간소화하고, 개별사회복지사업을 민영화하며, 부정수급을 적발하고자 했다. 대니얼스는 오래전부터 공공 부조에 적대적이었다. 1987년 로널드 레이건의 정치 및 정부 간 문제 보좌관으로 일하던 그는 부양아동가정지원을 없애는 데 대해 명확한 지지 입장을 보였다(하지만 없애는 데 실패했다). 거의 20년 후, 대니얼스는 인디애나주에서 빈곤가정일시지원을 없애려 했다. 그런데 이번에는 정책 입안이 아니라, 첨단 기술 도구를 통해 그렇게 하려고 했다.

대니얼스 주지사는 업종별 전화번호부를 가지고 정부가 서비스를 제공할지 여부를 검토한 것으로 유명했다. 만약 어떤 제품이나 서비스가 업종별 전화번호부에 나와 있으면, 정부가 그 서비스를 제공해서는 안 된다는 주장이었다. 그래서 2004년 주지사로 당선된 직후, 대니얼스가 인디애나주 유료 도로에서부터 자동차관리국, 공공 부조 프로그램을 비롯해 인디애나주의 많은 공공서비스를 민영화하기 위해 적극적인 활동을 벌인 것은 놀라운 일이 아니었다.

대니얼스는 미치 루브를 FSSA 국장으로 임명했다.《인디애나폴리스스타》에서, 대니얼스는 당시 어필레이티드컴퓨터서비스Affiliated Computer Services, ACS의 부사장 미치 루브가 "우리들 중 가장 운이 안 좋은 사람들의 이익에 전적으로 헌신하는 동시에, 우리가 내는 세금으로 가장 많은 서비스를 받을 수 있도록 하는 데 헌신해" 왔다고 찬사를 보냈다. 두 사람은 최우선 과제로서, 2007년 대니얼스가《사우스벤드트리뷴》의 한 논설에서 언급한 "가족사회복지사업국(FSSA)이라 알려진 가공할 관료 체제"에 대한 회계감사를 의뢰했다. 2005년 6월 회계감사 보고서가 발표되자, FSSA 직원 두 명이 체포되어 절도, 부정수급, 그리고 또 다른 범행들로 기소되었다. 둘 중 한 명은 인디애나폴리스의 큰신앙선교침례교회 지도부와 협력해서, 본인과 동료 교인들의 가짜 계정을 만들어 푸드 스탬프와 그 밖의 복지 혜택으로 6만 2,497달러를 타 낸 혐의를 받았다. 이 두 개별사회복지사는 FSSA에서 일한 경력이 45년이었다.

대니얼스는 이 정치적 순간을 놓치지 않았다. 주지사는 공식 연설, 보도 자료, 보고서에서 거듭 인디애나주의 복지 제도가 "돌이킬 수 없이 망가지고", 낭비가 많으며, 부정하게 이용되는 "미국 최악의 복지 제도"라고 규정지었다. 미치 루브는 인디애나주를 종횡으로 오가며, 높은 오류율과 형편없는 고객 서비스를 들면서 인디애나주 복지 제도가 주 직원들의 해결 능력을 넘어설 정도로 망가졌다고 주장했다. 2006년 초, 대니얼스 주 행정부는 빈곤가정일시지원, 푸드 스탬프, 메디케이드의 적격성 판정 과정을 자동화하고 외부에 위탁하기 위한 입찰 제안 요청서RFP를 발표했다. 이 요청서에서 인디애나주는 아주 분명한 목표를 설정했다. 수급 부정 축소, 비용 절감, 수급자 축소가 바로 그것이다.

"인디애나주는 조악한 정책과 운용이 일부 수급자들의 복지 의존 문화에 원인을 제공하고 있다는 점을 인식하고 있다." 입찰 제안 요청서는 이렇게 밝혔다. "응찰자는 수급 적격성 판정 프로그램 및 그 밖의 프로그램을 이용해 수급자들이 복지 지원에 대한 의존성을 줄이고 임금노동 환경으로 전환하도록 돕는 데 합의함으로써 이 문제의 해결을 지원할 것이다." 이 입찰 제안 요청서는 주 당국이 복지 수급 신청자를 취업 가능한 일자리와 연결시키기 위한 장려책이나 지원은 제공하지 않고, 부적격 사례를 적발해 거부하면 FSSA가 기꺼이 추가 장려금을 제공할 것이라고 제안했다. 주 정부는 예를 들어, 해당 회사가 "수급자의 허위 진술"을 적발해 "부적격 사례를 줄일" 수 있다면 "응찰자에게 우수한 실적에 대해 대가를 지불"하겠노라고 제의했다.

당시 인디애나주 FSSA는 약 100만 명의 사람들이 의료보험, 사회복지 서비스, 정신 건강 상담, 그리고 다른 형태의 지원에 접근할 수 있도록 도움을 주고 있었다. 2006년 이 기관의 규모는 꽤 컸다. 예산 규모가 65억 5,000만 달러에, 직원은 거의 6,500명에 달했다. 하지만 이는 15년 전보다 훨씬 줄어든 규모였다. 1991년 인디애나주 의회는 정신 건강, 공공복지, 사회복지사업을 맡은 부서들을 통합하고, 많은 역할을 외부에 위탁했다. 자동화 실험 시기 무렵, FSSA는 공식 직원 수를 절반으로 줄이고, 외부 협력 업체로부터 서비스를 구매하는 데 예산의 92퍼센트를 지출하고 있었다.

복지 수급 신청자, 이들의 대변인, 행정가, 입법자가 모두 기존

복지 제도가 심각한 문제에 직면했다는 데 동의했다. FSSA 사무소는 적격성 심사, 소득 확인과 같은 일상적인 행정 기능을 위해 인디애나민원인적격성판정시스템Indiana Client Eligibility System, ICES이라는 대단히 시대에 뒤떨어진 시스템을 이용하고 있었다. 고객 서비스는 잘해 봐야 한결같지 않았다. 2005년의 한 조사는 복지 수급 신청을 해서 받아들여지는 과정이 더디다고 밝혔다. 전화 시스템은 거의 작동하지 않았고, 개별사회복지사들과 연락하기가 어려웠다. 미국 농무부USDA의 한 연구는 푸드 스탬프 신청자가 이 프로그램의 혜택을 받으려면 카운티의 사무실로 4회 방문해야 한다는 사실을 밝혀냈다. 과부하에 걸린 직원들은 요구사항이나 사례 관련 서류를 제때 처리하지 못해 탑처럼 쌓아올렸다.[1]

대니얼스 행정부는 사회복지사업이 대면식(式)에서 전자 통신을 이용하는 방향으로 가면 일이 더 체계적이고 능률화될 것이라고 주장했다. 더욱 좋은 것은, 서류 정리와 자료 수집을 민간 하청 업체에 넘기면, 남아 있는 주의 개별사회복지사들이 그런 일에서 해방되어 민원인들과 더 긴밀히 협력할 수 있다는 점이라고 했다. 대니얼스와 루브는 설득력 있는 논거를 만들었다. 그리고 사람들은 귀를 기울였다.

하지만 FSSA의 실패에 관한 대니얼스의 다른 많은 주장에 대해서는 이의가 제기되었다. 예컨대 인디애나주 복지 제도가 미국 최악이라는 주장은 후저들의 복지 **수급 감소**에 관한 주의 기록에 근거했을 뿐이다. 1996년 복지 개혁 후 10년 동안 인디애나주가 공공 부조에 의지하는 사람들의 수를 다른 주들에 비해 더 천천히 줄인 것은 사실이다. 하지만 몇 년 전 인디애나주의 복지 수급 등록자 수가 현저한 감소를 보였다. ICES(인디애나민원인적격성판정시스템)의 설치와 연방 복지 개혁의 시행 사이 3년 동안, 인디애나주의 취급 건수는 23퍼센트 줄었다. 대니얼스 주지사가 임기를 시작했을 때, 가난한 후저들 가운데 낮은 비율(38퍼센트)만이 빈곤가정일시지원 혜택을 받고 있었고, 자격이 있는 개인 가운데 74퍼센트만이 푸드 스탬프를 받았다. 대니얼스 행정부는 자격 판정 오류가 통제 불능 상태라고 주장했지만, FSSA는 푸드 스탬프 혜택 오류율이 전국 평균에 준하는 것으로 보고했다. 양의 오류율(실은 자격이 없는데 수급을 받는 사람들의 비율을 말한다)은 4.4퍼센트였고, 음의 오류율(수급 신청을 했는데 부적절하게 거부당하는 사람들의 비율을 말한다)은 1.5퍼센트였다.

이 계약에 응찰한 곳은 단 두 군데였다. 한 곳은 액센처유한회사Accenture LLC이고, 다른 한 곳은 후저자급자족연합Hoosier Coalition for Self-Sufficiency이라는 회사들의 연합체였다. IBM(아이비엠)과 예전에 루브가 일했던 ACS(어필레이티드컴퓨터서비스)가 이 연합체를 주도했다. 액센처는 입찰 과정에서 중도 하차했다. 2006년 12월 27일, 이 주제에 관한 공청회가 한 차례 열린 후, 인디애나 주지사는 10년 동안 11억 6,000만 달러가 투입되는 IBM/ACS 연합체와의 계약에 서명했다.

대니얼스는 이 계획을 기념하는 보도 자료에서 이렇게 알렸다. "오늘, 우리는 복지 낭비를 일소하고, 인디애나주의 가장 어려운 사람들에게 복지에서 벗어나 노동과 존엄성의 세계로 가는 더 나은 기회를 제공하기 위한 조치를 취한다. 우리는 미국 최악의 복지 시스템을, 그것이 봉사하는 사람들을 위해 개선하고, 납세자와 담당 직원들에게는 훨씬 더 공정한 정책이 되게 할 것이다."[2] 대니얼스 행정부에 따르면, 이 현대화 계획은 가난하고 나이 들고 장애가 있는 사람들의 복지 서비스 접근성을 향상시키는 한편, 납세자들의 세금을 절감할 터였다. 이를 위해 복지 수급자격 판정 과정을 자동화할 예정이었다. 다시 말해서, 대면 대화를 온라인 신청으로 대신하고, 주 전역에 일원화된 고객 센터를 만들고, 1,500명의 공무원들을 ACS가 운영하는 민간 전화 고객 센터로 "전환할" 계획이었다.

대니얼스는 2007년 《사우스벤드트리뷴》의 논설에서 자신의 민영화 계획과 자동화 시스템을 극찬했다. "오늘날의 복지 제도는… 전혀 변호의 여지가 없다." 대니얼스는 이렇게 썼다. "인디애나주 납세자들에게, 개혁은 엄청난 절감을 뜻한다. 향후 10년 동안 5억 달러가 절약되는데, 행정 측면에서만 그렇다. 현재의 높은 오류율과 부정수급이 줄어들면, 절감되는 금액은 아마 10억 달러를 넘을 것이다."[3] 3월까지 FSSA 직원의 70퍼센트가 민간 하청 업체로 자리를 옮겼다. 10월에는 인디애나주 자동화 계획이 인디애나주 중북부의 12개 시범 카운티에서 시작되었다.

시범 기간 첫 9주 동안 14만 3,899명의 사람들이 수신자 부담으로 전화를 했고, 2,858명이 온라인으로 신청했다. 시스템의 실패는 즉각적이었다. "전화 예약 시스템이 엉망진창이었죠." 저소득층 후 저들에게 법률 서비스를 지원하는 단체인 인디애나법률서비스의 제이미 앤드리는 이렇게 기억했다. "면담은 아침 10시부터 12시 사이로 예정되곤 했죠. 사람들은 전화기 옆에 앉아, 전화가 걸려 오길 기다려야 했어요. 그런데 전화가 오지 않는 거예요. 아니면 11시 45분에 전화가 와서 '면담' 일정이 내일로 변경된다고 하거나."

직장에서 휴가를 낸 신청자들은 대개 새로 정해진 약속을 위해 다음 날 전화기 옆에 앉아 기다릴 수가 없었다. 이미 지나간 날짜로 예정된 전화 면담에 참여하라는 통지를 받은 신청자들도 있었다. 2010년 미국 농무부의 보고서에 따르면, 한 푸드 스탬프(2008년 이후에는 영양보충지원계획Supplemental Nutrition Assistance Program, SNAP으로 불리게 된다) 수급자는 고객 센터와 많은 시간 통화를 하기 때문에, 통화 요금 할인을 받는 "친구와 가족" 목록에 고객 센터 전화번호를 추가했다. 전화 면담을 성공적으로 마치지 못한 신청자들은 적격성 판정에 협조하지 않았다는 이유로 혜택이 종료되었다. 앤드리는 이렇게 말한다. "끔찍하고, 끔찍하고, 끔찍한 시스템이었죠."

민영 고객 센터 직원들은 전화를 건 사람들이 맞닥뜨린 심각한 문제를 처리하기 위한 훈련을 적절히 받지 않았고, 해당 규정에 대한 충분한 정보를 제공받지도 못했다. 고객 센터 상담원들이 통화 중에 와락 울음을 터뜨리곤 했다고 대변인들은 전한다. "현대화되고서 처음 전화를 건 상담원이 생생하게 기억나요." 15년 경력을 가진 인디애나 중부의 환자 대변인patient advocate 테리 웨스트는 이렇게 전했다. "그 여성 상담원은 나이가 어려서… 정말이지 아무런 경험도 없었어요. … 한 가지 문제가 있었죠. 거부당한 사례였어요. 나는 이 어린 상담원에게 대략 한 시간 동안 이야기했어요. 계속 '해당 규정'을 인용했죠. 30분 정도 지나서 상담원이 울기 시작하더라고요. 상담원이 그러더군요. '어떻게 해야 할지 모르겠어요.' 딱 그렇게 말했어요. 내가 그랬죠. '이봐요, 괜찮아요. 난 개별사회복지사였어요. 난 지금 어떻게 해야 하는지 써 놓은 당신네 규정 설명서를 직접 보고 있어요.' 상담원은 울기만 하더군요."

운전면허증, 사회보장 카드, 그리고 기타 신청 서류의 사본 수백만 장이 팩스를 통해 그랜트 카운티에 있는 중앙 문서 처리 센터로 전송됐다. 그런데 그 가운데 많은 것이 사라져, 대변인들은 이곳을 "매리언의 블랙홀"이라 부르기 시작했다. 매달—이른바 "색인 작업" 과정에서 디지털 사례 서류철에 제대로 첨부되지 않아—사라지는 증명 서류의 수가 기하급수적으로 증가했다. 법원 기록에 따르면, 2007년 12월에는 1만 1,000건이 넘는 서류가 색인 작업되지 않았다. 2009년 2월경에는 거의 28만 3,000건의 서류가 사라졌는데, 이는 2,473퍼센트 증가한 수치다. 기술상 오류의 증가가 시스템 이용의 증가를 훨씬 능가했다. 누락된 서류가 하나라도 있을 경우 신청자가 혜택을 거부당할 수 있다고 한다면, 이런 결과는 큰 충격을 준다.

적격성 결정의 속도를 높이기 위한 성과 평가는 고객센터 직원 들이 사례들을 성급히 종결시키게 만드는 장려책으로 왜곡되었다. 일단 신청을 거부한 다음 신청자에게 재신청하라고 권고해 적시 처리율을 높일 수 있었다. 이렇게 되면 신청자는 새로운 결정이 내려질 때까지 추가로 30일 또는 60일을 기다려야 했다. 일부 관리상의 문제는 단순한 실수, 통합상의 문제, 기술 결함으로 인한 것이었다. 하지만 많은 오류는 융통성 없는 규정이 낳은 결과였다. 신설된 엄격한 신청 과정에서 벗어나는 것이면 모두 적극적인 협조 거부로 해석한 것이다. 그것이 아무리 하찮거나 의도하지 않은 것이라 해도 말이다.

자동화는 인디애나주의 가난한 노동자 계층에 파괴적인 영향을 미쳤다. 2006년과 2008년 사이에 인디애나주는 100만 건 이상의 푸드 스탬프, 메디케이드, 현금 수당 신청을 거부했는데, 이는 자동화 이전 3년 동안에 비하면 54퍼센트 증가한 것이다.

코코모(인디애나 중부의 도시-옮긴이) 출신의 상냥하고 진지한 젊은 여성인 미셸 버든, 일명 "셸리"는 자동화 실험 와중에 혜택을 상실했다. 셸리는 생후 6개월에 간질 진단을 받았다. 성인이 되었을 무렵, 셸리는 하루에 다섯 차례나 대발작을 겪고 있었다. 미주신경자극기vagus nerve stimulator—뇌의 심박 조율기 같은 것이다—를 주입하는 수술을 받았지만, 현대화 실험이 닥쳤을 때 셸리는 여전히, 본인의 표현에 따르면, "끔찍이도 아팠다". 2008년 4월 말, 셸리는 FSSA로부터 자격 갱신 통보를 받았다. 셸리는 이에 응해 8일 후 한 무더기의 서식과 그 밖의 서류를 팩스로 보냈다. 6월 25일, 셸리는 6월 12일자 편지를 한 통 받았다. "적격성 규명에 협조하지 않았기"때문에, 메디케이드 혜택이 5일 후 중단될 것이라는 내용이었다.

협조 불이행 통지문은 처음에 예전 주소로 보내지는 바람에 배달이 지연되었다. 셸리는 당황해서 고객 센터로 전화를 걸었다. ACS 직원은 셸리에게 온라인으로 신청서를 수정해 보라고 말했다. 하지만 소용없었고, 셸리와 그녀의 남자 친구 제프 스튜어트는 고객 센터로 몇 차례 더 전화를 걸어서 문제가 무엇인지 알아보려고 했다. "나는 셸리가 받은 편지들을 읽기 시작했어요. 어떻게 해야 할지, 어디로 가야 할지, 누구한테 전화를 걸어야 할지 알아보려고요." 제프는 이렇게 기억을 떠올렸다. "하지만 전화로는 어떻게 할 수가 없었어요. 마치 사람이 아닌 컴퓨터와 대화하는 것 같았거든요."

7월 11일 고객 센터 상담원이 셸리를 매리언에 남아 있는 몇 안 되는 주(州) 개별사회복지사 가운데 한 명과 연결시켜 주었다. 그는 셸리가 필요한 서류에 서명을 하지 않았다고 했지만 어느 서류인지는 말해 주지 않았다. 이때쯤, 셸리는 항경련제가 떨어지기 시작했다. 셸리는 한 달 비용이 800달러에 달하는 약을 얻기 위해 무료 공급처를 찾아야 했다. 그렇지 않으면 격렬한 경련을 비롯해 공황 발작, 현기증, 불면증, 시야 흐림, 그리고 갑작스러운 약물 중단으로 인한 높은 사망의 위험을 무릅써야 했다.

셸리는 유나이티드웨이에 연락했는데, 이곳에서 며칠간의 비상 약품을 제공해 주었다. 단체의 직원들은 셸리에게 "협조 불이행" 판정에 즉시 이의신청을 하라고 조언도 했다. 셸리는 7월 14일 다시 매리언 사무소로 연락을 취해, 이의 제기를 요청했다. 하지만 6월 12일자 판정에 대해 이의 제기가 가능한 30일 기한이 이미 지났다는 통지를 받았다. FSSA의 결정에 이의신청을 하기에는 너무 늦었다. 셸리는 재신청을 해야 했다.

새로운 판정은 45일이 걸릴 터였다. 셸리에게는 3일치 약이 남아 있었다.

주지사와 FSSA는 자동화된 적격성 판정 시스템 덕분에 민원인 관리가 더 강화되고, 신청 절차가 더 공정해지며, 결정이 더욱 적시에 이뤄질 것이라고 약속했다. 이들이 보기에, 기존의 개별사회복지사 중심 시스템에는 두 가지 문제가 있었다. 첫째로, 개별사회복지사가 "사회복지 전문 지식을 민원인을 돕는 데 이용"하기보다 수동으로 서류를 처리하고 자료를 수집하는 데 더 많은 시간을 들이고 있었다. 둘째로, 낡은 데이터 시스템에서는 개별사회복지사가 외부의 공모자와 결탁해 불법으로 혜택을 얻어 납세자들을 사취할 수 있었다. 낡은 시스템에는 개인 및 가정과 일대일 관계를 발전시키며 완료 시까지 해당 사례를 담당하는 개별사회복지사도 포함되었다. 새로운 시스템은 기술 중심의 "셀프서비스식"으로, 고객 센터 직원들에게 서비스를 제공할 가정의 목록 대신 완료해야 할 업무의 목록을 제시했다. 한 사례에 대해 처음부터 끝까지 관리하는 직원은 없었다. 민원인들이 1번부터 800번까지의 번호로 전화를 걸면, 항상 새로운 직원과 통화를 했다. 대니얼스 행정부는 개별사회복지사와 민원인의 관계가 부정수급의 유혹을 불러온다고 보았기 때문에, 새로운 시스템은 그런 관계를 끊도록 설계되었다.

FSSA는 기존의 모든 기록을 정리해서 인디애나폴리스의 중앙 보관 시설로 옮겼다. 이 서류 기록들은 이의신청에서 필요할 경우를 대비해 모아 둔 것인데, 현대화된 시스템에 스캔해서 저장해 놓지는 않았다. 현재 빈곤가정일시지원, 푸드 스탬프/영양보충지원계획, 메디케이드의 모든 수급자는 아무리 오랫동안 혜택을 받아 왔더라도 모든 신청 서류를 **다시** 제출해야 했다. "현대화되기 전까지는 가족임을 확인하는 모든 서류(출생증명서 따위의 서류들)가 지역 사무소에 있었어요. 그랬는데 그 서류들이 사라진 거죠." 제이미 앤드리는 이렇게 기억했다. "마치 그 서류들이 존재하지 않았던 것 같았어요. 그래서 현대화와 함께, 사람들은 1988년 이후 소유하고 있지도 않은 차량의 법적 소유권 증서 같은 (이해하기 힘든) 것들을 제출하라는 요구를 받는 등의 일을 겪었죠. FSSA가 이미 가지고 있는 서류들을 제출하라는 요구를 받고 있었던 거예요."

민원인이 수십 년 된 서류를 겨우 찾아내도, 서류를 받는 문서 관리 센터와 그것을 처리하는 민영 하청 업체 사이에서 일이 지연되었고, 이런 지연이 계속 신청자의 잘못으로 해석되었다. 블루밍턴의 메디케이드 전문 변호사 크리스 홀리는 자동화 시기 동안 자신이 다룬 메디케이드 신청의 95퍼센트가 결과적으로 적격성 판정 오류가 났다고 추정했다. 홀리에 따르면, 모든 오류는 그의 의뢰인들이 아니라 주 정부와 민영 하청 업체가 일으킨 것이었다. "우리는 정해진 기한까지 모든 걸 제출했거든요." 2014년 12월 홀리가 말했다. "그런데 여전히 협조 불이행으로 거부당하고 있었어요." 서류가 처리되는 데는 3, 4일이 걸렸다. "그 사람들은 기다리지 않았어요. '정해진 기한'에 맞춰, 또는 심지어 그전에도 수급 신청을 거부했죠. 그리고 신청자들은 거부를 당해도, 시스템이 어련히 알아서 그런 결정을 내리지 않았을까 생각했어요. 그래서 본인에게 수급 자격이 없다고 여기고 그 결정을 받아들여 포기했죠."

그런데도 많은 신청자들이 이런 만만찮은 역경에 맞서 의료보험이나 식료품 지원을 얻기 위해 싸웠다. 이들은 셸리처럼, 끈질긴 탐정이 되어 수십 쪽에 달하는 복잡한 신청서에서 단 하나의 오류를 찾아내려고 애썼다. 협조 불이행 통지문은 안내해 주는 내용이 거의 없었다. **명확하게 무엇이 잘못되었는지** 말하지 않고 **뭔가** 신청이 제대로 되지 않았다고만 했다. 서류가 누락된 걸까, 아니면 분실된 걸까, 아니면 서명이 안 된 걸까, 그것도 아니면 자격이 없다는 것일까? 민원인의 잘못일까, FSSA의 잘못일까, 아니면 민영 하청 업체의 잘못일까? "'협조 불이행'은 효과적인 문구였죠." 현재 비고 카운티에 살고 있는, 은퇴한 개별사회복지사이자 행정가 글렌 카드웰은 이렇게 말했다. "그러면 그건 시나 민영 하청 업체의 문제가 아니라, 민원인의 문제가 되거든요."

예전 시스템에서 신청서에 오류나 누락이 발생하면 골치 아프고 시간이 많이 걸려서, 개별사회복지사와 민원인이 협조해 출생증명서, 진단서, 소득증명서, 사회보장 카드, 임차 영수증 같은 서류를 확보해야 했다. "현대화 이전에는 전화를 걸어 '이런 공지문을 받았어요. 어떻게 해야 하는 거예요?'라고 물어볼 사람이 있었어요." 미국자유인권협회American Civil Liberties Union, ACLU 변호사 개빈 로즈는 이렇게 기억했다. "그러면 거기서 이렇게 대답했죠. '나한테 전부 얘기해 주고, 지금 바로 팩스로 보내 줘요. 서류가 들어오는 걸 확인하고, 이 건을 처리할게요.'" 자동화 이전에 "협조 불이행"은 개별사회복지사가 적격성 판정 과정에 참여하기를 적극적으로 거부하는 소수 민원인에 대해, 최후의 시도로서 이용하는 하나의 처벌이었다. 자동화 이후, 이 말은 어떤 피해가 뒤따르건 상관없이 복지 등록부를 모두베기clear-cut하는 전기톱이 되었다.

셸리 버튼은 자기 인생에서 가장 혼란스럽고 끔찍했던 그 시기에 대해 이야기하기를 꺼렸다. 결국 셸리는 자신이 서명 하나를 빠트린 걸 발견했다. "내 서류들을 다시 훑어봐야 했어요." 셸리는 말했다. "나는 항상 내 서류들을 복사해 뒀거든요. 질문을 하나 놓쳤더군요, 그래서 꽝, 그 사람들이 날 차단해 버린 거예요." 우리가 이야기를 나누던 2015년, 셸리는 목숨을 위협받는 상황에서 받았던 완전히 혼자라는 느낌을 기억했다. "그 사람들은 충분한 정보를 주지 않았어요." 셸리가 말했다. "우리한테 더 이상 사회복지사를 보내지 않았어요. 우리가 직접 그 일을 하게 했죠."

하지만 똑똑하고 집요한 셸리는 그 일을 전적으로 혼자서 하지는 않았다. 셸리는 대변인 댄 스키너의 도움을 받았다. 댄은 FSSA 직원과 연락해서 빠르게 해결할 수 있도록 도와주었다. 셸리의 남자 친구는 부업 삼아 그 일을 도맡아 처리했다. 셸리는 유나이티드웨이로부터 도움을 받아, 상담과 지원을 제공받았다. 셸리 버든은 7월 17일 메디케이드 혜택을 회복했다. 그리고 때맞춰 생명을 구할 약을 받았다. 7년 후 건강이 안정되자, 셸리는 월마트에서 일하고 있었다. "난 정말로 잘하고 있어요." 셸리가 말했다. "실제로 다시 일할 수 있게 됐고, 내 인생이 중요하게 느껴진다니까요."

하지만 다른 많은 이들은 그렇게 운이 좋지 않았다. "우린 변호사 자격으로 일을 바로잡을 수 있는 사람들에게 접근할 수 있었죠." 크리스 홀리가 말했다. "그런데 도움이 필요한 선의의 보통 사람들은요? 그 사람들이 가장 고통받았어요." FSSA에서 거의 30년 동안 개별사회복지사로 일하다가 은퇴한 제인 포터 그레섬Jane Porter Gresham은 이 말에 동의했다. "가장 취약한 사람들, 그러니까 아이에게 먹일 것이 없는 부모, 치료를 받아야 하는 부모, 그리고 스스로 말할 수 없는 장애인들이 큰 타격을 받고 심각한 내상을 입었죠."

윈드폴(미국 인디애나주 티프턴 카운티에 있는 마을-옮긴이)의 린지 키드 웰 역시 현대화 실험 시기에 공공복지 혜택을 상실했다. 2008년 12월 첫째아이 매덕스가 태어나고 6개월 후, 린지는 푸드 스탬프/영양보충지원계획과, 저소득층 부모, 임산부, 아이들을 위한 인디애나주 메디케이드 프로그램인 후저헬스와이즈Hoosier Healthwise 수급자격을 재인증해야 한다는 통지를 받았다. 린지는 12월 10일 매리언의 고객 센터 직원과 전화 면담을 했다. 고객 센터 직원은 린지에게 어떤 서류를 제출해야 하는지 말해 주었다. 요구받은 서류 중에는 린지의 동거 상대인 잭 윌리엄스의 급여 명세서가 있었다. 잭이 벅혼레스토랑앤라운지Buckhorn Restaurant and Lounge에서 받는 세전 주급은 약 400달러였다. 린지는 12월 19일 급여 명세서를 제외한 모든 서류를 문서 관리 센터에 팩스로 보냈다. 잭이 은행 수표로 급여를 받아 급여 명세서가 달리 없었기 때문이다. 잭의 직장 상사는 잭의 임금을 증빙하는 방법을 알아보기 위해 문서 관리 센터에 전화를 했다. 그들의 지시에 따라, 린지는 급여 수표와 금액 목록을 작성해서 12월 23일 문서 관리 센터에 팩스로 보냈다.

1월 2일, 린지는 자신의 메디케이드 혜택이 거부되었으며, 최근에 받은 산후 검진에 대한 본인 부담금 246달러를 내야 한다고 알리는 의료비 청구서를 받았다. 1월 4일 린지가 식료품을 사러 갔을 때, 린지의 EBT 카드(푸드 스탬프/영양보충지원계획 보조금이 들어 있는 직불카드 비슷한 것)가 거부되었다. 1월 15일, 린지는 FSSA로부터 편지 한 통을 받았다.

발송일: 2009년 1월 13일

린지 키드웰 귀하

FS01 (XD)

2008년 12일 10일자 푸드 스탬프에 대한 귀하의 신청이 거부되었습니다.

귀하는 수급자격이 되지 않습니다. 그 이유는 다음과 같습니다.

- 아래 법률 또는 규정을 뒷받침하는 소득 증빙에 협조하지 않음

: 7CFR273.2(d)

• • •

MA C 01 (MI)

귀하의 후저헬스와이즈 혜택이 다음과 같은 이유로 2009년 1월 31일 그 효력이 중단될 예정입니다.

- 아래 법률 또는 규정을 뒷받침하는 소득 증빙에 협조하
지 않음

: 470IAC2. 1-1-2

일주일 후 "누락된" 서류를 제출할 수 있는 13일의 기한을 충분
히 남겨 두고, 린지는 티프턴 카운티 FSSA 지역 사무소로 가서 좀
더 완전한 급여 목록과 잭이 수령한 마지막 세 차례 급여 수표의 복
사본을 제출했다. 린지는 임금 기록과 지불이 완료된 급여 수표에 "수납" 도장을
찍게 하고 복사본을 하나 달라고 했다. 린지는 그 직원이 자신의 서
류를 스캔해서 시스템에 저장하는 것을 지켜보고서, 문서 관리 센
터가 그 서류를 받았음을 확인해 주는 "스캔 성공" 통지문 사본을
받았다. 린지는 또 앞서의 "협조 불이행" 결정에 대해 이의신청을
제기했다. 공정 심리가 시작되면, 린지가 받는 푸드 스탬프/영양보
충지원계획과 메디케이드 혜택은 원상태로 회복될 터였다. 행정법
판사가 린지의 혜택을 종료하기로 한 결정이 적절한지 아닌지 판결
을 내릴 때까지는 말이다.

티프턴 카운티의 직원은 린지에게 이의신청을 제기하기보다는
복지 수급 신청서를 새로 제출해야 한다고 말했다. 그게 더 빠르고
간편할 것이라는 주장이었다. 린지는 이를 거부했다. 재신청을 하고
싶지 않았다. 자신이 보기에 잘못된 FSSA의 결정에 이의를 제기하

고 싶었던 것이다.

3주 후 린지는 한 젊은 남성으로부터 전화를 한 통 받았다. 그는 린지의 메디케이드 건에 관한 심리 일정이 잡혔음을 알리는 통지문을 곧 받게 될 거라고 알려 주었다. 그러고는 린지에게 이의신청을 취하하라고 권고했다. 자기가 컴퓨터로 보고 있는데, 린지가 잭의 급여 정보를 제출하지 않았기 때문에 이의신청이 기각될 것이라고 말했다. 하지만 린지는 "수납"이라고 도장이 찍힌 급여 정보 사본을 가지고 있었다. 지불 완료된 수표와 스캔 확인서도 가지고 있었다. 무언가 실수가 있었음에 틀림없다고 린지는 주장했다. 하지만 그것은 중요하지 않았다. 전화를 건 남자가 "컴퓨터에 최근 급여 정보에 관한 서류가 없어요. 판사는 그냥 컴퓨터만 보고서 그쪽의 이의신청을 기각할 거예요."라고만 말했다고 린지는 기억한다.

1960년대와 70년대 복지권 운동이 거둔 가장 큰 한 가지 승리는 복지 혜택을 재정의한 것이었다. 복지 혜택은 일시적인 기분에 따라 주거나 거부할 수 있는 자선이 아니라, 수급자의 개인 재산이라는 것이다. 복지권 운동가들은 공정 심리라고 알려진 행정법 절차에의 접근권을 요구하고, 적격성 판정에 이의신청을 했으며, 그럼으로써 공공 부조에 대한 접근권의 불평등에 이의를 제기하는 데 성공했다.

1968년 뉴욕에서 정당한 법 절차를 보장받지 못한 여덟 명의 개인이 집단소송을 시작했다. 이것은 골드버그 대 켈리 소송*Goldberg v. Kelly*의 대법원 판결로 이어졌다. 이 획기적인 재판은 모든 복지 수급자가 **복지 혜택이 종료되기 전에** 증거 심리evidentiary hearing를 요청할 권리를 갖는다고 밝혔다. 증거 심리는 시기적절하고 충분한 통지, 반대 증거의 공개, 공정한 의사 결정자, 증인에 대한 반대 심문, 법정 대리인을 둘 권리를 포함하는 절차이다.

복지권 운동은 공공복지 혜택을 자선보다는 재산으로 재구성하는 데 성공함으로써, 공공 부조 수급자가 수정헌법 제14조에 따라 정당한 법 절차를 보장받아야 한다는 점을 확실히 했다. 이 재판의 판결은 윌리엄 브레넌 판사가 밝힌 대로, 지원의 갑작스러운 종료는 가난한 사람들로부터 생계 수단뿐만 아니라, 정부의 결정에 적절히 이의를 제기할 수 있는 능력까지 빼앗는다는 암묵적 동의에 따른 것이었다. "설립 때부터, 국가의 기본 책무는 영토 내 모든 개인의 존엄성과 행복을 증진하는 것이다." 브레넌 판사는 이렇게 썼다. "그렇다면, 공공 부조는 단순한 자선이 아니라 '공공복지를 증진하고 우리와 우리 후손에게 자유의 축복을 보장'(미국 헌법 전문의 일부다─옮긴이)하는 수단이다."[4]

인디애나주의 자동화 시스템이 도입한 광범위하고 근본적인 변화는 골드버그 대 켈리 소송을 통해 보장된, 가난한 사람들의 정당한 법 절차에 대한 권리와 불가피하게 충돌했다. 이에 미국자유인권협회ACLU의 인디애나주 지부 소속 변호사, 개빈 로즈와 재클린 보이 수스가 퍼듀 대 머피 소송Perdue v. Murphy을 제기했다. 협조 불이행을 이유로 메디케이드, 푸드 스탬프/영양보충지원계획, 또는 빈곤 가정일시지원 혜택을 상실한 인디애나 중북부에 거주하는 10여 명의 개인을 대신해서였다. 이 소송은 자동화 시스템하에서 정당한 법 절차가 지켜지지 않은 데 대해 명백히 이의를 제기했다.

ACLU는 통지문이 불충분하고, "협조 불이행"이라는 말이 너무 광범위하게 사용되고 있으며, 개별사회복지사가 없는 새로운 시스템은 공공 프로그램에 대한 장애인의 동등한 접근권을 거부했다고 주장했다. 이들은 또 부당하게 거부당한 신청자들이 가진 최후의 수단, 곧 공정 심리에 접근하는 것이 점점 더 어려워지고 있다고 주장했다. 고객 센터 직원들은 자동화 시스템의 결정을 행정법의 절차에 우선하는 기본값으로 삼아, 이의신청을 단념시키고 재신청하도록 했다. 신청자들에게 그들의 권리를 알리지 않은 셈이다. 신청자들은 시정을 위해 도움을 청할 곳이 아무 데도 없다고 생각했다.

ACLU가 하급 법원에서 승소한 후, 퍼듀 대 머피 사건은 결국 인디애나주 대법원으로 넘어갔다. 인디애나주 대법원은 인디애나주의 "협조 불이행" 통지문이 위헌적이며, 정당한 법 절차에 따른 보호를 제공하지 않았다고 보았다. 하지만 인디애나주 대법원은 하급 법원의 판결을 뒤집어서, 협조 "불이행"과 협조 "거부"는 어느 시점에서 수렴하기 때문에 인디애나주가 "협조 불이행"을 이유로 신청을 거부할 권리를 **갖는다고** 보았다. 이 소송으로 FSSA는 더 완전하고 구체적인 공지문을 만들게 되었다. 하지만 개별 사례에 주의를 기울여 살피게 되지는 않았으며, "협조 불이행"이라는 말을 이용해 복지 등록부를 모두베기하는 일 또한 중단되지 않았다.

✥

2009년 2월 고객 센터 상담원은 "판사는 그냥 컴퓨터만 보고서… 그쪽의 이의신청을 받아들이지 않을 거예요."라고 린지에게 말했다. 그 말은 악몽과도 같았다. 적절한 급여 정보를 모두 제출했음을 말해 주는 도장 찍힌 증거물을 가지고 있었는데도, 린지는 마음이 흔들렸다. 이의신청을 취하해야 할까? 만약 이의신청이 기각된다면, 판결을 기다리는 동안 받은 모든 혜택, 그러니까 수개월 치 의료비와 식료품비를 상환해야 할 터였다.

린지는 자신이 옳다는 사실을 알았지만, 소송에서 이길 것이라는 보장은 없었다. 기각은 아이가 아직 어린 자신의 가정에 더 많은 빚이 더해짐을 의미했다. 린지는 전화를 건 남자에게 이의신청을 계속할지 말지 결정하기 전에 조언을 받을 수 있는지 물었다. 남자는 이렇게 말했다. "안 됩니다. 지금 대답해야 합니다. 이의신청을 계속할 건가요, 말 건가요?" 린지는 용기를 쥐어짜 내 공정 심리의 기회를 갖고 싶다고 재차 확인했다.

남자는 전화를 끊어 버렸다.

린지는 심리가 아주 간단했다고 기억했다. "나는 이의신청을 하러 갔어요." 2017년 린지는 말했다. "기본적으로 그 사람들은 자기네가 실수한 거라고 하더군요. 난 그 사람들한테 빚진 게 아니었던 거죠." 린지의 가족은 그 프로그램의 모든 자격 요건을 충족시켰다. 결과적으로 이들의 후저헬스와이즈와 푸드 스탬프 혜택도 공식적으로 회복되었다.

하지만 FSSA와 관련한 경험은 지금까지도 린지의 뇌리에서 떠나질 않는다. 린지의 가족은 복지 수급자격 판정 자동화 이후 거의 10년 동안 자활해 나가고 있었다. 그러다가 린지는 이혼하게 되었다. 2017년 나와 이야기를 나누고 나서, 린지는 자신이 FSSA 지원을 받을 자격이 된다는 사실을 알았다. "많이 힘들어요." 린지는 말했다. "혼자서 아이를 키우거든요. 상근직으로 일하고 있지만 항상 빠듯해요." 자동화 과정에서의 경험 탓에 린지는 다시 복지 혜택을 신청하기를 망설이고 있다. "그 사람들은 그걸 아주 어렵게 해요. 지금 신청하면 아마도 혜택을 받을 수 있을 거예요. 하지만 거부당하는 경험은… 난 울음이 나왔어요. 나는 그 사람들이 하라고 요구한 일을 모두 했어요. 그게 스트레스를 받아 가며 할 가치가 있는 일인지도 모르겠어요."

적격성 판정 자동화로 영향을 받은 인디애나주 주민들은 빈곤가정일시지원, 푸드 스탬프/영양보충지원계획, 메디케이드 신청자들만이 아니었다. 이런 이유에서 나는 2015년 3월 포트웨인으로 가서 개별사회복지사들과 인디애나주 실험과 관련해 그들이 겪은 일에 대해 이야기를 나누었다.

인디애나주에서 두 번째로 큰 도시인 포트웨인은 오하이오주 서쪽으로 29킬로미터, 미시건주 남쪽으로 80킬로미터 떨어진 인디애나 북동부에 있다. 제너럴일렉트릭General Electric과 인터내셔널하비스터International Harvester가 이곳에 공장을 두었는데, 1970년대와 1980년대에 공장을 폐쇄하거나 직원 수를 크게 줄였다. 오후의 첫 약속지로 차를 몰고 가면서, 나는 전국집배원연합 지역 본부, 가정식 살사소스와 병에 든 핫소스를 엄청나게 갖춰 놓은 멕시코 식품점 조지스인터내셔널마켓George's International Market, 창문에 "맥주를 좋아한다면 경적을 울리세요"라는 표지판을 자랑스레 내건 술집 엉클로스스틸밀터번Uncle Lou's Steel Mill Tavern을 지난다. 철도 선로와 최근의 홍수로 물이 불어난 세인트메리스강을 건너, 수수한 이층집들이 모여 있는 동네로 들어선다.

제인 포터 그레셤이 나를 자신의 깔끔한 흰 집으로 맞아들인다. 우리는 앞쪽 객실에 있는 푸른색 벨벳 소파에 앉는다. 그레셤의 목에 걸린 나무 십자가가 잘 맞춰 입은 파랑의 티셔츠, 카디건과 극명한 대조를 이룬다. 그레셤은 1985년부터 2011년까지 26년간 FSSA에서 일하다가, 자동화의 여파로 퇴직했다. 4년이 지났는데도, 그 이야기를 하는 그레셤의 동그란 얼굴에는 분노와 좌절감이 어른거린다. "(FSSA에서) 일하는 사람들 눈에서 처음으로 그걸 볼 수 있었어요, 두려움 말이죠. 내가 하려는 일에 대한 두려움. 사람들이 '이런 일을 해야 한 줄은 몰랐어.'라고 하더군요. 그 사람들은 시스템을 속이려 들지 않아요. 달리 어디에 도움을 청해야 할지 몰랐죠. 공무원으로서 우리의 책임은 자격이 되는 사람들이, 받을 권리가 있는 혜택을 확실히 받도록 하는 거였어요."

수십 년 경력을 가진 고참이었는데도, 그레섬은 앨런 카운티에 자동화가 시작되었을 때 겨우 주 공무원직을 유지했다. 하지만 새로 도입한 시스템 아래서, 그레섬이 개별적으로 담당할 사례는 없었다. 그 대신 새로운 작업 흐름 관리 시스템Workflow Management System, WFMS이 배정하는 일에 대응했다. 새로운 ACS 직원 1,500명과 남아 있는 주 직원 682명 사이를 왔다 갔다 하며 일이 배정되었는데, 이들은 당시 "주 복지 수급자격 상담사"로 불렸다.

주지사는 어떤 주 정부 공무원도 자동화 때문에 일자리를 잃지 않을 것이며, 급여는 동일하거나 오를 것이라고 약속했다. 하지만 실제로는 ACS 직원들이 새로 업무를 맡으면서 사회복지사들의 퇴직과 사직이 쇄도했다. 때로는 이미 수십 년 동안 일해 온 자리에 재지원해 범죄 경력 증명서와 약물 검사서를 제출한 후, 자기 자리가 고향 카운티의 사무소에서 지역 고객 센터로 이동되었음을 알게 되기도 했다. 새로 일하게 된 곳이 현재 일하는 곳으로부터 80킬로미터 이상 떨어져 있으면 이동 특별 수당을 받았지만, 많은 이들이 불안정한 새 자리 때문에 자신의 삶이 뿌리째 뽑히기를 거부했다.

적격성 판정이 자동화되면서는, 한 명의 직원이 하나의 개별 사례를 "독자적으로 맡거나" 감독하지 않았다. 즉 직원들은 줄줄이 대기하고 있다가 WFMS(작업 흐름 관리 시스템)에서 배정하는 업무에 대응하는 일을 맡았다. 사례들은 해당 신청자가 사는 카운티에서 처리되지 않았다. 이제, 모든 직원이 이 새로운 시스템을 이용하는 모든 카운티로부터 걸려 오는 모든 전화를 받을 수 있었다. 하지만 이들은 전화를 건 사람이 사는 지역의 상황을 알지 못했다. "우린 주 전역으로부터 전화를 받았어요." 그레섬이 말한다. "나는 (인디애나주 남동부에 있는) 플로이즈노브즈란 곳은 들어 보지도 못했어요. 자동화가 시작되기 전까지는요! 그 지역에서 이용할 수 있는 서비스에 대해선 아무것도 몰랐죠."

개별사회복지사업을 과업 중심 시스템으로 축소시키는 것은 비인간적인 일이라고 그레섬은 말한다. 사회복지사와 민원인 모두에게 말이다. "내가 공장에서 일하고 싶었으면 공장에서 일했겠죠. … **생산하라는** 요구를 받았는데, 민원인의 이야기를 들으면 그럴 수 없었어요." 그레섬이 오랜 경력 동안 만났던 대다수 민원인들은 정신적외상을 입은 상태였다. 홍수나 화재, 질병이나 사고, 가정 폭력이나 장기 실업 같은 사정 때문이었다. "정신적외상을 겪는 사람들은 나아질 거라는 희망을 원해요. 누군가가 관심을 가져 줄 거라는 희망, 혼자가 아니라는 희망 말이에요." 그레섬은 말한다. "(자동화 이전에는) 우리가 그걸 했다고 생각해요. 우리는 그 사람들의 말을 귀담아 듣고 그에 대해 조치를 취해서, 상황을 호전시키려고 했죠."

"우린 과업 시스템의 노예가 됐어요." 난민 지원을 전문으로 하는 30년차 FSSA 직원 프레드 길버트가 말했다. "다른 민영 고객 센터와 마찬가지로, 그 시스템에는 '사실만' 있어요. 하지만 복지 제도는 아주 복잡합니다. 사람들이 혼란을 헤치고 나오도록 돕는 것, 그게 개별사회복지사들의 일이에요."

주지사와 IBM/ACS 연합체는 적시의 결정, 효율적인 자원 활용, 더 나은 고객 서비스를 약속했다. 하지만 개별사회복지사들은 계속되는 기술 결함, 복지 수급 신청을 더디게 하거나 종료시키는 오류의 폭발적인 증가를 경험했다. 또 훈련되지 않은 민영 하청 업체 직원들은 남아 있는 공무원들에게 자신들이 만들어 낸 문젯거리를 떠넘겼다. ACS 직원들이 저지른 실수가 시정을 위해 주 공무원들에게 떠넘겨지면서, 남아 있는 몇 안 되는 장기근속 공무원들의 업무가 과도하게 쌓였다.

2009년 여름, 밀려 있는 사례가 거의 3만 2,000건에 달했고, 6,500명의 사람들이 이의신청 심리를 기다리고 있었다. 월간 운영 보고서에 따르면, FSSA는 미국 농무부에 믿을 수 없을 만큼 높은 푸드 스탬프 수급자격 판정 오류율을 보고하고 있었다. 2006년과 2008년 사이, 전체 오류율은 5.9퍼센트에서 19.4퍼센트로 3배 이상 증가했다. 이는 대부분 음의 오류율에서 증가한 것이었다. 다시 말해, 푸드 스탬프 신청자 가운데 12.2퍼센트가 온당치 못하게 거부되었다. 수급자격 판정이 나기까지 대기 시간이 길어지면서, 인디애나주는 농무부로부터 주의 및 재정 불이익의 경고를 받았다.

미처리 사례가 끊임없이 증가하는 가운데 계약상의 기본 요구 사항을 이행하기 위해 적시 처리 건수를 높게 유지해야 한다는 압박감이 커지면서, 복지수급 신청을 대량 거부하는 사태가 발생하고 고객 센터 직원들은 이제 상습적으로 "그냥 재신청하라"고 권고했다. 프레드 길버트는 이렇게 기억했다. "규정이 부질없게 되었죠. (신청자들이) 서른 가지 서류 가운데 하나라도 안 보내면 협조 불이행으로 그 사례를 그냥 접었거든요. … 애써서 누군가를 도울 수가 없는 거죠."

제인 포터 그레섬은 거실로 돌아와 생각에 잠긴다. "오래지 않아 항간에 제때 혜택을 받고 싶으면 (직접) 사무소로 가라는 말이 돌았어요. 그러면 그 사람들이 대면 약속을 해 줘야 하거든요." 그레섬은 말한다. "그걸 아는 사람들이 사무소로 몰려들었어요. 그러면서 모두가 꼼짝 못하게 됐죠. … 공간과 임차료가 절감되지 않았어요. 노동력 절감이 안 됐어요. … 결국 감당하지 못할 정도로 일이 넘쳐났죠."

그레섬은 많은 직원들이 탈진하는 걸 보았고, 자신의 건강도 악화되기 시작했다. "사기는 그 어느 때보다 낮았어요. 격려가 있을 수 없었고, 어떤 동지애도 있을 수 없었죠. 그곳에는 나 자신밖에 없었어요." 그레섬은 아쉬운 듯이 말한다. "결국, 이것이 내 건강에, 내 관계에 영향을 미치고 있다는 걸 깨달았죠. 난 마지막까지 버틴 사람들 가운데 하나였어요."

FSSA로부터 복지 수급 신청을 거부당하자, 인디애나주의 가난한 노동자 계층 가정들은 지방정부, 자원봉사자, 그리고 서로에게 의지했다. 필사적으로 도움을 기다리는 사람들의 줄, 완강한 주 정부 기관, 민영 고객 센터 직원들의 묵살에 맞닥뜨리자, 인디애나주 주민들은 저항했다. 그 저항의 중심지 중 한 곳이 최초의 자동화 실험 시범 지역에서 가장 큰 도시인 인디애나주 먼시였다.

차를 타고 32번 주립 도로를 따라 이 "미들타운Middletown"(전형적인 미국 중산층 도시-옮긴이)을 지나다 보면, 가까운 과거에 이 도시에서 융성했던 산업을 둘러보게 된다. 도시 서쪽으로 들어서면 수십만 제곱미터에 달하는 버려진 보그워너BorgWarner 공장이 나타난다. 1950년대에 보그워너 공장은 포드 트럭의 변속기를 조립하기 위해 5,000명에 달하는 사람들을 고용했으나, 2009년 폐업했다. 오른쪽으로 3킬로미터 더 가면 옛 제너럴모터스 공장 부지인 엄청난 아스팔트 들판을 지난다. 여기서 노동자들은 1960년대의 고출력 자동차들에 쓰인 유명한 먼시 M-22, 일명 "록크러셔Rock Crusher"(암석 분쇄기-옮긴이) 4단 변속기를 만들었지만, 이 공장은 2006년에 문을 닫았다. 2015년 내가 먼시를 찾았을 때, 델라웨어 카운티 내 센터 타운십의 트러스티trustee(타운십 지방정부의 지휘권을 갖는 선출직 공무원-옮긴이) 사무실 구인란에 올라온 구인 공고는 몇 안 됐다. 고작 해야 정원사, 관리인, 음식 서비스, 펩시콜라 배달원 따위였다.

인디애나주는 6제곱마일(약 15제곱킬로미터-옮긴이) 규모의 타운십 1,008개로 나뉜다. 각 타운십에는 재산세로 재원을 마련하고, 타운십위원회와 선출된 트러스티가 관리하는 지역 관공서가 있다. 타운십 사무소마다 기능이 조금씩 다르긴 하지만, 그 주된 책무 중 하나는 지역의 빈곤 구제를 관리하는 일이다. 2007년 10월 자동화 시스템이 시작되자마자 실패하면서, 델라웨어 카운티 트러스티 사무실은 어찌할 바를 몰랐다. "사람들은 큰 타격을 받았어요." 선임 사례 조정자 킴 머피는 이렇게 말했다. "복지 혜택을 상실한 거죠. 많은 사람들이 줄줄이 그랬어요." 이미 많은 공장이 폐쇄되면서 고통을 겪던 먼시의 가정들은 이제 푸드 스탬프, 현금 지원, 메디케이드에서 쫓겨나고 있었다. "그 사람들은 당황스러워했고, 어디에 도움을 청해야 할지 몰랐죠." 센터 타운십 트러스티인 메릴린 워커, 일명 "케이"가 말했다. "사례 관리도, 개인적인 관계도, 정부 기관과의 소통도 없었거든요. 아주 엉망이었죠."

2008년 2월 《먼시스타프레스》에 따르면, 인디애나주 전역에서 푸드 스탬프 혜택을 받는 가구 수는 4퍼센트 증가했지만, 델라웨어 카운티에서 푸드 스탬프 혜택을 받는 가구 수는 7.47퍼센트 감소했다. 라이프스트림LifeStream 211 전화 상담 서비스로 전화를 걸어 푸드 팬트리에 대한 정보를 요청하는 사람들의 수는 두 배 증가했다. 인디애나 중동부의 세컨드하비스트푸드뱅크Second Harvest Food Bank는 심각한 식료품 부족 사태에 처했다. 지방자치단체가 설립한 묘지는 가난하고 궁핍한 사람들의 장례비 수천 달러를 받지 못했다고 호소했다.

사람들은 새로운 온라인 시스템을 통해 서비스를 신청하도록 권장받았다. 하지만 다른 곳에서와 마찬가지로, 먼시의 저소득층 가정들은 인터넷에 수시로 접근할 수가 없었다. 대다수 신청자들이 온라인 신청을 하려면 지역 도서관, 푸드 팬트리 또는 진료소 같은, 지역사회의 협력 단체에 의지해야 했다. FSSA는 자발적지역사회지원네트워크Voluntary Community Assistance Network, V-CAN의 일원이 되어 새로운 시스템을 지원할 지역사회 조직들을 적극 모집했다.

워커는 본인 사무실의 기존 컴퓨터와 직원을 이용해 먼시 시민들이 공공 부조 신청서를 제출할 수 있도록 도와 달라는 요청을 받자 반대했다. "그 사람들이 이렇게 할 거라는 말이 나오자 '뭐라고, 빌어먹을! 이건 아니잖아!' 하는 생각이 들더군요. 그들은 다른 온갖 조직을 끌어들여 자기네가 해야 할 일을 우리한테 시키려 들었죠." 워커는 이렇게 기억했다. "우린 이미 과부하에 걸려 있는데 말이죠." 워커는 서류를 팩스로 보내고 약속된 전화를 받아야 하는 사람들에게 자기 사무실을 이용할 수 있게 해 주었고, 워커의 직원들은 희생을 무릅쓰고 신청자들을 도왔다. 하지만 워커는 V-CAN 협력 단체가 되는 데는 선을 그었다. "FSSA가 할 일을 우리가 책임질 일은 아니라고 생각했어요."

공공 도서관은 자동화 계획에 특히 큰 타격을 받았다. "도움이 절실한 사람들이 줄을 서서 기다렸어요." 지금은 은퇴한 먼시공공도서관장 지니 닐스가 말했다. V-CAN 협력 단체들은 아무런 보상도, 훈련도, 관리도 받지 않은 채로 자원봉사 사회복지사나 다름없는 일을 했다. 사서들이 자원봉사자들을 훈련시켜 민원인들이 신청서를 제출하는 일을 돕게 했지만, 상황은 빠르게 도서관이 감당할 수 있는 정도를 넘어섰다. 예산이 삭감되어 시간을 감축하고 직원을 해고해야 하면서 상황은 악화되었다.

도서관 직원과 자원봉사자들은 일을 잘 해냈지만 심각한 문제가 있었다고 닐스는 말했다. "비밀 유지가 사서에게 정말 중요해지거든요. 신청 용지는 아주 개인적인 질문을 해요. 만약 신청자가 컴퓨터를 사용할 줄 모르면 우리가 질문을 소리 내 읽어 주고 답을 받아야 했어요. 사회보장번호, 정신 및 신체 건강 등에 관해서 말이에요. 자원봉사자들이 아주 잘 해내기는 하죠. 하지만 누군가에게 돈을 주고 일을 시키면, 돈을 받는 사람들이 그 일을 책임져야죠. 이건 책임에 관한 문제예요."

"지역 기관들이 피해를 입었죠." 제너레이션즈프로젝트의 존 카드웰이 말했다. 그는 자동화 과정 내내 지역 비영리단체들과 긴밀히 협력했다. "일을 떠넘겨 받아서, 자신들이 서비스할 필요가 없는 수천 명의 사람들에게 서비스를 제공하고, 그 사람들이 복지 혜택을 회복하도록 돕느라 허둥지둥했던 거예요. 그들은 이 사람들을 알았어요. 이 사람들은 의료보험이나 식료품 혜택을 얻지 못하면, 우리 곁을 떠나지 않았을 거예요."

시스템의 실패, 증가하는 요구, 주 정부의 지원 미비에 직면하자, 공공 부조 신청자들, 지역사회 단체, 트러스티 사무실들은 조직화하기 시작했다. 컨선드후저스Concerned Hoosiers(걱정하는 인디애나 주민들-옮긴이)라는 단체가 FSSA와 ACS 직원들이 현대화 시스템과 관련한 경험을 공유할 수 있는 웹사이트를 마련했다. 인디애나가정보호대책위원회는 자동화 실험의 영향에 관한 기자회견을 열고 피해 복구를 위한 입법 모델의 초안을 만들었다. 복지민영화문제위원회Committee on Welfare Privatization Issues, COWPI라 자칭하는, 서비스 제공자와 대변인과 복지 수급자로 구성된 분과 위원회는 복지 혜택을 종료당한 수급자들에게 긴급 조정 서비스를 제공하고, 자동화가 인디애나주 가정들에 미치는 영향을 조명하는 언론 시찰을 준비하며, 정책 입안자들이 자동화를 멈추고 IBM/ACS와의 계약을 끝내도록 압박하기 위한 운동을 시작했다. 전형적인 "촌놈Hoosier" 유머로, 복지민영화문제위원회의 머리글자인 COWPI는 그들이 새로운 시스템을 어떻게 생각하는지 분명히 보여 주었다('COWPI'와 비슷한 철자의 단어인 'cow-pie'는 '쇠똥'이라는 뜻이다-옮긴이).

복지 현대화에 관한 주민총회Town Hall meeting가 인디애나주 전역으로 확산되었다. 2008년 4월 앤더슨이 가장 먼저였고, 그다음은 먼시, 블루밍턴, 테러호트, 코코모였다. 2008년 5월 13일에 열린 먼시 주민총회는 가장 성공을 거둔 주민총회 가운데 하나였다. 워커와 머피는 상황 판단이 빠른 조직책이라는 것이 밝혀졌다. 이들은 회의를 위한 전단지를 인쇄해 사회복지 기관, 편의점, 도서관에 배포했다. 달러트리Dollar Tree(미국판 천 원 샵인 생활용품 매장-옮긴이)를 설득해 모든 고객의 장바구니에 전단지를 한 장씩 넣어 주게 했다. 이들은 세컨드하비스트푸드뱅크가 진행하는 무료 급식에 맞춰 회의 일정을 잡았다. 주 상원의원 수 에링턴과 팀 래넌, 그리고 주 하원의원 데니스 타일러를 비롯해 지역의 의원들을 초청했고, 이 의원들은 꽉 들어찬 선거구민들로부터 여러 시간 동안 증언을 들었다. 미치 루브도 초청했지만, 그는 처음에는 주저했다. 주민총회 날짜가 다가오자, 미치는 마음을 바꿔 개별사회복지사 몇 명, 컴퓨터 여덟 대, 복사기를 위한 공간을 만들어 달라고 워커에게 요청했다. 주민총회 참석자들이 자신의 복지 수급자격 문제를 현장에서 해결하도록 돕기 위해서였다.

주민총회에는 500명이 넘는 사람들이 참석했다. 방 안 가득 줄을 선 공공 부조 수급자들이 응답하지 않는 전화, 분실된 서류, 제멋대로 거부되는 공적 혜택에 대해 증언했다. 암 환자이자 10개월 난 아이의 엄마인 먼시의 멀린더 존스는 자신의 메디케이드와 푸드 스탬프 혜택을 유지하기 위해 싸우고 있었다. "딸을 먹이려고 구걸을 하고 가족들한테서 돈을 빌려야 합니다." 멀린다는 이렇게 말했다. "우리가 우리 아이들에게 이렇게 하는 건 정말 말도 안 된다고 생각해요."

당뇨병을 앓으면서 일하고 있는 세 아이의 엄마 크리스티너 킹은 현대화 도중 메디케이드 혜택을 상실했다. 크리스티너는 일곱 달 동안 인슐린을 마련할 형편이 안 돼 혈당이 조절되지 않아서, 뇌졸중이나 혼수상태에 빠질 위험에 처했다. "일곱 살 난 내 아이가 들어오는데, 내가 침대에서 몸을 일으키지 못하면 무슨 소용이 있겠어요?" 크리스티너가 물었다. "나는 중환자실에서 이틀을 보냈어요. 약이 없어서 말이죠. 내 콩팥은 이제 위험해요. 내 시력도 위험하죠. 하지만 나는 매일 일어나서 일하러 가요. 내 아이들한테 '복지 제도에 의지하지 말라'고 보여 주는 게 중요하다고 생각하기 때문이에요. 나는 적선이 아니라 도움이 필요해요. 난 혼자서 아이 셋을 키우고 있어요. 내 아이들에게 '나처럼 되지 마라, 더 나은 사람이 돼라'는 것을 보여 주려 노력하고 있습니다."

청각장애, 시각장애, 신체장애, 정신 질환을 가진 민원인들은 특히 큰 타격을 입었다. "나는 청각장애가 있습니다. 내가 어떻게 전화 면담을 할 수 있겠어요?" 다이오너 맥게어크는 수화 통역사를 통해 물었다. "나는 (고객 센터 상담원에게) 청각장애인을 위한 중계 서비스를 이용해 달라고 말합니다. 그런데 그 사람들은 중계 서비스가 뭔지 몰라요." 상담원들이 공공서비스를 신청하려면 다른 사람의 도움을 받아야 한다고 말했을 때, 다이오너는 이렇게 대답했다. "아니요, 내가 직접 질문에 답할 수 있어요. 당신은 청각장애인을 차별하고 있습니다."

먼시 주민총회 다음 날, 주 하원의원 데니스 타일러는 자동화 시스템이 가진 지속적인 문제를 다루기 위한 하계 주 의회 회의를 요청하는 편지를 인디애나주 하원 동료들에게 보냈다. "인디애나주는 해야 할 일을 하고 있지 않아요." 타일러 의원은 《뉴스링크인디애나》의 조 서맥에게 이렇게 말했다. "이 시스템이 이런 사람들이 도움을 받지 못하게 하려고 시행되는 거라고는 생각하고 싶지 않아요. 하지만 시스템이 이렇게 제대로 작동하지 않는데, 달리 어떻게 생각할 수 있겠습니까?" 며칠 후인 5월 19일 IBM/ACS 연합체는 FSSA로부터 "계속 일을 진행하라"는 지시를 받고, 추가로 인디애나주 북동부와 남서부의 20개 카운티에 자동화 시스템을 가동하기 시작했다.

현대화 시스템은 이제 인디애나주 92개 카운티 가운데 59개 카운티에 들어가, 43만 명의 사회복지 서비스 민원인들에게 서비스하고 있었다. 이는 인디애나주 취급 건수의 절반에 약간 못 미치는 수치였다. 5월 30일 토네이도, 폭우, 강풍을 동반한 악천후가 인디애나주를 강타해, 주 전역에 홍수가 발생했다. IBM/ACS 연합체는 직원들에게 정규 업무를 중단하고 수해 지원에 협력해 수천 명이 불편 없이 긴급 보조금을 신청할 수 있도록 하라고 했으나, 정규 공공부조 신청자들이 이미 많이 밀려 있어 상황이 악화되었다.

몇 주 후, 블루밍턴의 한 주민총회에서 주 상원의원 바이 심프슨과 하원의원 페기 웰치, 매트 피어스는 민원인 증언을 듣고 FSSA의 가족자원부장이자 미치 루브의 오른손인 잭 메인을 심문했다. 그 토론회에 참석한 사람들은 먼시의 주민들과 비슷한 문제를 제기했다. 이를테면, 전화는 항상 통화 중이었고, 지원 센터 사무소들은 대기가 며칠씩 있었으며, 협조 불이행 공지문은 제멋대로에 불분명했고, V-CAN 협력 단체들은 훈련이나 지원을 받지 못했다. 짜증난 기색이 역력한 메인은 새로운 시스템에 대한 비판에 이렇게 답했다. "나는 오늘 언쟁하려고, 항변하려고 여기 온 게 아닙니다. 당연히, 여러분에게 이 시스템의 모든 것이 완벽하다고 말하려고 여기 온 게 아닙니다. 여러분에게 말하고 싶은 건 우리가 아주 열심히 일하고 있다는 사실입니다. … 대니얼스 주지사가 취임할 당시, 인디애나주는 전국에서 아동 사망률이 최고였고, 노동 연계 복지welfare-to-work는 전국 꼴찌였습니다. 우리는 부인할 수 없이 고장 난 시스템을 가지고 있었습니다. 그리고 그 결과 자체가 그걸 말해 줍니다."

메인이 마주한 방 안의 모든 사람들은 그의 말에 회의적이었고, 심지어 못 믿겠다는 듯한 표정이었다. 그 결과 자체가 말해 준다는데, 정확히 무얼 말한다는 걸까? 3개월 동안 유권자들의 항의를 듣고 있던 심프슨과 웰치는 그 말을 믿지 않았다. 두 사람은 협조 불이행 공지문의 애매성, 개별사회복지사의 불충분한 지원, 그 과정에 대한 FSSA의 책임감 부족, 성과 부진에 대해 IBM/ACS에 위약금을 부과하지 않은 일 등에 대한 질문으로 메인을 압박했다.

페기 웰치는 이렇게 쏘아붙였다. "잭에게는 유감이지만, 우린 이 전화 면담 시간에 대한 이야기를 거듭 듣고 있습니다. 그 사람들은 '2시와 4시 사이에 전화를 걸 테니, 받는 게 좋을 거예요.'라고 말하죠. 그런데 전화가 안 와요. 다음 날 8시에나 전화를 해서는 '협조하지 않았다'고 말하죠. 그게 진짜 문제입니다." 심프슨은 이렇게 덧붙였다. "사람들은 거부 결정 통지서에 '협조 불이행'이라고 되어 있으면 그게 무슨 뜻인지 모릅니다. 예전에는, **개별사회복지사에게 전화를 걸어서** 무슨 서류를 빠트렸는지, 어느 곳의 서명이 빠졌는지, 어떤 문제건 알아볼 수가 있었어요. 지금은 그렇게 전화해서 물어볼 사람이 없는 거죠."

언론은 적격성 판정 시스템의 현대화로 인한 가슴 아프고 인간미 넘치는 이야기를 기사로 싣고 있었다. 이를테면 메디케이드 혜택을 거부당한 수녀, 의료보험 혜택을 회복하기 위해 싸우면서 마지막 남은 몇 달을 보내는 중병 환자, 완전히 텅 빈 푸드뱅크 같은 이야기였다. 미국 농무부의 푸드 스탬프 서비스를 집행하는 식품영양국의 지역 관리자인 올라이스 홀든은 FSSA가 자동화의 추가 시행을 연기할 것을 요구하는 편지를 루브 국장에게 썼다. 연방 정부는 적격성 판정을 기다리는 시간이 오래 걸리는 점을 우려했다.

주 의회 의원들은 점점 더 목소리를 높여 주지사에게 이의를 제기했다. "나는 의회에서 인간의 기본 권리라는 관점에서 봐 달라고 요청했죠." 민주당 의원 매트 피어스가 말했다. "내가 그랬어요. '이건 열차 사고 같은 거고, 모두가 그걸 알아야 합니다. 이것이 사람들에게 타격을 주고 있어요. 정말로 해결책을 찾지 않으면 안 됩니다.'" 주지사는 이런 항의가 당파적인 비난이라고 공격했다. "실은 이렇습니다." 대니얼스는《에번즈빌쿠리어앤드프레스》와의 인터뷰에서 이렇게 반박했다. "(의원들은) 예전 시스템으로 이득을 얻었던 사람들로부터 불평을 듣고 있는 거예요. 불평은 주로 그런 사람들한테서 나오죠."[5]

하지만 자동화 실험으로 피해를 입는 건 복지 사기꾼뿐이라는 대니얼스의 주장은, 소속당원들이 현대화 계획을 공격하기 시작하면서 지속될 수가 없었다. 2008년 10월, 공화당 소속 하원의원 수잰 크라우치와 상원의원 배너터 베커는 메디케이드감독특별공동위원회가 철저히 검토할 때까지 새로운 적격성 판정 시스템의 확대를 중단시키는 법 초안을 만들었다. 그해 말, 대니얼스는 자신의 친구이자 동료인 미치 루브를 FSSA에서 주 상무장관 겸 인디애나경제개발공사 최고 경영자로 인사이동시킨다고 발표했다. 그는 문제 많은 FSSA을 이끌 사람으로, 루브의 수석 보좌관인 앤 월터먼 머피를 임명했다.

FSSA을 맡은 지 3개월 만에, 머피는 서비스 결함을 개선하기 위한 시정 조치 계획을 제출하라고 IBM에 요구했다. 서비스 결함으로 지적된 사항은 과도한 대기 시간, 서류 분실, 잘못된 데이터, 면담 일정 문제, 더딘 신청 과정, 부정확한 민원인 안내를 비롯해 모두 36가지였다.

IBM은 자사가 시정 실행 계획에 응해야 한다는 요구 조건이 계약서에 없다고 주장했지만, 기존 시스템 운영을 평가하고 개선할 부분을 제안하는 데 동의했다. 《뉴스앤드트리뷴》의 켄 커스머에 따르면, IBM은 7월 말 "부정확하고 불완전한 데이터 수집"과 "민원인과의 부정확한 의사소통"을 비롯한 문제의 해결을 위해 362쪽짜리 계획안을 내놓았다.[6] 머피 국장은 장기근속한 복지 공무원 리처드 애덤스와 로저 짐머먼을 격려해서, IBM이 이런 변화를 이끌어 내지 못하거나 꺼릴 경우에 대비해 "플랜B"를 내놓게 했다. 퍼듀 대 머피 소송에서 애덤스가 한 증언에 따르면, 두 사람은 점심을 먹으면서 냅킨에다 자동화 이전 FSSA의 처리 절차 일부를 재도입하는 "혼합형 시스템"의 개요를 그렸다.

대니얼스는 자동화 실험을 옹호하면서 인디애나주가 첨단 기술 복지 개혁을 포기하지 않을 것이며 "시간이 지나면 이 문제는 저절로 해결될" 것이라고 계속 주장했다. 하지만 정치의 풍향이 바뀌었다. 대니얼스는 이제 대통령 선거에 출마할 것으로 예상되었고, 자동화 시스템의 실패는 인디애나주와 대니얼스 행정부에 곤혹스러웠다. 2009년 10월, 대니얼스 주지사는 전국의 청중을 바라보며 뜻밖의 일을 했다. 자동화 실험이 실패했음을 인정하고 IBM과의 계약을 취소하면서, 현대화 계획이 "실제로는 잘 작동하지 않는 결함 있는 구상"이라고 말했다.

2010년 5월 인디애나주는 계약 위반을 주장하며, IBM에 4억 3,700만 달러의 소송을 제기했다. 주 정부는 자동화 실험이 잘못된 혜택 거부로 이어져, 어려운 인디애나주 주민들에게 피해를 끼쳤다고 주장했다. 그러면서 현대화된 시스템의 관리를 위해 IBM 측이 받은 5억 달러가량을 상환하는 데 더해, 소송, 연방 정부에 낸 벌금, 주 직원들의 초과근무에 따른 주 정부의 피해를 배상하라고 요구했다. IBM은 인디애나주가 복지 수급 적격성 판정을 위해 여전히 사용하고 있는 서버, 하드웨어, 자동화 과정, 소프트웨어 약 1억 달러에 대해 반소를 제기했다. IBM이 이 소송에서 이겨 5,200만 달러 이상의 지급 판정을 받았다.

"어느 쪽도 이 소송에서 이길 자격이 없다." 매리언 고등법원 판사 데이비드 드레이어는 IBM의 손을 들어 주는 판결문에서 이렇게 썼다. "이 이야기는 잘못된 정부 정책과 지나치게 열성적인 기업의 야망이 겹친 '더할 수 없이 나쁜 상황'을 보여 준다. 전체적으로, 양 당사자 모두에게 책임이 있으며, 분명한 패자로 남는 것은 인디애나주 납세자들이다. … 납세자들이 잃은 돈이나 어려운 인디애나 주민들의 개인적인 고통을 구제할… 방안이나 법원의 권한이 이 소송에는 없다."

IBM에 대한 소송에서, 인디애나주는 이 회사가 복잡한 사회복지사업 프로그램을 현대화하는 그들의 능력을 왜곡하고, 계약서에 포함된 성과 기준을 충족시키지 못했다고 비난했다. 자동화 시스템을 시행한 카운티들은 적시성, 업무 적체, 데이터의 완전성, 적격성 판정 오류, 판정에 대한 이의제기 건수 등 거의 모든 성과 영역에서 "원래대로 하던" 카운티들에 뒤처졌다.

인디애나주는 IBM이 실적을 더 나아 보이게 하려고 처리 절차를 임시로 조작했다는 혐의를 제기하기도 했다. 인디애나주 측 변호사들은 이렇게 주장했다. "IBM 연합체 직원들은 신청서 처리에서 훨씬 뒤처졌다. 그래서 적시 처리 건수가 더 많아 보이게 하기 위해 신청을 거부한 다음 신청자에게 그 결정에 대해 이의제기를 하라고 말하도록 자주 권고받았다. 이것이 현대화한 카운티들에서 이의신청이 극적으로 증가한 주요 원인이다. 연합체 직원들은 이의신청이 계류 중인 동안 실제로는 그 신청서를 처리했고, 심리 날짜가 되기 전에 수급 신청이 받아들여지곤 했다." 이 소송에 따르면, "IBM은 현대화 시스템이 갈팡질팡하는 3년 동안에도 예상보다 더 높은 이윤을 내고 있었다."

이와 달리 IBM은 이렇게 주장했다. 인디애나주는 지속적으로 그들의 노력에 찬사를 보내왔다. 2008년 5월 루브 국장은 주 의회에 다음과 같이 보고했다. "우리는 어느 때보다 더 적시에, 더 많은 주 전역의 주민들에게 서비스하고 있습니다."[7] 2008년 12월 대니얼스 주지사는 새로운 시스템이 "예전 시스템보다 훨씬 더 낫다"고 말했다. IBM은 새로운 시스템에서 과부하를 처리하는 데 문제가 있었음을 인정했다. 하지만 문제가 발생한 건 자신들이 통제할 수 없는 요인 때문이었다고 주장했다. 대침체기 당시, 새로운 헬시인디애나프로그램Healthy Indiana Program(미치 대니얼스 주지사가 만든 인디애나주의 새로운 의료보험-옮긴이)에 더해 2008년의 홍수까지 겹치면서 양 당사자 어느 쪽도 생각지 못한 정도로 복지 수급 신청이 쏟아졌다.

드레이어 판사는 **양쪽이** 모두 무능하고 과실이 있다고 보았다. 그는 인디애나주가 IBM의 도구와 더불어 소프트웨어 및 기술에 기초한 혼합형 시스템을 도입했을 때두, 계속 그 계획을 진행해 달라고 IBM에 요청했다고 지적했다. 하지만 2009년 초 상원이 FSSA의 예산을 "완전히" 삭감한 이후, 그 계약에 대한 지시 사항 변경이나 수정을 위해 지불할 자금이 없었다. 머피 국장은 동료에게 보낸 한 이메일에 IBM이 "무료로 일을 계속하지는 않을"것이라고 썼다. "그 사람들은 더 많은 돈을 원하거든! 우린 지금 자금이 없고 2010년(주 정부 회계 연도)의 나머지 기간 동안에는 자금을 마련할 수가 없어. 정말 엉망이야."[8] IBM이 추가 지불 없이는 일을 더 할 수 없다고 하자, 인디애나주는 계약을 종료해 중간에 낀 IBM을 배제했지만, IBM의 장비, 처리 과정, 하청 업체는 그대로 유지했다.

인디애나주와 IBM은 자동화 계획의 실패에 대해 그들의 통제를 벗어난 힘을 탓했다. 하지만 실은 이 연합체는 인디애나주 공무원들이 요구한 것을 정확히 넘겨주었다. 어떤 희생을 치렀든, 줄어든 복지 등록부 말이다.

이 소송에서, 인디애나주와 IBM은 자동화 실험의 실패가 인디애나주 주민들에게 미친 영향에 대해 많은 이야기를 하는 것을 피했다. 인디애나주는 처음부터 자동화가 공공 부조 수급자들과 그 가족들에게 엄청난 위협을 제기하리란 사실을 알았다. 인디애나주는 자동화 시스템으로 인해 "몇몇 지역이 상당히 위험해질 수 있음"을

알았다. 하지만 "'현 상황을 용인할 수 없다'고 결론"짓고서 그대로 자동화 계획을 진행했다.[9]

이 계획의 목표는 자동화 실험 내내 일관되었다. 과업 중심 시스템으로 전환해 개별사회복지사와 민원인의 유대를 단절시킴으로써 효율성을 극대화하는 한편 복지 부정수급을 없애는 것이었다. 이런 목표들은 계약 평가 기준에 분명히 반영되었다. 고객 센터의 응답 시간은 가장 중요한 성과 지표였으나, 적격성 판정의 정확성은 그렇지 않았다. 효율성과 비용 절감은 계약상에 포함되어 있었다. 하지만 투명성과 정당한 법 절차는 그렇지 않았다.

드레이어 판사는 자동화 실험이 가진 문제가 계약자의 태만이 아니라는 사실을 인정했다. 인디애나주와 IBM의 계약에 중대한 의무 위반은 없었다. "비록 이따금 불안정하기는 했으나, 이 계약의 핵심 사항은 자동화 계획 동안 온전히 유지되었다." 드레이어 판사는 판결문에서 이렇게 결론지었다. 주 정부는 사회복지 프로그램의 비용을 억제하는 목표를 달성했다. 사업주와 주주에 대해서만 책임이 있는 계약자는 자동화 실험이 인디애나주의 가난한 노동자 계층 주민들에게 미치는 영향을 판단할 의무가 없었다. 자동화 실험의 문제는 IBM/ACS 연합체가 계약상의 성과를 가져다주지 못한 것이 아니라, 주 정부와 그 민간 협력사들이 자동화 시스템의 인적 비용에 대해 예측하거나 해결하기를 거부한 것이었다.

드레이어 판사의 판결에 대해, 많은 비용이 드는 일련의 항소가 제기되었다. 그러던 2016년 3월 인디애나주 대법원은 IBM이 사실상 인디애나주와의 계약을 저버렸다는 판결을 내렸다. 하지만 법적 소송은 책임 소재의 결정과 위약금 징수를 추구할 뿐이다. 드레이어 판사가 지적한 대로, 인디애나주 대 IBM 소송은 공적 신뢰나 일반 사람들의 피해가 아니라 계약상 중대한 의무 위반을 다루는 것이었다. 민영화 실험의 실질적 비용, 다시 말해 고군분투하는 가정들의 목숨이 달린 복지 혜택의 상실, 납세자의 부담으로 돌아가는 계약과 법적 분쟁에 따른 비용, 공공서비스 시스템과 민주적 절차의 약화 등의 비용이 이제 계산되어야 한다. 아마도 이 비용은 막대할 것이다.

"**사람들의 희생**에 따른 비용이 있죠." 인디애나법률서비스의 제이미 앤드리가 말했다. "메디케이드 혜택 없이 그저 기다리기만 하는 대가는 엄청납니다. 그 사람이 온전해지기는 정말로 어렵거든요. 대다수가 수급자격이 결정되는 동안 치료를 중단하게 될 거예요. 이런 건 보상할 길이 없어요."

인디애나주는 이제 혼합형 적격성 판정 시스템을 사용한다. 이는 공무원과의 대면 소통과, 전자 데이터 처리 및 민영기업에 의한 자동화 시스템 관리가 결합되어 있다. 이 혼합형 시스템은 신청자가 전화로, 인터넷으로, 우편으로, 또는 직접, 자신의 사례를 담당하는 지역의 개별사회복지사 팀과 접촉할 수 있도록 설계되어 인디애나주 공무원들과의 접촉 기회를 더 많이 제공한다. 하지만 이 혼합형 시스템은 많은 핵심 기능을 여전히 민영화된 자동화 과정에 의존하고 있으며, 현대화 과정에서 아주 많은 문제를 불러일으킨 과업 중심 사례 관리를 지속하고 있다. 혼합형 시스템에서, 직원을 재배치한 지역 사무소는 문제 해결 센터로 기능하는 한편, 지역과 주 전체의 "변경 센터change center"—2009년 64억 달러에 ACS를 사들인 제록스가 운영한다—는 신청서를 검토하고, 서류를 수집해 디지털화하며, 면담 일정을 잡고, 부정수급 신청서를 차단하며, 공정 심리에 대한 요청을 처리하고, 민원인들에게 최초의 접촉점을 제공하며, 대부분의 사례에 대한 정보 업데이트를 수행한다.

2009년 혼합형 시스템으로 바뀌면서 자동화 시스템에 대해 가장 목소리를 높여 항의하던 사람들은 분명 잠잠해졌다. 하지만 이 혼합형 시스템이 자격 있는 사람들이 확실히 혜택을 받을 수 있도록 잘 작동하는지는 분명치 않다. "IBM을 버리고 혼합형 시스템을 도입하면서 아주 조금 좋아졌어요." 2014년 12월 크리스 홀리가 말했다. "나 같은 사람들한테는 더 나아졌죠. 가난한 사람들을 **돕는** 사람들이 문제 해결을 위해 지역 사무소에 직접 접근할 수 있거든요. 그러니까 그 사람들은 우리한테 신경을 쓴 거예요. 그 사람들이 일반인을 신경 썼다고는 생각하지 않아요. 우릴 매수했다고는 할 수 없겠지만, 우리한테 대응해 줬죠. 우리가 가장 큰 소리로 항의하는 사람들이었거든요."

에번즈빌 지역 하원의원인 게일 리킨은 2010년 5월 《포트웨인저

넌가제트》에 쓴 칼럼에서 홀리의 말에 동의했다. "(FSSA 국장인 앤) 머피는 (혼합형 시스템하에서) 오류와 잘못된 결정에 대해 이의신청을 제기하는 사람이 점점 더 줄어들고 있다고 전했다. 하지만 왜 이의신청이 감소하는지는 분명치 않다. 시스템이 개선되어서일까, 아니면 사람들이 그야말로 시스템과 싸우는 일을 포기해서일까?"10

일부 개별사회복지사에게, 혼합형 시스템은 다른 이름의 자동화 시스템일 뿐이다. "뭐가 달라졌는지 모르겠어요." 제인 포터 그레셤은 말했다. "우린 여전히 의무적인 초과근무를 하고 있어요. 동일한 수의 사람들이 여전히 대면 면담에서 아우성치는 소리를 들어요. 업무량은 줄지 않았고… 가장 소리 높여 항의하는 사람들의 요구는 받아들여지죠." 왜 혼합형 시스템의 문제에 대한 이야기가 많이 들리지 않는지 묻자, 그레셤은 이렇게 대답했다. "이 시스템이 어떻게 되어야 하는지 아는, 경험이 풍부한 직원들이 이제 없거든요." 은퇴한 FSSA 직원이자 대변인인 글렌 카드웰은 이 말에 동의했다. "맞아요. 우린 (혼합형 시스템에) 만족하지 않아요. 하지만 그건 부분적으로 에너지의 문제예요. 우린 큰 싸움에서는 이겼지만, 그 전쟁에서 이겼는지는 전혀 확신하지 못했거든요."

"그들은 그저 양탄자 밑으로 밀어 넣어 감추려고 혼합형 시스템을 시작한 거예요." 소피의 아빠 케빈 스타이피즈가 주장했다. "(공공 부조를 받는) 사람들은 발언권이 없어요. 그게 우리가 (주 의회 의사당으로) 간 이유 중 하나죠." 킴이 맞장구쳤다. "양상을 일변시키려고 말이죠!" 케빈은 아내를 보며 고개를 끄덕였다. "우린 맞서길 마다하지 않았어요." 그가 말했다. 하지만 많은 사람들이 무엇을 해야 할지 모르거나 자기방어를 위해 모이기에는 스스로가 너무 취약하다고 느꼈다. "내 아내는 끈질기고 똑똑해요. 서류를 정확하게 제출하는 건 식은 죽 먹기였을 거예요. 난 사람들이 수완이 부족하지는 않다고 생각해요. … 사람들은 할 수가 없었던 거예요. **하지 않았던 거죠.**"

"사람들을 도우려고 그 시스템을 마련한 건 아닌 것 같아요. 잡기 놀이를 하려고 그런 거 같아요." 크리스 홀리가 말했다. "우리 사법제도에서는 죄 없는 한 사람이 감옥에 가는 것보다, 죄지은 열 사람이 풀려나는 게 더 낫다고 여겨요. 현대화는 그걸 완전히 뒤집었죠." 자동화된 적격성 판정은 자격 없는 사람 한 명이 공적 혜택을 받기보다, 자격 있는 지원자 열 명이 공적 혜택을 거부당하는 게 더 낫다는 가정에 기초한 것이었다. "그 사람들은 대응력과 효율성을 갖춘 시스템을 만들 기회가 있었고, 자격 있는 사람들이 혜택을 받게 할 기회가 있었어요." 홀리가 말했다. "내 직감으로는, 그들은 자기네 도움이 필요한 사람들을 존중하지 않았어요."

2008년 가을, 에번즈빌의 오미거 영은 말기 암으로 병원에 입원해 있었기 때문에 메디케이드 혜택 자격을 재증명하기 위한 면담 약속을 놓쳤다. 난소에서 시작된 암은 콩팥, 가슴, 간으로 전이되었다. 영은 항암 화학요법 때문에 힘이 없고 쇠약해졌다. 둥그런 얼굴에 암갈색 피부를 가진, 장성한 아들 둘을 둔 영은 새로운 시스템의 요구에 맞추려고 고군분투했다. 영은 밴더버그 카운티 지원 센터에 연락해서 자신이 병원에 입원한 사실을 알렸다. 그런데도 영의 의료보험과 푸드 스탬프는 협조 불이행을 이유로 중단되었다.

"홀로 작은 아파트에서 사는 50세의 영은 제정신이 아니었어요." 《인디애나폴리스스타》의 윌 히긴스는 이렇게 전했다.[11] 영은 에번즈빌에서 노령 서비스 담당자로 자신을 담당하던 인디애나주남서부지역노인협의회의 직원 시실리어 브레넌에게 전화를 걸어 울면서 물었다. "내가 어떻게 해야 하죠?" 영의 자매 크리스털 벨은 언론에 메디케이드 혜택 거부가 영의 죽음을 재촉했다고 이야기하기를 자제했다. 하지만 자동화 시스템 때문에 영의 생애 마지막 날들이 가외의 걱정과 골칫거리로 가득 차게 됐다고 토로했다. 영의 매제인 탐 윌리스는 영이 1만 달러 빚에 대해 강박관념을 갖지 않게 하려고, 자신이 늘 영의 의료비 청구서를 감췄다고 히긴스에게 말했다.

혜택을 상실한 까닭에, 영은 더 이상 약을 마련할 수 없었다. 푸드 스탬프 혜택도 상실했다. 집세를 내느라 허덕였고, 진료를 받으러 가는 데 필요한 무료 교통편에 대한 접근권도 상실했다. 오미거 영은 2009년 3월 1일 사망했다. 다음 날인 3월 2일, 영은 부당한 혜택 종료에 대해 FSSA에 제기한 이의신청이 받아들여져, 혜택이 회복되었다.

공공복지제도는 특히 흑인 여성에게 쉽지가 않았다. 역사적으로, 가장 제한적인 적격성 규정의 표적이 된 것이 바로 이들이었다. "적합한 가정"과 "고용 가능한 엄마" 규정은 1970년대에 복지권 운동이 일어나기까지 선별적으로 해석되어 아프리카계 미국인 여성들의 혜택 요구를 차단했다. "집 안의 남자"와 "대리부" 규정은 흑인 여성들의 사생활 침해, 성생활에 대한 평가, 그리고 가택 침입을 합법화했다. 1976년 "복지의 여왕" 린다 테일러의 호화로운 생활에 대한 로널드 레이건의 유세 연설은, 흑인과 여성을 복지의 얼굴로 만들었다. "시카고에 한 여성이 있습니다." 레이건은 뉴햄프셔의 공화당 대통령 예비선거 기간에 이렇게 말했다. "그 여성은 이름이 80개, 주소는 30군데이고, 사회보장 카드를 12개 가지고 있으며, 있지도 않은 사망한 남편 넷의 퇴역 군인 수당을 타고 있습니다. 메디케이드, 푸드 스탬프 혜택을 받고 있으며, 각 이름으로 복지 수당을 타가고 있습니다. 비과세 현금 수입만 15만 달러가 넘습니다."[12] 이 테일러 부인은 결국 80개가 아닌 4개의 가명을 사용하고 15만 달러가 아니라 8,000달러를 타 간다는 혐의로 기소되었다. 하지만 레이건의 잔뜩 부풀려진 주장은 충분한 근거를 찾았고, 미국인들은 여전히 주로 복지의 여왕이라는 이미지로 공공 부조를 이해하고 있다.

감사 연구에 따르면, 지금까지도 백인 외 신청자들은 백인 신청자들보다 복지 사무소에서 개별사회복지사의 전문가답지 않은 행동에 더 자주 맞닥뜨린다. 이를테면 아주 중요한 정보를 주지 않거나, 신청서를 안 주려 한다거나, 노골적으로 무례함을 드러내는 다른 형태의 행동 등이다.[13] 아프리카계 미국인의 인구 비율이 높은 주들은 더 강경한 규정, 더 엄중한 노동 요건, 더 높은 제재율을 보인다.[14] 개별사회복지사업은 복합적이고, 인간적인 노력이다. 관계에 의존하고, 신중성과 연민의 까다로운 배합이 필요하며, 우리 사회에 엮여들어 있는 인종, 계층, 성(性)에 대한 온갖 편견에 취약하다. 따라서 과도한 자유재량에 대한 우려는 타당하다. 개별사회복지사들은 심한 편견이나 무의식적 선입견에 기초해 개인들의 복지 수급 신청을 거부하기도 한다.

인디애나주의 공공 부조 수급자들은 대다수가 백인이다. 그럼에도 인종이 자동화 실험에서 중대한 역할을 했다. 미치 대니얼스 주지사는 농촌-도시 간의 긴장과 백인의 불안을 이용해 의존성, 사기, 범죄행위, 공모의 관점에서 끈질기게 문제를 틀 지웠다. 공공 부조를 받을 자격이 있는 사람들 가운데 극히 일부만이 실제로 혜택을 요구했고, FSSA에서 부정수급은 특별히 심각한 문제가 아님을 말해 주는 증거가 있는데도 말이다. 대니얼스 주지사가 이 시스템이 가진 최악의 문제를 보여 주는 사례로 꼽은 사건, 즉 큰신앙선교침례교회 사기에는 흑인 피고인들이 연루되어 있었다. 대니얼스는 인종, 계층, 공공 부조에 대한 인디애나주 주민들의 고정관념을 은밀히 부추겨 복지 제도의 자동화, 민영화에 대한 지지를 얻어 냈다고 의심하지 않을 수 없다. 마치 대니얼스의 반(反)부양아동가정지원 멘토였던 로널드 레이건이 그랬던 것처럼.

아프리카계 미국인의 비율이 낮은 인디애나주의 카운티들이 가장 먼저 자동화 시스템으로 전환했고, 많은 흑인 인디애나 주민들이 고향이라 부르는 두 도시, 인디애나폴리스와 게리에 자동화 시스템이 도입되기 전에 이 실험은 중단되었다. 자동화 실험은 주로 백인 빈민을 대상으로 했는데도, 아프리카계 미국인들에게 엄청난 영향을 미쳤다. 2000년 인구조사 자료에 따르면, 아프리카계 미국인이 인디애나주 빈곤가정일시지원 등록자 가운데 46.5퍼센트를 차지했다. 백인은 47.2퍼센트로, 아주 근소한 차이로 더 많았다. 자동화 실험 막바지인 2010년, 백인과 아프리카계 미국인 간의 빈곤가정일시지원 및 푸드 스탬프/영양보충지원계획 수급자 수의 격차는 가파르게 벌어졌다. 인디애나주의 아프리카계 미국인 인구가 10년 동안 증가했는데도, 이제 빈곤가정일시지원 등록부의 54.2퍼센트가 백인이고 아프리카계 미국인은 32.1퍼센트에 지나지 않았다. 적격성 판정의 현대화는 주로 백인 지역에서 실험되었으나, 최악의 피해를 입은 건 흑인 가정들이었다.

공공 부조 수급자격 판정에서 인간의 재량권을 없앤 것은, 아프리카계 미국인들이 복지 제도에서 지속적으로 맞닥뜨리는 차별에 대한 설득력 있는 해결책으로 보일 수도 있다. 어쨌든, 컴퓨터는 각 사례에 일관되게, 편견 없이 규정을 적용한다. 하지만 역사상 인간 재량권의 철폐와 공공서비스에서의 융통성 없는 규정은, 인종별로 상이한 피해를 그저 악화시키기만 할 뿐이었다.

예를 들어, 1980년대와 1990년대에 미국 의회와 많은 주의 입법기관들은 "범죄 강력 대응" 법을 제정했다. 이 법은 여러 종류의 범죄에 대해 최소 의무 형량을 규정해서 판사로부터 많은 재량권을 없앴다. 얄궂게도, 이런 변화는 보수적인 법질서를 주장하는 사람들과, 편향된 사법 재량권이 인종에 따라 상이한 판결 결과를 낳는다고 본 일부 진보적인 시민권 운동가들이 **함께** 만들어 낸 결과였다.

지난 30년간의 증거는 분명하다. 형사 사법 제도에서의 인종 간 불균형은 훨씬 더 심각하다는 것이다. 민권 및 인권 대표자회의Leadership Conference on Civil and Human Rights는 2000년 "재판의 공정성"이라는 한 보고서에서 이렇게 썼다. "소수집단은 사법 재량권을 주는 제도 하에서보다 최소 의무 형량을 규정한 법과 지침하에서 상황이 훨씬 더 악화된다. 최소 의무 형량 법과 그 지침은 공정한 형벌을 부과하는 최종 권한을 판사에게서 박탈해, 판결을 자동조종 모드로 전환한다."15

자동화된 의사 결정은 행정을 개선할 수 있고, 추적 프로그램 데이터는 사실 편향된 의사 결정의 패턴을 확인하는 데 도움이 될 수 있다. 하지만 공정성은 때로 규정을 확대해석할 수 있는 능력을 필요로 한다. 최전선에 있는 사회복지 공무원들에게서 재량권을 빼앗아 기술자와 민영 하청 업체에게 이전시킴으로써, 인디애나주 실험은 차별을 한층 강화했다.

자동화의 "사회적 설계 구조"는 인종과 계층으로 인해 유발된 복지 수급자에 대한 케케묵은 전제에 기초했다(이런 전제는 성과 기준으로 부호화되어 업무 처리 과정 안에 프로그래밍되었다). 즉 복지 수급자는 게을러서 자기 생계에 스스로 이바지하도록 "재촉받아야" 하고, 교활해서 부정한 요구를 하기 쉬우며, 이들의 부담스러운 공적 자원 이용을 거듭 막아야 한다는 전제 말이다. 이런 전제는 인종과 계층에 기초한 고정관념에 의존하고 그에 의해 강화된다. 오미거 영 같은 가난한 흑인 여성이 그 대가를 치렀다.

새로운 첨단 기술 도구는 보다 정밀한 평가와 추적, 더 나은 정보의 공유, 표적 집단의 가시성 증대를 가능케 한다. 가난한 노동자 계층 사람들의 자기 결정권을 뒷받침하는 데 전념하는 시스템에서는, 이런 부단한 노력을 통해 가난한 노동자 계층 사람들이 법에 따라 권리를 갖는 모든 혜택을 확실히 얻을 수 있게 할 터이다. 이런 상황에서는 통합된 데이터와 현대화된 관리가 꼭 가난한 지역 주민들에게 나쁜 결과로 귀결되지는 않을 것이다. 하지만 우리의 현재 복지 제도에서 자동화된 의사 결정은 오래된, 본능적인 형태의 처벌 및 통제와 아주 비슷하게 작용한다. 그것은 걸러 내고 견제한다. 그것은 조력자가 아니라 문지기이다.

인디애나주의 자동화된 적격성 판정 시스템은 복지수급 신청 거부에 대단히 효율적인 기구임에 틀림없어 보이는 것을 강화해, 이미 잘 발달한 견제 장치의 성능을 향상시켰다. 공적 혜택을 받는 길을 좁히고 순응하지 않는 데 따른 처벌 정도를 높여 놀라우리만치 복지 등록자 수를 줄였다. 심지어 대공황 이래 가장 심각한 경제 침체 상황에서 혼합형 시스템이 시행되었을 때도, 인디애나주의 빈곤 가정일시지원 취급 건수의 감소는 전국 평균을 계속 앞질렀다. 인디애나주에서 빈곤 가정이 증가하는 동안, 취급 건수는 감소했다. 주지사가 IBM과의 계약서에 서명한 2006년, 아동이 있는 빈곤 가정의 38퍼센트가 빈곤가정일시지원으로 현금 수당을 받고 있었다. 2014년, 그 수치는 8퍼센트로 감소했다.

오미거 영, 린지 키드웰, 셸리 버든 같이 생활고에 시달리는 사람들이 자동화의 첫 번째 희생자들이었다. 이들은 이 시스템이 불러온 가장 무서운 충격을 견뎠다. 스타이피즈 가족은 엄청난 역경에 맞서 딸의 메디케이드 혜택을 회복했으나, 그 경험은 지독한 타격을 주었다. "그 시기 동안, 너무 스트레스를 받아서 멍하니 지냈어요." 킴 스타이피즈가 말했다. "소피가 메디케이드 혜택을 회복하는 데 온통 정신이 쏠려 있었죠. 그런 후에는 눈물 바람으로 지냈어요. 모두가 우릴 백인 쓰레기, 거지라고 불렀거든요. 무(無)의 진공상태로 빨려들어 가는 것 같았어요."

스타이피즈 가족이 자동화 실험과 싸움을 벌인 시기와 내가 찾아간 시기 사이 7년 동안, 소피의 삶은 한결 나아졌다. 몸무게가 늘었고, 수화를 배웠으며, 학교에 다니면서 친구를 사귀었다. 하지만 내가 티프턴의 집에서 이 가족을 인터뷰하고 8일 후, 댄 스키너가 내게 이메일을 보내 왔다. "슬픈 소식입니다. 킴 스타이피즈가 전화해서 어린 소피가 죽었다고 하더군요. 소피는 금요일에 매스껍다며 토했는데, 토요일에 시신이 발견됐을 땐 편안해 보이는 태아 자세로 웅크리고 있었습니다. 의사는 소피의 심장이 그냥 멈췄다고 합니다."

결국 인디애나주 자동화 실험은 디지털을 이용해 가난한 노동자 계층 미국인들을 견제하는 한 가지 방식이었다. 그것은 가난한 노동자 계층 미국인들의 혜택, 정당한 법 절차, 존엄성, 그리고 삶 자체를 부정했다. "우린 동료 인간들에게 응당 그래야 하는 방식으로 투자를 하고 있지 않아요." 제너레이션즈프로젝트의 존 카드웰이 말했다. "우리는 기본적으로 대다수의 인디애나 주민들에게 '넌 한 푼의 가치도 없어.'라고 말하고 있는 거예요. 인류애가 얼마나 허비되고 있는지 끔찍해요."

3

'천사의 도시'의 노숙인 통합 등록 시스템

미국 사회 최후의 밑바닥은 로스앤젤레스 시내 유흥가 끝자락에 자리 잡은 1.3제곱킬로미터 크기의 야외 천막촌이다(이 구역 이름인 스키드로Skid Row는 말 그대로 '사회 밑바닥'이라는 뜻-옮긴이). 1947년 《이브닝인디펜던트》의 핼 보일은 이 주변이 "가난한 사람들의 암흑가, 미국의 공허를 보여 주는 한 단면, 희망을 잃은 사람들이 꿈을 내던진 후에 가는 곳"이라고 했다.[1] 58년 후 《로스앤젤레스타임스》의 스티브 로페즈는 이 주변이 "밑바닥 인생의 저장소이자 전 국민의 골칫거리"라고 말했다. "질병, 폭행, 범죄, 불운한 빈곤이 있는 곳… 거기서는 이동식 화장실에서 사업이 번창하고… 여전히 오줌이 시궁창으로 흘러든다."[2]

2015년 12월 나는 로스앤젤레스 카운티가 만든 통합 등록 시스템을 탐사하려고 이곳에 왔다. 이 시스템은 가장 취약한 노숙인들을 적절한 가용 자원과 연결시켜 주기 위해 만든 것이었다. 노숙인 서비스의 Match.com(온라인 소개팅 서비스-옮긴이)으로 극찬받은 이 통합 등록 시스템은 지난 5년 동안 미국 전역에서 널리 인기를 끌었다. 통합 등록 시스템을 지원하는 조직에는 미국 주택도시개발부, 노숙을끝내기위한전국연합, 무수한 지역 노숙인 서비스 제공 단체, 그리고 콘래드 힐튼(힐튼호텔 창업자-옮긴이) 재단과 빌과 멜린더 게이츠 부부 재단 등 영향력 있는 기금 제공 단체가 포함되어 있다.

지지자들은 통합 등록 시스템이 어지러울 정도로 많은 노숙인 서비스에 "잘못된 문은 없다no wrong door"(민원인이 어떤 문을 열고 들어오더라도, 그 요구에 대응해 공공서비스를 제공해야 한다는 원칙-옮긴이)는 원칙에 따라 접근할 수 있게 한다고 주장한다. 이와 더불어 표준화된 수용 과정을 제공해서 낭비, 불필요한 중복, 여러 기관에 걸친 이중 수혜를 줄여 준다고 한다. 그렇지만 이 시스템은 또한 노숙인에 대한 놀라울 만큼 개인적인 정보를 수집하고, 저장하며, 공유한다. 노숙인들이 지닌 정신적외상, 대응 기제, 감정, 두려움을 목록화하고, 분류해, 등급을 매긴다.

많은 이들에게, 스키드로는 영원한 타락과 절망을 상징한다. 하지만 지나치게 단순화한 이야기가 모두 그렇듯이, 이 이야기는 겉으로 보이는 것보다 더 많은 것을 감추고 있다. 1870년대에 이 주변은 대부분 오렌지나무 숲이었다. 1921년 스키드로에는 가정생활에 필요한 것이 모두 있었다. 공립학교, 응급 병원, 전차, 교회, 공장, 작업장, 도매점, 소매점 등. 1930년대에 이주 노동자 인구가 늘어나면서, 이곳은 빈민 지구로 알려지게 되었다. 이 주변은 저렴한 주거지와 경제적으로 쪼들리는 사람들로 가득 차 있었지만, 한편으로 지역사회가 번창하고 정치 활동이 활발했다. 예를 들어, 공산당은 "굶주리지 말아라―싸워라!"라는 구호 아래 지역 실업자협의회를 수십 개 조직했으며, 인색한 무료 급식소에 대항해 시위를 이끌고, 대공황 시기에는 세입자들을 쫓아내는 임대인들에게 저항했다.

스키드로가 늙은 백인 남성들의 피난처라는 고정관념이 있지만, 이 주변은 항상 다양했다. 1939년에 발간된 《로스앤젤레스타임스선데이매거진》의 한 호에서, 허스턴 어빈은 이 주변에서 일하고 생활하고 노는 유대인, 그리스인, 이탈리아인, 독일인, 프랑스인, 이집트인, 중국인, 일본인, 아메리카 원주민, 멕시코인, 아프리카계 미국인을 묘사하면서 이렇게 썼다. "인구는 아마도 미국 내 다른 어느 도시의 비슷한 구역보다 더 잡다하게 뒤섞여 있다."[3] 이곳 인구는 제2차 세계대전 동안 방위산업의 안정된 일자리를 찾아 새로운 노동자들이 도착하면서 늘어났다.

하지만 1949년 주택법이 통과되면서 재앙이 닥쳤다. 이 법은 노후화된 건물의 철거를 위해 연방 예산을 제공하는 동시에, 노동자 계층 가정들에 맞춰 설계한 공공 생애 최초 주택 81만 호의 개발을 지원했다. 그러면서 빅토리아시대풍 주택이 즐비한 지역인 벙커힐 Bunker Hill부터, 하숙집들, 그리고 스키드로 바로 북서쪽의 저렴한 호텔들이 완전히 파괴되었다. 이 철거로 7,310호의 주택이 사라졌다.

도시 건축 감독관 길버트 모리스는 스키드로에서만 6만 5,000건이 넘는 건축법 위반 통지서를 발부했다. 위반 통지서는 건물주가 사비로 건물을 원상태로 복원하고 내진 보강을 하지 않으면 철거할 것을 명했다. 많은 사람들이 철거를 선택했다. 1950년대의 "재건"으로, 스키드로에서 호텔 방 4,165개와 그 밖의 주거지 1,379개가 없어졌다. 1,000채에 가까운 건물이 철거된 셈이다. 1959년 매그너 화이트는 《로스앤젤레스이그재미너》에 쓴 논설에서 로스앤젤레스가 "빈민가를 어떻게 끝장내는지 세계에 보여 주고" 있다고 떠벌렸다.

1921년과 1957년 사이에 이 주변 지역의 변화는 극명했다. 약국, 제본 가게, 커피 볶는 가게, 곡마장 같은 소규모 사업체들이 사라졌다. 나무로 뼈대를 세운 주거지 구역 전체가 사라졌고, 이제 그 부지는 주차장으로 이용되거나 텅 비어 있었다. 한때 노동조합 회관이 있던 건물들에는 이제 "숙식을 제공"하는 다양한 사회 구호시설이 들어섰다.

하지만 연방 예산으로 저소득층 주택을 공급해 철거된 주택을 대체하자는 제안이 나오자, 로스앤젤레스의 백인 중산층 주민들이 격렬히 반대했다. 반대자들은 저렴한 공공 주택 1만 호를 건설한다는 계획이 "로스앤젤레스의 주택 공급을 통제하려는 빨갱이들의 음모"라며, 인종 통합형 공공 주택 단지인 일리전파크하이츠Elysian Park Heights의 건설을 가로막고, 로스앤젤레스시주택청이 공산주의 혐의로 하원 반미(反美)활동위원회의 조사를 받게 했다.

공공시설 건설을 저지하려는 싸움은 로스앤젤레스에 광범위한 영향을 미쳤다. 이 분쟁은 가용 주택의 공급을 위축시키고, 인종차별을 심화시켰다. 철거가 이루어진 곳은 주로 유색인과 가난한 백인들이 많이 거주하던 지역이었다. 예컨대 벙커힐에는 아메리카 원주민의 수가 상당했고, 일리전파크하이츠의 터전으로 제안된 채베즈러빈에는 대부분 멕시코계 미국인들이 살았다. 이들 지역이 철거된 후, 백인 중산층들은 특별 국민투표, 강력한 반대, 노골적인 폭력으로 저소득층 주택 공급 확대 계획을 방해했다. 그래서 로스앤젤레스는 비슷한 규모의 다른 도시들에 비해 적은 수의 공공 주택을 지을 수밖에 없었는데, 그마저도 대부분 유색인들이 사는 지역에 지어졌다. 예를 들어, 1949년 주택법에 따라 지어진 주택의 절반이 와츠Watts에 위치했다. 이곳은 인종 제한 규약racially restrictive covenant(1920년대부터 1948년까지 백인 거주 지역에서 유색인들의 주택 구매 및 임대, 점유를 막았던 관행-옮긴이)이 아프리카계 미국인 주민의 거주를 허용한 몇 안 되는 지역 가운데 하나였다.

1960년대에 스키드로의 가용 주택은 다시 절반으로 줄어들었다. "센트로폴리스Centropolis"종합 계획으로 더 많은 건물들이 철거되고, 그 주변에 경공업 지대가 형성돼, 재개발 자금이 주변 상업 지구에 집중되었다. 대략 1만 5,000호였던 가용 주택 보유량은 7,500호 정도로 줄어들었다. 그러다가 1970년대 들어 도시계획자들이 실버북 Silver Book이라 널리 알려진, 한 가지 계획을 준비했다. 이 계획은 가난한 주민들의 거주 구역을 영원히 몰아내게 된다.

미래주의적인 금속성 표지에서 이름을 딴 실버북 계획은 도심 지역 사업자 위원회와 로스앤젤레스시 정부의 합작품이었다. 이 계획에 따르면, 이전의 벙커힐처럼 스키드로에 남아 있는 것은 완전히 파괴될 터였다. 기존 주택을 철거하고 인근 주민들을 대규모 알코올중독 치료 및 재활 센터로 보낸 후, 서던캘리포니아대학과 캘리포니아대학 로스앤젤레스 캠퍼스가 증축될 예정이었다.

하지만 가톨릭일꾼운동, 법률지원재단, 로스앤젤레스 지역사회 디자인센터가 이끄는 지역사회 활동가들과 주민들이 이에 맞서는 계획을 만들었다. 이들이 내놓은 블루북Blue Book 계획은 스키드로에 남아 있는 1인 가구용 임대주택single room occupancy, SRO* 호텔을 보호하고, 시 정부와 지역 비영리단체들에 이 지역의 주택사업 및 사회복지사업을 개선하는 데 재원을 쓸 것을 촉구했다. 『노숙과 체포: 스키드로의 치안 활동과 일상생활Down, Out, and Under Arrest: Policing and Everyday Life in Skid Row』의 저자 포레스트 스튜어트에 따르면, 블루북 계획이 적어도 부분적으로는 승리했다. 기획자들과 지역사회 지도자들이 스키드로는 무법천지에 위협적인 곳이라는 인식을 받아들

---

* SRO는 저소득층 또는 최소 소득층을 대상으로 하는 주택 형태로, 주방, 화장실, 또는 욕실 같은 편의 시설이 없이 방 하나로 되어 있다. 공동 주방, 화장실, 또는 욕실을 갖추고 있으며, 노후한 호텔 등을 개조해 개인들에게 영구 거주지로 임대된다.

임으로써 비정통적인 전략을 취했기 때문이다.

활동가들은 만약 스키드로가 철거되면 집 없는 궁핍한 사람들의 물결이 로스앤젤레스 교외 지역에 들이닥칠 것이라고 위협했다. 어떤 이들에게, 블루북 계획은 **사실상** 노숙인들을 억제하기 위해 스키드로를 희생 구역으로 지정하는 합의였다. 또 다른 이들에게는, 스키드로의 가난한 노동자 계층 주민들을 위한 땅과 주택을 대단히 성공적으로 지켜 낸 싸움이었다.

스키드로를 지키려는 블루북 계획의 선구적인 전략은 최근까지 효과가 있었다. 이 지역은 여전히 집 없는 가난한 노동자 계층을 위해 "확보된 공동체"였다. 40년 동안, 이곳 주민들은 악의적인 방관이라는 이 도시의 전략에 맞서 열심히 노력해 지역사회를 만들어 나갔다. 하지만 지난 10년간 이 지역은 급속한 변화를 겪었다. 교외 지역과 로스앤젤레스의 교통 체증에 거부반응을 보이는 젊은 전문직들은 원도심의 아파트와, 부유층 사람들의 구미에 맞는 서비스를 찾았다. 예컨대 장인이 만들어 파는 식품점, 주문형 주스 전문점, 수제 커피 전문점 등이었다. 나이트클럽들은 이 지역의 화려한 과거에 편승했으나, 이제 입장을 제한하고 음료 가격을 높였다.

로스앤젤레스 도심 거주 인구는 2006년과 2013년 사이에 2만 3,500명 이상 증가했다. 지난 5년 동안 고급 임대 아파트 건축이 급격히 늘어나면서 도심의 공실률이 12퍼센트에 이르렀다. 이는 2000년 이후 최고 수준이다. 그런데도 방 하나짜리 주택의 평균 임대료가 2,500달러이고, 저렴한 주택은 찾아보기 어렵다. 창조 계층(전문지식과 기술을 갖추고 창의적인 업무에 종사하는 계층-옮긴이)을 위한 복층형 주택이 늘어나면서, 도심과 스키드로 사이 경계는 메인가(街)에서 로스앤젤레스가(街)로, 그런 다음에는 메이플 쪽으로 한 구역 더 미끄러져 나갔다. 리틀 도쿄Little Tokyo(로스앤젤레스 내 일본계 주민 거주지-옮긴이) 지역의 확산은 스키드로 북쪽 경계에 비슷한 압력을 가해, 북쪽 경계가 3번가에서 그 아래 4번가로 이동했다. 스키드로는 10년 동안 대략 16개 구역을 잃었다. 이는 스키드로 면적의 3분의 1에 해당한다.

현재 스키드로는 대단히 뚜렷하고 극명한 대조를 보이는 지역이다. 각 구역마다, 이 지역의 전문직 중산층 주민들은 높은 천장에 스테인리스 가정용품을 갖춘 생활과 작업을 겸하는 복층 주택에 거주하는 반면, 가난한 주민들은 임시 천막에 산다. 주말이면, 보행자들이 베이비뵨BabyBjörn 조깅 유모차를 밀면서 재활용품이 담긴 이웃의 쇼핑 카트 옆을 지나간다. 처음 그곳에 갔을 때, 한 남자가 퍼지앤드푸치Pussy & Pooch라는 반려동물 부티크 앞 인도에서 잠자고 있는 걸 보고서 나는 망연자실했다. 그 부티크는 "반려동물과 반려인을 위한 디자인 지향적인 사회 경험"이라고 홍보하고 있었다. 비쩍 마른 젊은 아프리카계 미국인인 남자는 머리가 연석에 닿아 있고, 뜨거운 한낮의 태양빛을 가리려고 검은색 티셔츠를 얼굴 위로 끌어올렸다. 날씬하고 다리가 기다란 개와, 똑같이 호리호리한 주인이 아마도 "동물 바bar"에서 날고기를 먹으려고 남자를 지나쳐 상점으로 들어갔다. 개는 신발을 신고 있었다. 하지만 그 남자는 그렇지 않았다.

많은 도심 주민들이—새로 이사 온 사람들이건 오랫동안 살았던 사람이건—이 같은 모순을 수용하는 이 지역의 역량에 찬사를 보낸다. 하지만 이런 사회구조가 사람들의 신경을 곤두세우게 만든다는 사실을 보여 주는 징후들이 있다. 힐렐 아론이 《엘에이위클리》에 보도한 대로, 리틀도쿄로프츠Little Tokyo Lofts 아파트 단지 내의 정신 건강 센터가 1층의 가용 상업 공간을 채워 확장하기로 계획하자, 인근 주민들이 반대해 청원에 성공해서 사회복지서비스의 확대를 막았다. 384명의 만성 노숙인을 위해 오랫동안 방치된 시설호텔Cecil Hotel을 영구 지원주택supportive housing 단지로 바꾼다는 계획은 2014년 카운티 수퍼바이저들Supervisors(카운티의 최고 의결 기구인 카운티위원회 위원들-옮긴이)이 없애 버렸다.

매일 밤, 거의 2,000명의 스키드로 주민들이 사회 구호시설과 긴급 쉼터에서 잠을 잔다. 또 6,500명은 정신 질환, 허약한 건강 상태, 또는 중독으로 어려움을 겪는 사람들을 위한 사회복지 서비스가 함께 제공되는 1인 가구용 임대주택이나 지원주택에서 지낸다. 3,000명에서 5,000명 사이의 사람들은 근처 인도에 세워진 천막촌에서 바깥 잠을 잔다. 1950년 이후 스키드로에서는 이들을 모두 수용하기에 충분한 물량인 1만 3,000호 이상의 저소득층 주택이 사라졌다.

과거의 간이 숙박소와 공동주택은 줄줄이 늘어선, 파랑과 검정의 방수포가 덮인 천막으로 대체되었다. 세심히 잘라 낸 판지 상자가 바닥과 벽이 된다. 플라스틱 저장 통은 날씨나 먼지, 쥐로부터 옷가지, 음식, 접시, 읽을거리 등을 지켜 준다. 5갤런(약 19리터-옮긴이)들이 양동이는 저장고부터 의자, 임시 변소에 이르기까지 다양한 역할을 한다. 쇼핑 카트는 경찰의 일제 단속이 있거나 환경미화원이 오면 소지품을 한 구역에서 다른 구역으로 실어 나르는 데 쓰인다. 이때 노숙인들은 인간 체스 말처럼 이 구역에서 저 구역으로 옮겨 다닌다.

나는 이 지역을 돌아다니면서 목격한 친절과 용기에 감동받았다. 이를테면 빨간색 천막 안 깔끔하게 정리된 침낭에 놓인 성서, 글래디스가(街)의 임시로 만든 거처 안에 검은색 매직으로 써 놓은 "감사하는 태도를 가져라"라는 말이 그렇다. 나는 이 거리 모퉁이에서 흥미진진한 대화를 나누었고, 날이 어두워지자 인심 좋은 사람들이 친절하게도 버스 정류장까지 보호자로서 동행해 주었다. 그러고 나서 그들은 잠을 자러 인도로 돌아갔다. 또한 사기꾼과 얼간이들이 위협하고, 시시덕거리고, 희롱하기도 했고, 마약을 사라고 하거나 "멍청이… 멍청이, 멍청이, 멍청이"라고 중얼거리며 따라오는 남자들도 있었다.

스키드로의 주민들은 심각한 문제에 직면해 있지만, 이곳에서 가치와 공동체를 발견하기도 한다. 2015년 1월 글래디스가(街)와 6번가 모퉁이 근처에 사는, 목소리가 걸걸한 60세의 지역사회 조직가 T. C. 알렉산더는 내가 이 구역을 처음 둘러볼 때 이렇게 설명했다. "여긴 정말 진짜예요. 이 도시 어디서건 내가 가진 것보다 더 많은 사랑을 보게 되죠. 빈털터리이긴 하지만, 사람들은 걸음을 멈추고서 당신에게 말을 걸고 악수를 나눌 겁니다." 내게 이곳을 안내해 주는 인권 운동가 제너럴 도곤이 그의 생각을 매듭지어 주었다. "메인가 (街) 반대편 사람들은 당신이 전신주인 듯이 무심히 지나칠걸요."

❀

통합 등록 시스템은 로스앤젤레스 카운티의 주택 공급과 수요 사이의 커다란 부조화를 해결하려고 만들어졌다. 통합 등록 시스템이 생기기 전에는, 노숙인들이 대기자 명단과 사회복지 서비스 프로그램의 복잡한 시스템을 헤치고 나가야 했다. 이는 많은 인내심과 용기, 그리고 행운이 필요한 일이었다. 도심에 1인 가구용 임대주택SRO 호텔이 문을 연다는 소문이 돌면, 내 것이라 부를 수 있는 방을 얻을 기회를 찾아 여러 날 동안 바깥에서 장사진을 치고 기다리는 노숙인들로 북적거렸다.

이전 시스템에서는, 노숙인 서비스를 제공하는 단체들이 한정된 자금과, 찾아보기 힘든 가용 노숙인 주거 공간을 두고 경쟁을 벌였다. "통합 등록 시스템 이전의 대기자 명단은 대개 부동산 관리인이나 임대 사무실의 호의에 근거했죠." 램프커뮤니티Lamp Community와 협력해 통합 등록 시스템을 통해 노숙인들에게 주택을 연결해 주는 퍼트리셔 맥휴는 이렇게 말했다. 램프커뮤니티는 정신 질환 및 그밖의 장애를 가진 성인들에게 주택을 제공하는 일을 하는 스키드로의 사회복지 기관이다. "이전 상황이 어땠는지, 얼마나 부패했는지, 정말로 안 좋은 이야기들이 많아요." 최악은, 누구보다 실용성이 중요한 사람들에게 이들의 요구에 항상 들어맞는 것만은 아닌 주택을 보상하는 시스템이었다.

통합 등록 시스템은 노숙인 서비스 제공의 패러다임이 바뀌었음을 보여 주는 두 가지 생각에 기초한다. 우선순위 결정과 주거 우선housing first이 바로 그것이다. **우선순위 결정**은 펜실베이니아대학 데니스 컬헤인의 연구에 기반을 둔다. 이 연구는 두 가지 다른 종류의 노숙, 즉 위기로서의 노숙과 만성 노숙을 구분한다. 위기로서의 노숙에 직면한 사람들은 "퇴거 명령, 가정 폭력, 갑작스러운 질병, 실직, 또는 출소 후 지역사회 복귀와 같은 단기의 비상사태"를 겪고 있는 경향이 있다.[4] 위기로서의 노숙은 흔히 스스로 교정된다고 컬헤인은 주장한다. 이들은 단기간 쉼터에 머문 후, 함께 지낼 수 있는 가족을 찾거나 새로운 자원에 접근하거나 또는 이사를 한다. 한시적인 소규모 투자로, 이들이 만성 노숙으로 "추락하는 일을 피하도록 도움"을 줄 수 있다.

반면에 만성 노숙을 겪는 사람들은 자주, 그리고 장기에 걸쳐 노숙하기 쉽다. 컬헤인의 연구에 따르면, 만성 노숙 상태의 성인은 "행동 건강 문제와 장애를 지닌 비율이 더 높고, 그래서 더 복합적인 사회 지원이 필요하다."[5] 이들에게는 영구 지원주택이 적절하면서 효과적인 해결책이다. 로스앤젤레스가 우선순위를 결정하는 정책으로 전환한 것은 현 상황이 만성 노숙인들에게 도움이 되지 않는다는 사실을 인정한 것이었다. 수요와 자원 사이에 부조화가 있었다. 다시 말해, 만성 노숙인들에게 가장 적합한 자원은 위기로서 노숙을 경험하는 사람들이 가져갔다. 이에 반해 만성 노숙인들은 아무것도 얻지 못했다.

통합 등록 시스템이 보여 주는 또 다른 개념 변화는, **주거 우선**이라는 접근법이다. 아주 최근까지도, 대부분의 노숙 서비스는 개인들이 주거를 제공받기 전에 다양한 단계의 프로그램을 거치는 "주거 준비" 모형에 따라 운용되었다. 길거리나 자동차에서 잠을 자는 사람은 긴급 쉼터에 먼저 들어간 다음, 중간 과정의 주거 프로그램으로 이동하고, 마침내 독립된 주거를 얻는다. 각 단계에서, 일련의 행동 요건(무음주 상태, 치료 협조, 취업)이 다음 단계로의 접근을 통제하는 관문이었다. 주거 우선 접근법은 주거가 안정되어 있지 않으면 다른 문제를 해결하기 어렵다는 이해에서 나온다. 주거 우선 모형은 개인과 가족이 가능한 한 빨리 자신의 아파트에 들어가게 한 다음, 적절한 자원봉사 서비스를 지원하거나 치료 서비스를 제공한다.

로스앤젤레스 대도시권 소재 유나이티드웨이와 로스앤젤레스 상공회의소의 협력 사업인 홈포굿Home for Good(영원한 내 집-옮긴이)이 2013년 통합 등록 프로그램을 시작했다. 이 프로그램은 우선순위 결정, 주거 우선, 기술 지향 접근법을 결합했다. 이들은 100일 안에 스키드로에서 가장 취약한 노숙인 100명에게 주거를 제공하겠다고 약속했다. 이 야심찬 목표를 달성하기 위해, 필요 순으로 순위를 매긴 스키드로 노숙인 전체 명단을 만들어야 했다. 이들은 방대한 양의 정보를 수집해 위험 행동을 선별하는 평가 도구를 선택했다. 그런 다음 그 데이터를 보관하기 위한 디지털 등록부를 만들고, 취약성 순으로 노숙인들에게 우선순위를 매겨 이들을 주택을 얻을 수 있는 기회와 연결시키기 위한 두 가지 알고리즘을 설계했다.

통합 등록 과정은 사회복지사 또는 자원봉사자가 쉼터에 입소해 있는 노숙인을 내부 서비스 프로그램을 통해 끌어들이면서 시작된다. 길거리 봉사활동의 일부로, 취약성 지수 및 서비스 우선순위 결정 지원 도구Vulnerability Index-Service Prioritization Decision Assistance, VI-SPDAT를 이용해 노숙인을 끌어들이면서 시작되는 경우도 있다. 이 검사에는 믿을 수 없을 정도로 내밀한 질문들이 포함되어 있다. 그 질문은 다음과 같다.

- "과거 6개월 동안 응급 부서/응급실에서 몇 차례나 진료를 받았습니까? 성폭행 위기관리 센터, 정신 건강 위기관리 센터, 가족/친밀한 사람에 의한 폭력 센터, 고충 센터, 자살예방 상담 전화를 비롯해 위기관리 서비스를 이용한 적은?"
- "돈을 바라고 성관계를 하거나, 누군가에게 마약을 제공하거나, 모르는 사람과 예기치 않은 성관계를 하거나, 주삿바늘을 공유하는 등과 같이 위험하다고 여겨지는 일을 한 적이 있습니까?"

- "작년에 본인이나 다른 누군가를 해치겠다고 협박하거나, 해치려 한 적이 있습니까?"[6]

게다가 이 검사는 보호되어야 할 개인 정보를 수집한다. 예컨대 사회보장번호, 성명, 생일, 인구통계학적 정보, 참전 용사 신분, 이민 및 거주 신분, 그리고 검사 응답자를 다음에는 어디서 볼 수 있는지 따위의 정보 말이다. 또한 이 검사는 가정 폭력 이력을 수집한다. 그리고 정신 건강 및 약물 남용 문제를 비롯해 본인이 말해 주는 병력을 수집한다. 검사를 주관하는 사람은 사진을 찍어도 좋은지도 물을 것이다.

노숙인은 VI-SPDAT로 검사받기 전, 동의서에 서명하도록 요청받는다. 이 동의서는 이들의 정보가 "노숙인 서비스 제공 단체, 기타 사회복지 단체, 주택 공급처, 의료 서비스 제공 단체를 포함하는 단체들"에 공유된다고 알려 준다. 또한 (개인 정보 제공자의) 요청에 따라 더 완전한 개인 정보 고지 사항을 제공할 수 있다고 언급하고 있다. 만약 검사받는 사람이 더 완전한 개인 정보 고지 사항을 요청하면, 자신의 정보가 "법률에 의해, 또는 법 집행 목적으로 요청이 있으면… 건강 또는 안전에 대한 심각한 위협을 방지하기 위해"시 정부, 구조대, 비영리 주택 개발업자, 보험회사, 병원, 종교 단체, 중독 재활 센터, 캘리포니아대학 로스앤젤레스 캠퍼스, 로스앤젤레스시 경찰청을 포함한 168개의 다양한 단체들과 공유된다는 사실을 알수 있다. 이 동의는 7년 동안 유효하다.

평가가 끝나면, 이들의 데이터는 연방 정부가 인가한 로스앤젤레스 지역의 노숙인관리정보시스템Homeless Management Information System, HMIS에 입력된다. 이 노숙인관리정보시스템은 그 자체가 데이터베이스는 아니다. 다시 말해, 연방 정부가 데이터 수집을 위해 노숙인 지원 자금을 받는 모든 조직에 요구하는 일반적인 데이터 요소들이다. 연방 정부 차원의 일원화된 노숙인 등록부는 없다. 하지만 고유식별자를 제거한 노숙인관리정보시스템의 정보는 주택도시개발부로 보내져 종합된다. 그래서 전국 노숙인 수를 중복되지 않게 산출하고, 해당 정부 기관의 의회 보고를 위한 동향 분석을 가능케 하며, 노숙인 서비스 단체들을 평가하는 데 이용된다.

일단 VI-SPDAT로 얻은 데이터를 로스앤젤레스 노숙인관리정보시스템에 등록하면, 우선순위를 매기는 알고리즘이 1번부터 17번까지 점수를 집계한다. "1점"은 검사받은 사람이 위험성이 낮고, 사망하거나 응급실 또는 정신병원에 들어가게 될 가능성이 비교적 적다는 뜻이다. "17점"은 검사받은 사람이 가장 취약한 집단에 속한다는 뜻이다. 점수가 0점과 3점 사이인 사람들은 주거 제공 개입이 필요 없다고 판단된다. 점수가 4점과 7점 사이인 사람들은 한정된 기간 동안 임차 보조금과 일부 사례 관리 서비스('신속한 노숙 탈출'이라고 불리는 개입 전략)를 지원받기 위한 평가를 받을 자격이 주어진다. 8점 이상인 사람들은 영구 지원주택을 얻기 위한 평가를 받을 자격이 주어진다.

동시에, 주택 공급자들은 빈 서식을 채워 가용 주택 목록을 작성한다. 두 번째 알고리즘인 연결 알고리즘이 작동해서 "(VI-SPDAT 점수에 따라) 특정한 주거 유형이 가장 필요한" 사람과 "특정한 자격 기준을 충족시키는" 사람을 확인한다.

연결이 성공적으로 이루어지면, 해당 노숙인은 필요한 모든 자격 서류를 모으는 일을 도와주는 전문 개별사회복지사인 주택 안내인housing navigator을 배정받는다. 약 3주 안에 출생증명서, 사진이 부착된 신분증, 사회보장 카드, 소득 확인서 등의 서류를 수집해야 한다. 일단 서류가 수중에 들어오면, 노숙인은 로스앤젤레스시주택청의 신청서를 작성한다. 그러면 로스앤젤레스시주택청이 이 임차 후보자를 면담하고, 그의 정보와 서류를 확인해서, 신청서를 승인하거나 거부한다. 신청서가 승인되면, 해당 노숙인은 주택 또는 관련 자원을 지원받는다. 승인되지 않으면, 이 연결 건은 사라지고, 알고리즘이 다시 작동해 기회를 얻을 새로운 신청자를 배출한다.

통합 등록 시스템의 설계자와 자금 제공자에 따르면, 이 시스템은 취약성이 덜한 민원인에게 혜택을 주고 있는 노숙인 서비스의 현 상황을 뒤집는다. 또 로스앤젤레스 전역의 서비스 제공 단체들 사이에 새롭고 깊은 유대감을 형성해, 소통과 자원 공유를 늘린다. 게다가 주택난 유형에 대한 정교하고 시의적절한 데이터를 제공해, 더 발 빠른 정책 결정에 이용할 수 있다. 하지만 가장 중요하게는,

노숙인들을 적절한 주택과 연결함으로써 수천 명의 생명을 구할 수 있다. 모니크 톨리가 이런 사람들 가운데 하나다.

나는 다운타운여성센터Downtown Women's Center, DWC에서 얼굴이 동그랗고 주근깨가 있는 아프리카계 미국 여성인 모니크를 만났다. 다운타운여성센터는 가난한 여성 노숙인들의 요구 사항을 해결하는 일을 전담하는, 거의 40년 된 조직이다. 이 센터는 2010년 사우스샌피드로가(街)에 시설을 열었는데, 이곳은 71호의 영구 지원주택과 더불어, 센터의 여성들이 만든 공예품을 파는 상점, 진료소, 스키드로 지역 여성들을 위한 다양한 서비스 등을 갖추고 있다. 다운타운여성센터는 이 건물이 집처럼 느껴지게 하려고 많은 애를 썼다. 이곳에는 도자기와 꽃병, 찻주전자가 진열된 장식장과 옅은 색 나무 벤치들이 갖춰져 있다. 내가 방문한 날엔 75명쯤 되는 여성들이 이 벤치에 앉아 커피를 마시며 이야기를 나누고 있었다. 샤워실과 개방형 카페테리아 스타일의 주방도 있다. 또 이곳에 머물다가 천막촌으로 돌아가기 전 가져갈 수 있도록 깔끔하게 접어 놓은 화장지를 담아 둔 상자도 있다.

노숙인 쉼터에 입소하기 전, 모니크의 주거는 불안정했다. 모니크는 이곳저곳 떠돌면서 작은 어린이집을 운영하는 조카딸을 돕고, 고령의 가족을 돌보았다. 그러다가 사우스로스앤젤레스 경공업 지구에 있는 430개 침상을 갖춘 쉼터인 패스웨이즈Pathways를 발견했다. 모니크는 매일 아침 일찍 패스웨이즈에서 나와 버스를 타고 다운타운여성센터로 가서 도움을 받고, 함께 지내며, 안식을 얻었다.

모니크는 큰 난관에 맞닥뜨렸다. 술 없이 맨 정신을 유지하고, 아이들과 떨어져 지내면서, 집 없는 상태가 오래갈수록 심각해지는 정신 건강과 신체 건강 문제를 해결해야 했다. 하지만 다행히도 든든한 지원 체계를 갖추고 있었다. 남자 친구와 그 모친은 모니크가 거의 주말마다 그들의 집에 오는 걸 환영했다. 그 덕분에 모니크는 옷을 세탁하고, 욕조에서 시간을 보내고, 가족과 함께 식사를 하고, 텔레비전을 보기도 했다. "정상인들이 하는 일을 하는 것만으로도 내 삶이 정상이 된 것 같아요." 모니크는 이렇게 말한다.

어느 날 다운타운여성센터 개별사회복지사가 모니크에게 다가와 VI-SPDAT(취약성 지수 및 서비스 우선순위 결정 지원 도구) 검사를 받아 통합 등록 시스템에 등록하기를 원하느냐고 물었다. 그 검사가 하나의 난제였다고 모니크는 기억한다. "마치 내 치료사한테 이야기하는 것 같았거든요." 하지만 다운타운여성센터의 신뢰할 만한 협력자이자 사례 관리자인 트레이시 말버러는 "할 수 있는 한 정직하고 솔직하게만 답하라"고 조언했다. "그래서 나는 솔직하게 답했어요."

"내가 신뢰하는 사람하고 VI-SPDAT 검사를 하는 게 더 좋을 것 같아요." 모니크는 이렇게 말하고는, 웃음을 터뜨리며 자신의 원숭이 모양 배낭을 정리한다. "하지만 집을 얻기 위해 그걸 검사를 해야 한다면 낯선 사람과도 했을 거예요. … 그걸 해서 거처할 집이 생긴다면, **그 사람에게** 이야기를 할 거고, 사실을 말할 거예요. 거기서 듣고 싶어 하는 얘길 할 거라고요."

12월의 어느 상쾌한 날 말버러는 모니크에게 전화를 걸어 사우스샌피드로가(街)와 5번가 모퉁이로 오라고 했다. 거기서 모니크는 SRO 주택공사가 2,800만 달러를 들여 지은 영구 지원주택 단지인 게이트웨이즈어파트먼츠Gateways Apartments의 한 아파트 열쇠를 받았다. 이 비영리 저소득층 주택 개발 회사는 통합 등록 프로그램에 의지해 107호의 주택을 놓고 경쟁하는 500명 이상 되는 대기자 명단을 일원화했고, 이 통합 등록 시스템이 모니크에게 우선순위를 부여한 것이었다. "2013년 12월 17일이었어요." 모니크가 말한다. "내가 지금까지 받은 최고의 크리스마스 선물이었죠. 집을 얻은 거예요."

모니크의 새 아파트는 32.5제곱미터 넓이의 원룸 아파트로, 벽장, 주방, 침실이 갖춰져 있었다. "문을 열었어요. 바닥 한가운데 섰죠. 그러고는 울어 버렸어요. 처음으로 신에게 감사드려요. 그 모든 걸 가능하게 해 주었으니까요. 다운타운여성센터에도 감사해요. 신이 나를 거리에서 끌어내도록 도와줬으니까요."

모니크는 왜 통합 등록 시스템이 자신에게 주거 우선순위를 주었는지 확실히 모른다. 아무도 VI-SPDAT 검사 점수를 알려 주지 않았다. "그게 어떻게 작동하는지 나한테 설명해 주지 않았어요." 모니크는 생각에 잠긴 채 찌그러진 황동 링 귀걸이를 만지작거리며 말한다. VI-SPDAT 검사는 1에서 17까지 등급을 가지고 가장 취약한 노숙인들에게 우선순위를 준다고 내가 말해 주자, 모니크는 자신이 10등급을 받았을 것이라고 추측한다. 모니크는 일부 약을 끊었는데도 게이트웨이즈의 아파트에 들어가기 몇 개월 전까지 정신 및 신체 건강이 상당히 안정되어 있었다. "멍청한 짓을 하지 않으려고 애썼죠.”

모니크는 고맙기는 하지만 좀 신경이 쓰인다. 자신은 집을 얻은 반면, 비슷한 처지에 있는 것 같은 다운타운여성센터의 다른 많은 이들은 그러지 못했다. “통합 등록 시스템에 지원한 여자들을 많이 알아요.” 모니크는 곰곰이 생각한다. “거의 3년이 지났는데, 그 사람들은 주택 지원을 받지 못한 상태였어요. 그게 좀 이상해요. … 그 사람들도 내가 겪은 것과 똑같은 불운을 겪었는데, 3년이 지나고도 집을 얻지 못한 거예요. 내 마음 한구석에서는 이런 상황이… 뭔가 잘못된 것 같다는 생각이 들어요.”

결국 모니크는 자신이 집을 얻을 수 있었던 원인을 신에 대한 믿음, 정직성과 솔직함, 그리고 행운 덕분으로 돌린다. 모니크는 깊이 감사하며 자기 아이들에게 안정감 있는 존재가 되려고 열심히 노력하고 있다. “난 일이 예정된 대로 돌아간다고 생각해요.” 모니크가 말한다. “일이 나한테 유리하게 돌아가서 기뻐요. 만약 그러지 않았다면, 난 아마 여전히 쉼터나 정신 병동에 있겠죠. … 정신적, 육체적, 정서적으로 흠씬 두들겨 맞는 데 지쳐서… 집을 마련하지 못하면 가야 할 길이 세 가지 있어요. 감옥 아니면 보호시설 아니면 죽음. 우리 엄마를 그런 곳으로 보내 고통을 겪게 하고 싶지 않아요.”

게리 보트라이트 “삼촌”은 통합 등록 시스템과 관련해서 운이 없었다. 64세인 게리는 10년 동안 노숙 생활을 했다. 2016년 5월 어느 눈부시게 밝은 날, 게리는 스키드로 변두리 이스트6번가에 있는 회색과 녹색의 천막에서 지내고 있다. 천막 위에는 비를 막기 위해 추가로 방수막을 쳐 놓았고, 입구를 지키기 위해 두 개의 쇼핑 카트를 몰아 놓았다. 문을 두드리는 대신에 다가가면서 이름을 불렀을 때, 게리는 내가 찾아올 것에 대비해 천막 안을 쓸어 내고 있었다. 그는 열린 입구를 빗자루 손잡이로 받치고, 나에게 접의자를 주고는(나는 그것을 받는다) 물 한 병을 건네준다(물은 받지 않는다. 스키드로에서 생수는 가장 중요한 물품이기 때문이다).

게리의 천막은 티끌 하나 없이 깔끔하다. 옥시크린, 세탁세제, 표백제 병이 담긴 상자들이 있다. 공상과학 소설인 싱클레어 루이스의 『그런 일은 있을 수 없다It Can't Happen Here』와 진보적인 잡지《인디즈타임스》가 에어매트리스에 놓여 있다. 게리는 건강을 유지하려 노력하고 있어서 다이어트 음료로 바꾸었다. 다이어트크랜베리, 마운틴듀, 게토레이 등 2리터들이 병 여섯 개 정도가 여기저기 흩어져 있다. 병 몇 개에는 비틀어 여는 뚜껑에 "X" 자가 여보란 듯 검은색 매직펜으로 쓰여 있다. 그건 럼주를 담아 놓은 것이거나 한밤중에 임시 변소 역할을 하는 것일지 모른다.

게리는 비꼬듯 농담을 하는 직설적인 사람이다. 가느다란 백발에 산타클로스 같은 파란색 눈동자를 가졌다. 이야기를 나누는 동안, 게리는 펠멜 담배를 피우고, 천막 안에 있는 러버메이드(미국의 가정용품 제조업체-옮긴이) 용기에 담긴 서류를 꼼꼼히 작업해 해치운다. 게리의 직업은 여남은 가지나 된다. 용접공, 석공, 준법률가paralegal(변호사는 아니지만, 법적 전문 기술이 있고 법이 허용하는 범위 내에서 활동하는 사람-옮긴이), 방문판매원, 법학도, 그리고 가장 최근에는 도매 모기지 대부업자*를 위해 서류 처리하는 일을 한다. 게리는 비우량 주택담보대출 산업이 붕괴하기 직전인 2000년대 초, 다니던 그린포인트모기지펀딩GreenPoint Mortgage Funding에서 실직했다. "난 어느 누구보다도 거기 더 오래 있었어. 거긴 이직률이 높은데 말이야." 게리가 말한다. "우리 부서 업무를 모두 외주 주는 일을 내가 거의 맡아 했지. 그 사람들(그린포인트모기지펀딩)은 문서 처리 작업을 해서 그걸 이메일을 이용해 전 세계로 보내 줄 곳을 인도에서 찾았거든." 그린포인트모기지펀딩은 2007년의 경기 침체를 일으키는 데 핵심 역할을 했고, 의도적으로 소수집단 거주 지역을 표적 삼아 약탈적 주택담보대출 상품을 팔았다. 그래서 공공청렴센터Center for Public Integrity(미국에서 가장 오래된 탐사 보도 시민 단체-옮긴이)의 "최고 비우량 대출 기관 25개사" 목록에 올랐다.

게리가 실직당한 직후, 허리케인 카트리나가 멕시코 연안 지역을 강타했다. 게리는 뉴올리언스에서 휴가를 보낼 계획을 가지고 있었다. 그래서 비행기표와 호텔 예약을 취소하고, 구호 활동을 돕기 위해 루이지애나주 커빙턴으로 가는 한 캠핑카 일행과 어울리게 되었

---

* 소비자와 직접 거래하며 대출을 해 주는 시중은행을 소매 대부업자retail lender, 중개인, 신용조합 등의 제3자를 통해 대출을 제공하는 기관을 도매 대부업자wholesale lender라고 한다.

다. 이 작은 두시의 보그팔라야강과 체펑크트강이 갈라지는 곳, 임시 "커빙턴 야영지"에서 게리는 야숙을 하면서 재해 복구를 도왔다. "지금까지 내가 보낸 최고의 휴가였지." 게리가 말한다.

게리는 오렌지 카운티로 돌아와 실업수당을 신청하고 취업 시장으로 되돌아갔다. 학사 학위가 있고 도매 주택담보대출업으로 쌓인 경력이 상당하지만, 그 무렵 이 산업이 무너지고 있었다. 디즈니랜드 근처 한 수수한 주거지역에 있는 게리의 집은 실업수당 수표가 제때 도착하지 않자 위태로워졌고, 그는 "주택 관리자와 부딪치기" 시작했다. 직장을 잃기 전, 게리는 신형 중고차를 구매했다. "그 차값으로 현금 6,500달러를 지불했지." 게리가 말한다. "주행거리가 얼마 안 됐고, 내가 차 관리를 잘했어. 그게 내 돼지 저금통이었지. 그래서 실업수당을 받는 마지막 달이 시작되면서도 '별일 아니야.'라고 생각했어. 최악의 경우에는 그 차를 팔아 1,000달러짜리 고물 자동차를 살 수가 있으니, 대비책을 갖고 있었어. 나는 장래 계획을 세우고 있었지. 내가 해야 할 일을 하면서."

그러던 게리는 공영 주차장에 차를 뒀다가 주차 위반 딱지를 떼였다(게리는 그게 부당했다고 주장한다. 그리고 나중에 법원에 이의를 제기했다). 게리의 차는 견인되어 압수되었다. 게리는 압수된 차를 빼내 올 형편이 안 돼서 그걸 팔아 현금을 확보할 수가 없었다. "다시 말하면, 경찰이 내 돼지 저금통을 훔쳐간 거지."

게리는 실업수당이 바닥나자 살고 있던 수수한 집에서 쫓겨났다. 더 이상 임대료를 낼 수가 없었다. 이제 거주할 곳이 없어진 그는 산타아나로 향했다. 오렌지 카운티의 여러 사회복지 기관이 집중되어 있는 곳이었다. 하지만 산타아나는 경찰의 노숙인 단속이 집중적으로 이루어지는 곳이기도 했다. 1992년의 한 조례는 공원에서의 야영을 불법화했다. 경찰서장 폴 월터스는 매주 노숙인들을 몰아넣고 딱지를 발부하는 노숙인 "일제 검거"를 실시해 널리 비판을 받았다. 월터스는 이를 "범죄가 발생하기 전에 범죄와 싸우려는 노력"이라고 규정했다.

게리는 법 집행과 수시로 충돌하기 시작했다. 5년 동안, 노숙과 관련된 범죄로 25차례나 딱지를 발부 받았다. 그 사유는 불법적인 공원 출입과 점거, 보안관의 퇴거 명령 불이행, 공공장소에서의 개인 소유물 보관, 무단횡단, 쓰레기 투척, 쇼핑 카트 무단 반출 등이었다.

오렌지 카운티 고등법원 판사가 협상을 제시했을 때, 게리는 징역형을 받아야 할 처지였다. 판사는 오렌지 카운티를 떠나 다시 돌아오지 않는다면 모든 딱지를 없애 주겠다고 했다. 게리는 이 협상을 받아들여 북쪽으로 51킬로미터 떨어진 스키드로로 옮겨 왔다.

스키드로로 옮긴 후, 게리는 VI-SPDAT 검사를 세 차례 받았는데, 그 과정에서 인내심을 잃었다. 맨 처음 받은 건 2015년 4월이었다. 게리는 1시간 동안 버스를 타고 27킬로미터 떨어진 랭커심대로(大路)에 있는 미국자원봉사단 사무실로 갔다. 게리는 아침 5시나 6시까지 도착하려고 했다. 그러면 오전 8시 문이 열리기 전에 줄을 설 수 있을 터였다. 게리는 엘에이가족주택L.A. Family Housing(로스앤젤레스의 노숙위 서비스-옮긴이)에서 통합 등록 시스템을 안내하는 딜런 와일드를 만나 검사를 받았다. 와일드는 게리가 캘리포니아에 있는 수백 채의 저소득층 아파트를 감독하는 민영 회사인 알파자산관리Alpha Property Management와 약속을 잡게 했다.

하지만 그 방문은 실패작이었다. 알파자산관리의 대기자 명단에 올라가려면 3년에서 5년 동안의 증명 가능한 임대 이력이 있어야 하고, 신용 기록이 좋아야 한다는 말을 아무도 해 주지 않았다. "노숙인이 집을 얻는 데 그 모든 게 무슨 관련이 있다는 거요?" 게리가 목소리를 높여 내게 묻는다. 더군다나 게리는 알파자산관리가 대기자 명단에 올라갈 자격을 주려고 요구한 출생증명서의 복사 비용을 내놓길 거부했다. "난 이런 식의 게임을 오래 했지. 그러니 호주머니를 털어 **내** 돈을 쓰고도 집을 얻지 **못하는** 짓은 하지 않을 거야. 와일드가 아주 초짜, 신규 채용자였다고 생각해. 어린 친구였거든. 그 친구가 자기가 무슨 일을 하게 된 건지 알아차렸는지 몰라. 어떻게 됐나 알아보려고 연락해 봤지만, 그 친군 사라졌더군."

게리는 건강주택국 담당자와 두 번째로 VI-SPDAT 검사를 받았다. 건강주택국은 로스앤젤레스 카운티 보건부의 한 분과로 "복합적인 의료 및 행동 건강 이력"을 가진 사람들에게 주택을 제공받을 기회를 만들어 주는 데 주력한다. 개별사회복지사가 게리의 정신 건강 병력에 접근할 수 있도록 해 달라고 요청해, 게리는 오렌지카운티가 가진 자신의 정신 질환 기록을 공개하도록 하는 동의서에 서명했다. "검사를 받았지만, 내가 사회보장 카드를 안 가져갔더군.

그래서 나는 그 사무실로 다시 갔고 우린 일을 진행했지. 그 친구는 내가 어디에 있는지 알아. 하지만 회답을 못 받았어."

세 번째로 VI-SPDAT 검사를 받을 때는 경찰과 위생국 사람들이 게리가 천막을 쳐 둔 이스트6번가로 왔다. 한 거리 봉사 활동가가 그들과 함께 있었는데, 로스앤젤레스노숙인서비스청 비상 대응 팀의 조지 토머스였다. 게리가 이미 VI-SPDAT 검사를 몇 번 받았다고 말하자, 토머스는 자기가 건강주택국이나 엘에이가족주택보다 검사를 더 잘해 줄 수 있을 거라고 대답했다. "그 친구가 그러더군. '아닙니다. 내가 그 사람들보다 더 잘할 수 있어요.' 그 친구 말로는, 불필요한 요식을 생략하는 방법이 있다더군. 그 친군 경찰과 함께 일하면서 사람들한테 주택에 대해 이야기하고 있었지." 게리는 정해 놓은 약속 시간에 전화를 해 메시지를 남겼다. 토머스가 다시 전화해서 게리의 휴대전화에 답을 남겼지만, 말이 너무 빨라 알아들을 수가 없었다. 게리는 다시 전화를 걸어 설명을 요청했다. 하지만 다시는 연락이 없었다.

게리는 자신의 VI-SPDAT 검사 점수가 아주 높다고 생각하지 않는다. 게리는 64세이고, 혈압이 약간 높으며 청력 문제가 있다는 것 말고는, 대체로 건강하다. 어떤 사람들은 그를 쿠시Kush(인도 쿠시 지방에서 나는 대마초의 일종-옮긴이) 대장으로 알고 있고, 천막의 마운틴듀 병에 럼주를 담아 두고 있기는 하지만, 약물 사용으로 폭력적이 되거나 심신이 쇠약해지는 것 같지는 않다. 게리는 오렌지 카운티가 갖고 있는 자신의 정신 건강 서류철에 뭐라고 되어 있는지 확실히 모른다. 아무도 게리가 받은 진단에 대해 알려 주지 않았다. 사실, 산타아나 딱지에 관한 심리를 맡은 판사가 게리에게 정신 질환 기록이 있다고 말한 건 뜻밖이었다.

게리는 이 지역 개별사회복지사들이 자신을 까다로운 사례로 보고 있는 것이 아닐까 의심한다. "난 빈대가 있는 시설은 받아들일 수 없다고 못 박거든. 난 빈대를 단기간에 없애는 법을 알아. 하지만 임차인들이 빈대를 없앨 순 없지. 그건 집주인이 할 일이니까. 그런데 그 사람들은 그걸 하지 않아." 게리가 휴대전화기를 포기할 수 없다고 거부하는 바람에, 구세군 긴급 쉼터의 자리를 얻을 수가 없었다. "구세군에 들어가려면 전화기가 필요한데, 날더러 전화기를 포기하라고? 안 되지." 근본적으로, 게리는 그게 자신의 자기 결정권과 성인으로서의 의사 결정권을, 자신이 받아들일 수 없는 집에 대한 접근권과 교환하는 것이라고 본다. "난 유모가 필요 없어. 내가 어디를 가고 무엇을 하고 인생을 어떻게 살아야 하는지 시키려 들지 말라고. 어떤 합리적이고 성숙한 어른도 그런 걸 조종할 순 없어. 아무도 어리석은 짓을 하는 유모를 원치 않아." 자신이 집을 얻지 못하는 건 "굽히고 들어가지 못하기" 때문이라고 게리는 추측한다. "내 인격은 여전히 통합성을 유지하고 있거든. 그리고 그건 파는 게 아니야."

⊕

스키드로는 로스앤젤레스 통합 등록 시스템의 시초였는데, 충분히 그럴 만하다. 다운타운로스앤젤레스에는 노숙인 수가 가장 많고(2017년 기준 1만 5,393명) 노숙 인구가 가장 집중되어 있다. 하지만 몇 킬로미터만 가도 노숙인 수가 거의 같은 수준이지만 훨씬 주목을 덜 받는 지역이 있다. 바로 사우스로스앤젤레스다. 클리그 등(영화 촬영용이나 조명용의 강한 아크 등—옮긴이)으로 도심을 환히 비추는 정책의 그림자에 가린 채 노숙하며 악전고투를 벌이는 이곳 사람들에게는, 통합 등록 시스템이 아주 색다른 경험이다.

사우스로스앤젤레스는 10번 고속도로 아래, 미드시티를 둘러싸고 있는 130제곱킬로미터 면적의 지역이다. 예전에는 사우스센트럴로 알려져 있었는데, 시 의회는 2003년 이 지역의 브랜드 이미지를 쇄신했다. 어떤 이들은 근래 들어 급증하고 있는 "현금으로 집 삽니다Sell your house for CA$H"라는 표지판, 엑스포와 크렌쇼 경전철선의 확대가 다가올 젠트리피케이션(고급주택화)gentrification 물결의 전조라고 말한다.

나는 스키드로에서 사우스로스앤젤레스행 버스를 타고, 모니크 톨리가 패스웨이즈 쉼터에서 다운타운여성센터까지 매일 오가던 길을 반대로 가고 있다. 스키드로와 사우스로스앤젤레스, 이 두 지역은 그 역사가 깊이 뒤얽혀 있다. 앨러미다가(街)는 마치 대동맥처럼 유니언역에서 시내를 거쳐, 고속도로 아래 스키드로의 동쪽 경계를 따라간 다음, 남쪽으로 버넌, 와츠를 지나 마침내 컴프턴에 이른다. 앨러미다코리더Alameda Corridor(롱비치와 로스앤젤레스의 항구를 다운타운로스앤젤레스 동부 횡단 철도망에 연결하는 화물 전용 고속철도-옮긴이)는 제2차 세계대전 후 폭발적으로 성장한 로스앤젤레스의 방위산업과 자동차산업의 본거지였다.

또 이 거리는 로스앤젤레스의 가장 군건한 인종 간 경계선 가운데 하나를 대략 보여 준다. 1948년 대법원이 인종 제한 규약을 위헌으로 판단하기 전에는, 로스앤젤레스 부동산의 80퍼센트가 흑인 가정을 들이지 않겠다는 서약을 했다. 앨러미다가 동쪽으로는 백인 노동 계층이 거주하는 교외 지역이 있었다. 서쪽으로는 아프리카계 미국인 가정이 거주할 수 있는 몇 안 되는 지역 가운데 두 곳인 사우스센트럴과 와츠가 있었다.

전쟁 이후 급속한 경제 발전이 이루어진 시기를 지나 군비 지출이 감소하고 자동차 공장이 폐쇄된 결과, 사우스로스앤젤레스의 실업률은 14퍼센트에서 좀체 떨어지지 않고 있는데, 이는 로스앤젤레스 카운티에서 가장 높은 수치다. 이 지역은 로스앤젤레스 최대 규모의 두 공공 주택 단지, 즉 니커슨가든스Nickerson Gardens와 조던다운스Jordan Downs의 터전이다. 그런데도 미국 전역에서 가장 과밀한 주거 환경을 가지고 있다.

1980년대 제조업의 쇠퇴로 실직한 사우스로스앤젤레스의 수많은 노동 연령대 흑인 남성들이 스키드로로 갔다. 지난 10년 동안, 그 동향이 뒤바뀌었다. 적극적인 치안 활동과 도심을 압박하는 젠트리피케이션 과정이 집 없는 많은 사람들을 사우스로스앤젤레스로 몰아넣었다. 하지만 이 지역은 이에 대응할 자원이 부족하다. 도심에 비해 쉼터의 침상 수가 절반이 채 되지 않고, 영구 지원주택의 침상 수는 7분의 1에 지나지 않는다. 그런데도 2008년 그룹서비스Services for Groups의 한 보고서에 따르면, 도심과 스키드로에서는 매년 노숙인 한 사람당 1,132달러의 보조금을 받은 반면, 사우스로스앤젤레스에서는 겨우 607달러를 받았다.

지역 내 노숙인이 증가함과 동시에 다른 지역 노숙인들이 유입된 반면, 사우스로스앤젤레스가 가진 자원은 대단히 한정되었다. 그 결과 거대한 야외 천막 도시가 생겨났다. 2017년 로스앤젤레스 대도시권 노숙인 수치에 따르면, 사우스로스앤젤레스 노숙인의 75퍼센트가 거처를 얻지 못하고 완전히 보호에서 벗어나 있다. 2,364명의 노숙인이 쉼터의 침상이나 영구 지원주택을 얻은 반면, 6,879명은 사실상 사우스로스앤젤레스의 저소득층 주택 공급원이 된 임시방편의 천막에서 살고 있다. 이 가운데 70퍼센트가 흑인이다.

쾌네서 헌트는 사우스로스앤젤레스에서 가장 규모가 큰 긴급 쉼터인 패스웨이즈투홈Pathways to Home의 전직 노숙인 서비스 책임자이다. 2016년 2월 내가 방문한 날, 헌트의 사무실은 시민권 운동가와 종교적 경구를 담은 포스터로 장식되어 있고 바닐라 향이 났다.

헌트의 달력에는 이런 말이 씌어 있었다. "내 믿음은 돈이나 물건에 있지 않다. 내 믿음은 하느님에 있다." 하지만 사우스로스앤젤레스에서 나고 자란 헌트는 아주 세속적이고, 사악함에 가까운 유머 감각을 가지고 있다. 헌트는 기다란 검정 가죽 부츠와 순수한 산호색 매니큐어를 즐긴다. 컴퓨터 모니터 모퉁이 밑에는 물방울무늬 바탕의 작은 팻말이 끼어 있다. 거기에는 이렇게 씌어 있다. "제기랄: 나의 새 좌우명."

"사우스로스앤젤레스는 다른 모든 지역사회와 비슷해요." 헌트가 말한다. "저소득층, 빈곤층, 중산층, 아주 부유한 층이 있죠. 크렌쇼 너머 서쪽, 거기는 레이머트파크예요. 자택을 소유한 중산층 아프리카계 미국인들이 사는 동네죠. 좀 더 가면 윈저힐스인데, 거긴 부자 동네예요. 사우스이스트는 가난에 찌든 지역이고. 하지만 우린 모두 공동체예요. 내가 사는 거리에서는 모두가 서로를 알아요. 사우스로스앤젤레스 사람들은 같은 바람을 가지고 있죠. 그러니까, 푸짐한 식사, 머리를 덮어 줄 지붕, 아이들이 양질의 교육을 받게 하는 것 따위 말이에요. 사우스로스앤젤레스는 아주 가족 지향적이죠. 우리 할머니는 여기서 다섯 세대를 봤어요."

이 쉼터는 바느질하는 의류 노동자로 가득한 나지막한 창고와 평지에 둘러싸여 있다. 이곳에서 보이는 도심의 전망이 인상적이다. 도심은 북쪽으로 5킬로미터 떨어진 곳에, 보석으로 장식한 섬처럼 떠 있다. 패스웨이즈투홈은 사우스로스앤젤레스의 주택난과 몹시 부족한 자원 사이의 간극을 메우려 애쓰고 있다. 이곳은 야간에 대략 315명의 남성과 115명의 여성에게 침상을 제공한다. 나지막하고 커다란 베이지색 건물에는 두 뼘 정도의 공간을 사이에 두고, 2단 침대들이 빽빽이 들어차 있다. 직원들은 모든 사람이 환영받는다는 느낌을 받게 하고 이곳에 오는 이들의 존엄성을 지켜 주려 노력하지만, 이 건물이 주는 느낌은 그것의 본질 그대로다. 다름 아닌 사람 창고 말이다.

사례 관리자 리처드 렌터리어Richard Renteria는 패스웨이즈를 여기저기 안내해 주면서, 패스웨이즈가 위해 감축harm reduction(음주, 불법 약물 등의 문제를 해결하려 할 때, 사용을 금지시키는 것보다, 그 자체를 인정하고 위해한 결과를 줄이는 데 초점을 맞춘 실용적인 정책적 접근법-옮긴이), 그리고 주거 우선이라는 두 가지 방침을 따른다고 설명한다. 이는 일단 누군가 이곳에 들어오면 보호를 받을 수 있도록 패스웨이즈 직원들이 힘닿는 한 뭐든 할 것이라는 뜻이다. 술에 취한 사람이라면, 식사를 하게 해서 침대에 들어가게 할 것이다. 공격적인 사람이라면, 바깥 테라스로 내보내 진정시킬 것이다. "290조 범죄자들"(캘리포니아주 형법 290조는 성범죄자 등록법-옮긴이), 즉 감옥에서 풀려나 달리 갈 데가 없는 성범죄자들을 받아들일 것이다. 계속 싸우려 드는 사람들만이 쫓겨나 혼자 힘으로 살아 나가야 할 것이다.

렌터리어를 비롯한 직원들은 찾아오는 사람들을 따뜻하게 맞이해, 눈을 마주치고, 관계를 맺는다. "모두가 사연을 갖고 있죠." 렌터리어가 말한다. "모든 사람이 자신의 장애물, 목표, 꿈과 더불어 다양한 사연을 가지고 있어요." 하지만 이 쉼터는 아주 많은 공간을 가지고 있을 뿐이고, 근처 구역들에는 여전히 작은 천막촌들이 여기저기 흩어져 있다. 브로드웨이와 웨스트38번가 모퉁이의 나무들 아래에도 천막들이 자리하고 있고, 슬픈 아이러니지만 브로드웨이 대로(大路)와 마틴루서킹주니어대로(大路) 모퉁이에서도 몇몇 천막들을 볼 수 있다.

패스웨이즈는 공식적으로 90일 동안 머물 수 있는 쉼터이지만, 3개월 동안 거처를 제공받기는 거의 불가능한 일이다. 이 지역의 "주택 재고량은 0"이라고 헌트는 말한다. 적정 주택affordable housing 은 특히 찾기가 어렵다고 한다. "게다가 높은 시세는 어쩌고요? 여기 있는 사람들은 그 돈을 낼 형편이 안 돼요." 패스웨이즈에서 통합 등록을 전담하는 윌리엄 멘지바는 이에 동의한다. "사람들을 이곳 주택과 연결시켜 줄 수가 없어요. 통합 등록 시스템을 통해 접근할 수 있는 주택이 없거든요."

사우스로스앤젤레스에서 통합 등록 시스템을 이용하는 일은 온라인으로 데이터를 찾는 것이라기보다는 장애물 코스를 달리는 것과 같다. 첫 번째 장애물은 VI-SPDAT(취약성 지수 및 서비스 우선순위 결정 지원 도구) 검사 자체다. 패스웨이즈 직원은 다른 곳에서 평가를 받아 아주 낮은 점수를 받은 사람들을 자주 본다. 시간을 좀 보내면서 패스웨이즈의 사례 관리자들을 알게 된 후에는, 많은 이들이 좀더 거리낌 없이 마음을 터놓는다. 멘지바가 기억하는 어떤 사람은 다른 사회복지 단체에서 검사를 받아 17점 중에 1점을 받았다 한다. 그 사람은 패스웨이즈에 와서 재평가를 받았는데, 16점이 나왔다.

"난 데이터에는 동의해요." 헌트가 말한다. "하지만 데이터는 데이터를 수집하는 사람만큼만 믿을 수 있죠."

패스웨이즈는 이야기를 들어 주는 데 중점을 두면서, 스토리워크 story-work(그 사람의 과거, 현재, 미래를 알아보기 위해 개입하는 사회복지 업무의 한 방식-옮긴이)를 이용해 신뢰를 쌓는다. "인간적으로 접촉하지 않으면 사람들이 어떤 상태인지 정말로 평가할 수가 없어요. 사람들이 마음을 터놓게 하려면 우선 신뢰를 얻어야 하죠." 하지만 사우스로스앤젤레스에서, VI-SPDAT 검사 점수가 높다는 건 진퇴양난의 상황이다. 이 지역에는 영구 지원주택이 아주 적기 때문에, 패스웨이즈에 오는 사람들은 개인 주택에서 독립해 살 수 있는지 여부를 결정하기 위해 두 번에 걸친 주택 당국과의 면담을 거쳐야 한다. 패스웨이즈에 오는 사람들은 VI-SPDAT 검사 점수가 높으면 주택법 제8조*에 따른 바우처를 받을 자격을 얻을 수 있다. 그런데 이는 그 사람이 혼자 살기에는 너무 취약하다는 표시일 수도 있다.

"주택 당국이 아주아주 까다로울 수 있어요." 멘지바는 말한다. 만약 패스웨이즈에 온 사람이 VI-SPDAT 검사에서 16점을 받으면, 쉼터에 더해 집세 지원과 보완적인 사회복지 서비스를 모두 제공하는 돌봄 바우처를 받을 자격을 얻어야 한다. "하지만 그러면 주택 당국은 이렇게 말하죠. '당신은 실제로 혼자 독립해서 살 수 없어

---

*　주택법 제8조는 현재 저소득층 가구를 대신해서 민간 임대주에게 임대주택 지원금을 지급하는 것을 승인한다. 이 제8조의 중심 내용은 약 210만 가구의 집세와 공공요금의 대부분을 지불해 주는 주택 선택 바우처 프로그램에 대한 것이다.

요. 의사나 정신과 의사에게 가서 당신이 물을 끓이다가 건물을 태워 먹는 일은 없을 것임을 알려 줄 만한 걸 받아 와요.' 주택 당국은 서비스를 **이용하지 못하게 막으려고** 면담하려는 것 같아요. 나는 서비스를 **이용할 수 있게 하려고** 면담하는 반면에 말이죠." 그래서 패스웨이즈 개별사회복지사들은 이들에게 주택 당국과의 면담을 법원 절차처럼 대하라고, 재판을 받는 것처럼 행동하라고 조언한다. "미리 그러라고 하고 싶진 않지만, 우린 이렇게 말해 줘요. '질문받은 것에 대해서만 대답하세요. 어떤 추가 정보도 누설하지 말고.'"

사례 관리자와 민원인이 VI-SPDAT 검사와 주택 당국과의 면담이라는 험난한 암초를 헤쳐 나가는 데 성공하면 모두가 갈망하는, 제8조 법에 따른 바우처를 얻는다. 하지만 이 바우처 프로그램은 스키드로의 비영리 조직이 지은 것과 같은 영구 지원주택 대신에 민간 부동산 시장에 의존한다. 부동산 자본주의, 언제나 빡빡한 임대 시장, 그리고 임대주의 편견이 사우스로스앤젤레스 통합 등록 시스템 장애물 코스의 마지막 장애물이다. 패스웨이즈 민원인이 민간 임대주가 내놓은 주택을 찾으리란 보장이 없다. 8조 바우처를 손에 쥐고 있는데도 말이다.

패스웨이즈 직원이 "일상의 기능을 거의 하지 못하는 취약한 민원인"을 데리고 주택을 구하러 다니면 "임대주들은 그 사람을 보고, 그 행색을 보고서, 최악을 염두에 두겠죠." 렌터리어가 말한다. 8조 바우처는 6개월 후 만료되고, 그 과정은 처음부터 다시 시작된다. "민원인들이 그 자리에서 그걸 보는 거예요. 그러니 좌절하는 거죠." 렌터리어는 말하면서 한숨을 내쉰다. "많은 민원인들이 그냥 가 버리고 말아요." 집은 필요를 충족시키기에 충분할 정도로 빠르게 회전되지 않는다. "만약 우리 민원인 하나가 집을 얻으면, 그 사람이 이사를 결심하거나 일자리를 찾아 독립해서 살게 되거나 사망하거나 쫓겨날 때쯤엔, 우린 이미 **1,000명**은 되는 다른 사람들을 평가해 본 상태인 거죠." 멘지바는 이렇게 말을 맺는다.

VI-SPDAT 검사를 완료하고 로스앤젤레스시주택청과의 면담을 성공적으로 마칠 수 있는 사람은, 제8조 법에 따른 바우처를 얻어서, 적극성을 가지고 도움을 받아 가며 신이 닳도록 오랫동안 고생스레 찾다 보면, 마침내 집을 찾을 수 있을지 모른다. 하지만 통합 등록 시스템의 약속이 실현되지 않으면, 많은 노숙인들이 의기소침해진다. "우린 첫 3개월이 안 돼서 알게 됐어요. 그 사람들한테 다시 그 과정을 시작하게 하려 하면 역정을 낸다는 걸." 역시 사우스로스앤젤레스에 있는 '노숙인 지원활동프로그램 통합관리시스템'의 버라니커 루이스는 말한다. "이런 거죠. '집이 어디 있어?' 일정 기간, 사람들이 우리에게 묵묵부답인 소강상태가 있어요. 화가 난 거죠. 당신네가 여기 와서 정보도 수집해 갔는데, 대체 결과가 뭐냐는 거예요."

이들의 냉소는 부당하지 않다. 노숙인들이 로스앤젤레스의 만성 주택난에 대한 특효의 해결책을 제시받은 건 처음이 아니다. "만나서 온갖 질문을 해 대고 뭔가를 약속하고서는 다시 연락이 없는 노숙인 서비스들이 많아요." 리처드 렌터리어가 말한다. "그러니까,

그 사람들은 온갖 정보를 얻어 이 데이터베이스를 만들고, 노숙인이 몇천 명이라는 이야기를 하지만, 다시 와서 도움을 주지는 않는 거죠."

✦

모니크 톨리에게, 통합 등록 시스템은 신이 주신 선물이었다. 일부 사람들에게는, 이 시스템이 잘 기능한다. 만약 가용 주택이 있다면 말이다. 모니크가 VI-SPDAT 검사를 받았을 때, 신축 게이트웨이즈 아파트 단지가 막 문을 열 참이었다. 신청자 500명 가운데 모니크가 선정되었고, 모니크의 삶은 호전되었다.

하지만 주택 건축이나 용도 변경에 대한 공적 투자가 충분하지 않은 상황에서, 통합 등록 시스템은 노숙을 해결하기 위한 것이 아니라 관리하기 위한 시스템이다. 램프커뮤니티의 헤이즐 로페즈는 2015년 대부분 시간을 직원들에게 이 통합 등록 시스템을 부풀려 선전하지 말 것을 독려하며 보냈다. "이건 분명 기대를 관리해야 하는 문제예요." 로페즈가 말했다. "통합 등록 시스템이 처음 시작되었을 때, 사람들은 이렇게 이해했죠. 누군가를 이 시스템에 집어넣으면 주택을 제공받을 수 있는 기회와 연결될 거라고요. 그 사람들에게 메시지를 지속적으로 줘야 했어요. 우리가 추가 자원을 가지고서 일하는 게 아니라, 단지 더 효율적인 방식으로 대상 자원을 찾아 이용하는 것일 뿐이라고 말이죠."

"가용 자원이 늘지 않고는 노숙인 문제를 해결할 수 없어요."로 스앤젤레스 카운티 수퍼바이저 실러 쿠엘의 주택 및 노숙 분야 보좌관인 몰리 리스먼이 말했다. "가능한 한 한 푼이라도 아껴 써야 한다는, 다시 말해 가능한 한 아주 효율적이고 효과적이어야 한다는 압박감이 있어요. 통합 등록 시스템은 우리가 훨씬 더 효율적이도록 만들었죠. 하지만 자원 없이는 노숙을 끝낼 가능성이 없어요." 통합 등록 시스템을 설계한 크리스 코는 이에 동의했다. "통합 등록 시스템이 꼭 필요하지만 그것만으로는 충분치 않아요. 그건 거기 입력된 자원을 더 효율적으로 이용하기 위한 도구죠. 하지만 우린 지속적인 보조금 공급원이 필요합니다."

2015년 6월 코는 통합 등록 시스템이 로스앤젤레스 카운티의 주택난에 대해 좀 더 정확한 정보를 제공해서 혁신적인 정책 변화에 기여할 수 있기를 바란다고 말했다. "우린 노숙인 주거의 공급 및 수요와 관련해서 이렇게 분명한 데이터를 가져 본 적이 없었어요. 이 데이터로 어떤 종류의 주거가 어떤 종류의 사람들에게 필요한지 확인할 수 있거든요." 2017년 5월 무렵에는 코의 낙관론과 지역사회의 노력이 결실을 얻는 듯 보이기 시작했다.

현재 로스앤젤레스 시장 에릭 가세티는 2016년 1월 이 도시 역사상 가장 종합적인 노숙인 계획을 발표했다. 이 계획은 통합 등록 시스템에 상당한 지원을 제공한다. 노숙 위기에 직면한 사람들이 신속하게 다시 집을 구할 수 있도록 하는 프로그램을 활성화하고, 보증금, 집세 지원금, 이사 비용, 사례 관리비 같은 경비에 쓸 현금을 소액 제공한다. 또 기존 민간 건물을 단기의 가교 역할을 하는 주택으로 개조하는 사업을 지원하고, 임대주가 제8조 법에 따라 주택 바우처를 받은 사람들을 세입자로 받아들이도록 장려하는 우대책을 제시한다.

최근 로스앤젤레스시 유권자들은 두 번의 주민투표를 통해 저소득층 주택과 노숙인 서비스를 위한 재정 지원을 늘리는 두 가지 투표법안을 통과시켰다. 법안 HHH는 로스앤젤레스시가 1만 3,000호의 주택을 비롯해 정신 건강 센터, 병원, 그 밖의 노숙인 대상 서비스 시설을 구매하거나 건축하거나 개조하기 위해 12억 달러의 채권을 발행하도록 인가했다. 이 법안은 2016년 11월 77퍼센트라는 놀라운 투표율로 통과되었다. 두 번째로, 법안 H는 노숙인 서비스와 노숙인 예방을 위한 재원을 마련하기 위해 카운티의 판매세를 10년간 0.25퍼센트 인상하도록 인가한다는 내용이다. 법안 H는 2017년 3월 69퍼센트의 투표율로 통과되었다.

코는 이런 예상치 못한 정책 변화에서 통합 등록 시스템이 그다지 대단하지는 않지만 중요한 역할을 했다고 말했다. 이 시스템이 수집한 데이터가 홈포굿이 시장 집무실에 제시한 임시 예산의 격차 분석gap analysis(현재의 상태와 바람직한 목표 간의 차이를 분석하는 것-옮긴이)을 하는 데 도움이 되었다. 그들은 통합 등록 데이터를 이용해 어떤 종류의 주거가 필요한지 "파악"했다. 그 결과, 약 1만 호의 영구 지원 주택에 더해, 신속한 노숙 탈출을 위해 중간에 이용할 수 있는 새로운 임시 쉼터의 침상과 추가 재원이 필요했다. 코는 지역의 통합 등록 시스템 협력 단체들을 독려해 주거 및 인적 자원, 다시 말해 새로운 주거뿐 아니라 "실제로 각 개인이 노숙에서 벗어나 집으로 가는 길에 동행할" 개별사회복지사를 포함한 "꿈의 예산안"을 만들게 했다. 이들은 직원 채용 비용을 약 1억 달러로 하자는 제안을 "내던졌다". "주말 동안 그걸 했죠." 코가 말했다. "그리고 어쨌든 그게 시장 집무실로 넘어갔더군요. 우리에게 무엇이 필요한지에 대한 성명서에서 그 수치가 튀어나왔으니까요." 또한 통합 등록 시스템이 설계되고 시행되는 과정에서 발전한 지역 네트워크는 지역사회의 지지층을 공고히 해, 법안 H와 HHH가 통과되는 데 도움이 되었다.

하지만 코는 이 법안들이 실제로 통과된 것은 순전히 로스앤젤레스 주택난의 규모와 가시성 때문이라고 생각한다. 두 건의 법정 소송(2006년 존스 대 로스앤젤레스시 소송Jones v. City of Los Angeles과 2012년 레이번 대 로스앤젤레스시 소송Lavan v. City of Los Angeles)은 생존, 자유, 재산에 대한 노숙인의 권리를 재확인했다. 로스앤젤레스시는 이곳 카운티에서 가장 구속이 심한 반(反)노숙 법령들 가운데 하나인, 로스앤젤레스 지방자치법 제41조 18(d)항을 가지고 있다. 이 법령은 인도에서 잠을 자거나 인도에 앉아 있으면 6개월 구금과 벌금에 처한다고 위협한다. 존스 대 로스앤젤레스시 소송에서, 법원은 가용 쉼터 침상이 없는 상황에서 인도에 앉아 있거나 인도에서 잠자는 행위를 금지하는 것은 잔인하고 심상치 않은 처벌이라고 판결했다. 이는 노숙에 대처하는 것이 아니라, 노숙인들을 범죄자 취급하는 것이다. 법원은 1,250호의 추가 영구 지원주택이 건축될 때까지는, 로스앤젤레스시 경찰청이 오전 6시부터 오후 9시 사이의 12시간 동안 제41조 18(d) 항을 집행하지 않겠다는 정책 방침을 발표할 것을 명령했다.

2012년까지는 로스앤젤레스시경찰청도 천막, 방수포, 침낭, 쇼핑 카트, 그리고 노숙인의 여타 재산을 사전 통보 없이 압수하고 파괴 했다. 레이번 소송 이전에는, 스키드로 주민들이 개별사회복지사와 이야기를 나누거나, 샤워를 하거나, 식사를 하고 돌아갔을 때 소지 품이 사라진 경우가 흔했다. 레이번 소송의 판결은 개인의 재산이 일반 시민들에게 위협을 가하거나 범죄의 증거에 해당하지 않는 한 압수하는 것을 금하고, "유기된" 상태로 수집된 재산은 폐기되기 전 90일 동안 안전한 장소에 보관해 둘 것을 요구했다. 레이번 소송과 존스 소송은 수정헌법 제8조, 제4조, 제14조*가 주거가 있는 사람들 뿐 아니라 주거가 없는 사람들에게도 적용되며, 정부가 임의로 노 숙인을 가두거나 이들의 사생활을 침해하거나 재산을 압수할 수 없 다고 보았다.

이 두 판결은 노숙인의 권리를 재확인해 이들을 괴롭히고 체포

---

* 제8조는 과다한 벌금 및 형벌 금지를 다룬 조항이다. 또한 제4조는 국민의 사생활 침해 금지를 다룬 조항으로, 신체, 가택, 서류 및 동산의 안전을 보장받는 국민의 권 리가 정부의 부당한 수색, 체포, 압수에 의해 침해될 수 없다고 규정한다. 제14조는 원래 노예 출신 흑인과 그 후손의 권리를 보장할 목적으로 규정된 것으로, 적법 절 차 조항과 평등 보호 조항이 포함되어 있다.

하는 아주 흔한 관행을 중단시킴으로써, 도시 전역에 늘어나는 반영구적 천막촌들을 사실상 보호했다. 존스 소송과 레이번 소송의 결과로 "노숙인들이 폭발적으로 눈에 띄게 되었기" 때문에, 법안 H와 HHH가 통과되었다고 코는 생각한다.

통합 등록 덕분에, 정확히 어떤 종류의 자원이 각 지역에 필요한지 보여 주는 나무랄 데 없는 지역별 수치를 가지고, 통합 등록 시스템 관계망 내 일원들이 시 의회와 수퍼바이저 위원회 회의에 참석할 수 있게 됐다고 코는 지적했다. 하지만 주택난을 공동으로 책임지기로 한 로스앤젤레스 사람들의 결정 이면에 있는 진짜 원인은 더 훌륭한 데이터가 아니라, 천막 도시의 확산이었다.

로스앤젤레스노숙인서비스청의 2017년 노숙인 수치에 따르면, 로스앤젤레스 카운티에는 5만 7,794명의 노숙인이 있다. 2014년 이후 노숙인 서비스 단체들은 VI-SPDAT로 전체 노숙인의 35퍼센트에서 50퍼센트 사이에 해당하는 3만 1,124명을 검사했고, 이들 단체가 개입하는 3년 동안 많은 사람들이 노숙과 주거 사이를 오간다고 추정했다. 통합 등록은 그 가운데 9,627명을 주거 또는 주거 관련 자원과 연결시켰다. 통합 등록에는 지금까지 거의 1,100만 달러의 비용이 소요됐을 것이라고 코는 추산한다. 실제 주거나 서비스를 제공하는 비용이 아닌, 기술 자원과 소프트웨어와 추가 인력에 대한 비용만 해서 그렇다. 통합 등록 시스템이 1인당 대략 1,140달러의 비용을 들여 주거 자원에 접근할 수 있게 한 것은 전체 노숙 인구의 17퍼센트였다. 이를 두고 돈을 잘 썼다고 주장하기는 어렵다.

로스앤젤레스의 노숙인들이 법안 HHH에 따라 저소득층 주택이 건설되기를 기다리는 동안, 시장(市長)은 신속한 노숙 탈출 프로그램을 위한 긴급 구제금 1,000만 달러를 배정했다. 이는 밀린 집세와 이사 비용 같은 주거 관련 비용에 대해 재정 지원을 함으로써, 노숙하는 개인과 가정이 빠르게 쉼터를 나가 영구 주택에 들어가도록 도와준다. 2015년 도시연구소Urban Institute가 내놓은 보고서는 신속한 노숙 탈출 프로그램이 가정들이 노숙인 쉼터에서 빠르게 퇴소하는 데 도움이 된다고 보았다. 하지만 한편으로, 영구적인 변화를 만들어 내기에는 보조금이 너무 적고 지원 기간도 한시적—6개월에서 2년까지—이라고 보고서는 지적한다. "신속한 노숙 탈출 프로그램이… 장기적인 주거 비용 문제를 해결해 주지는 않는다." 이 보고서를 작성한 메리 커닝햄, 세러 길레스피, 재클린 앤더슨은 이렇게 썼다. "신속한 노숙 탈출 프로그램이 제공한 주거에서 거주하다 나온 가정들은 높은 정도의 주거 불안을 겪는다."[7]

홈포굿은 영구 지원주택과 신속한 노숙 탈출 지원주택 모두를 통합 등록 시스템의 "연결" 건으로 간주한다. 크리스 코는 2017년 5월 내게 쓴 이메일에서, 아주 다른 이 두 종류의 개입 프로그램이 자신들의 데이터에서는 구분되지 않는다고 말했다. 또 코는 연결된 사람들 가운데 80~90퍼센트가 새로 얻은 주거를 계속 유지할 것이라 추산하지만, 홈포굿은 주거 유지에 대한 데이터를 내놓지 않을 것이다. "주거 유지는 항상 뒷전이에요." 2015년 램프커뮤니티의 헤이즐 로페즈가 말했다. "실은 후속 조치를 위한 장치가 없어요." 그래서 통합 등록 시스템으로 연결된 9,627명 가운데 몇 명이나 집이라 부를 곳을 받았는지, 몇 명이나 아파트를 찾기 위한 지원 또는 임차 보증금에 보탤 몇백 달러의 돈을 받았는지, 몇 명이나 지원을 받았지만 이후 다시 노숙인이 되었는지는 알 수 없다.

신속한 노숙 탈출 프로그램은 위기에 몰려 노숙을 하게 된 사람들을 대상으로 한다. 로스앤젤레스 통합 등록 시스템은 처음에는 가장 취약한 노숙인들을 영구 지원주택에 입주시키는 데 중점을 두었으나, 이제는 최근에 새로 노숙을 하게 된 사람들을 단기 지원과 연결시켜 주는 것을 목표로 한다. 이렇게 되면 그 중간에 있는 사람들, 다시 말해 드물게 나오는 영구 지원주택을 받을 자격을 얻기에는 건강하지만, 너무 오랫동안 거리에 나와 살아서 신속한 노숙 탈출 프로그램의 한정된 자원으로는 큰 변화를 일으키기 어려운 사람들은 무시된다.

어떤 서비스와도 연결되지 못한 게리 보트라이트를 비롯한 수만 명의 사람들이 보기에, 통합 등록 시스템은 자신들의 동향과 행동을 추적하기 위해 점점 더 민감하고 사생활 침해적인 데이터를 수집하지만, 그 대가로 아무것도 내놓지 않는 것 같다. 통합 등록 시스템과 관련한 경험을 묻자, 알렉산더는 이렇게 조롱했다. "통합 등록 시스템이요? 노숙인들을 돕기로 되어 있는 그 시스템 말입니까? 그게 노숙인들을 **가로막고** 있죠. 온갖 노숙인들을 그 시스템에다 집어 넣지만 노숙인들이 갈 데가 없어요. 그 시스템에 등록하지만 아무 런 조치가 없다니까요."

⊕

어떤 사람들은 통합 등록 시스템으로 저 모든 데이터를 보유하 는 데는 완전히 다른 목적이 있다고 의심한다. 노숙인들을 감시하 고, 범죄자 취급하려는 의도가 있다는 것이다. 이 책을 쓰고 있는 지 금, 로스앤젤레스의 가장 취약한 사람들 가운데 2만 1,500명의 개 인 정보가 데이터베이스에 여전히 남아 있지만, 이 데이터베이스가 이들을 생명을 구하는 서비스에 연결시켜 주지는 않을 것이다. 통 합 등록 시스템과 노숙인관리정보시스템에 등록하기로 한 동의서 를 철회할 수는 있지만, 그 과정이 복잡하다. 기록 말소 후에도, 어 떤 데이터는 시스템에 남는다. 내가 보고서를 쓰는 동안 이야기를 나눈 사람 가운데 그 누구도, 심지어는 노숙 생활에서 벗어난 사람 들도 통합 등록 시스템에 있는 자신의 기록을 말소해 달라고 요청 하지 않았다.

통합 등록 시스템을 시험하는 단계에서는, 개인 정보를 보호하고 자원에 접근하는 다른 경로를 제공하기 위한 절차가 더 엄격했다. 처음에 데이터베이스는 방대한 구글 스프레드시트spreadsheet에 보관 되어 있었는데, 등록자의 비밀을 보호하기 위해 사회보장번호가 아니라 특별한 민원인 식별자를 이용했다. 이유가 무엇이든 간에, 통합 등록 과정을 거치고 싶지 않은 사람들을 위해서 일정 비율의 서비스를 따로 확보해 두기도 했다. VI-SPDAT의 질문이 너무 사생활을 침해해서건, 친밀한 관계에 있는 사람의 폭력으로부터 도망 다니고 있어서건, 익명으로 남기를 원해서건 말이다. 시험 시스템에서 노숙인의 신분을 보호하는 것은 기본이었다.

그러다가 통합 등록 시스템은 노숙인관리정보시스템으로 옮겨졌는데, 여기에서는 사회보장번호를 요구했다. 원칙상으로는 개인 정보 제공을 거부해도 자원에 접근할 수 있다. 하지만 유나이티드 웨이는 "이 선택권을 이용하는 사람이 몇이나 되는지는 확실치 않다"고 인정한다. 많은 노숙인들이 사회보장번호를 제공하길 거부함으로써 주거를 얻을 기회를 위태롭게 하리라고는 상상하기 어렵다. 이제 보호해야 할 개인 정보의 수집이 기본이 되었고, 이 시스템은 노숙인이 자신의 개인 정보를 공개하지 않고 비밀로 유지하고 싶으면 그렇게 해 달라고 "선택"할 것을 요구한다.

통합 등록 시스템은 이제 로스앤젤레스의 모든 노숙인 서비스에 접근하기 위한 1차 통로 역할을 한다. "그건 이제 시와 카운티의 노숙인 서비스를 제공하는 공식 시스템입니다." 2017년 크리스 코가 내게 말했다. 다시 말해, 통합 등록 시스템 외에 로스앤젤레스 카운티의 노숙인 서비스에 접근하는 다른 길은 사실상 없다.

연방 정부의 정보 윤리에 따르면, 서비스 제공자들은 노숙인관리정보시스템의 개인 정보를 "용의자, 도피자, 중요한 증인, 또는 실종자를 찾거나 그 위치를 파악할 목적의 구두 요청…에 응해" 법 집행을 위해서 밝힐 수 있다.[8] 로스앤젤레스시경찰청이 접근할 수 있는 정보는 성명, 주소, 출생일과 출생지, 사회보장번호, 두드러진 신체 특징으로 제한된다. 그에 반해 구두 요청에 대해서는, 법에 정해진 검토나 승인 절차가 없다. 진행 중인 사례의 범위 내에서 또는 그 사례에 특정해서, 정보 공개가 한정되어야 한다는 요건이 없다. 영장 절차도 없고, 부처의 감독도 없고, 그 요청이 합헌인지 확인하는 것과 관련된 판단 과정도 없다. 노숙인관리정보시스템의 해이한 데이터 보호에 대해 쓴 법학자 오브라이언은 이렇게 결론짓는다. "구두 요청에 기초한 정보 공개에 대한 이런 느슨한 기준은, 법 집행기관들이 정보에 더 쉽게 접근할 수 있게 하는 것 외에는 다른 목적이 없다."[9]

미국에는 사회복지사업과 경찰이 협력해 가난한 사람들을 범죄자 취급하는 오랜 역사가 있다. 가장 유사한 사례가 감찰관실과 지역 복지 사무소가 합작한 발톱 작전Operation Talon이었다. 데이터 발굴로 푸드 스탬프 정보를 추출해, 미집행 영장(지명 수배자에게 발부된 영장-옮긴이)이 발부된 사람들을 확인한 다음, 보조금을 약속해 유인해 내는 것이다. 그렇게 해서 표적이 된 수급자가 복지 사무소에 나타나면 체포했다.

카린 구스타프손의 2009년 기사 "빈곤의 범죄화"에 따르면, 1996년 복지 개혁 이전에 공공 부조 기록은 법 집행기관이 법적 절차를 밟아야만 이용할 수 있었다. 하지만 현재는 "개연성 있는 이유, 혐의, 또는 어떤 종류의 재판 절차 없이 단지 요청만으로 법 집행기관이 복지 기록을 이용할 수 있다"고 구스타프손은 쓰고 있다.[10] 발톱 작전과 그와 비슷한 다른 계획은 관리용 데이터를 이용해, 사회복지 기관을 확대된 형사 사법 체계로 전환시킨다.

강력한 정보 보호 규정이 부재하는 상황에서, 통합 등록 시스템의 노숙인 전자 등록은 비슷한 목적으로 이용될 법하다. 상태 범죄*status crime에 대한 미집행 영장은 저인망식 수사를 정당화한다. 통합 관리되고 기동성 있는 정보는 거리 모퉁이, 천막촌, 또는 사회복지사업 제공 기관을 함정 수사 현장으로 만들 수 있다.

대단히 개인적인 정보에 대한 이런 전면적 접근은 빈곤과 노숙을 범죄와 동일시하는 시스템이 아니고서야 거의 설명이 되지 않는다. 이에 반해, 주택담보대출 세금 공제나 연방 정부가 보조하는 학자금 대출을 통해 연방 정부 기금을 받는 사람들이 이런 철저한 조사를 받거나, 법 집행기관이 영장 없이 이들의 개인 정보에 접근하는 것은 상상하기 어려운 일이다. 더욱이 정보 수집, 공유, 감시가 증가하는 양상을 띠는 상황에서는 노숙인에 대한 범죄자 취급이 강

---

*　상태 범죄status crime는 실제 잘못된 행동을 저지르기보다 어떤 상태로 인한 범죄로, 마약 중독, 노숙 등이 해당한다. 일반적으로 미국에서 상태 범죄를 규정하는 법은 헌법에 위배된다고 여겨진다.

화된다. 그저 많은 기본적인 노숙 상황—잘 곳도, 소지품을 둘 곳
도, 변을 볼 곳도 없다—이 또한 공식적으로 범죄이기 때문일지라
도 말이다. 공원에서 잠을 자거나 소지품을 인도에 놓아두거나 비
상계단에 오줌을 누는 일로 딱지를 받으면, 대다수 노숙인들은 그
벌금을 낼 방법이 없다. 딱지가 영장이 되고, 그렇게 되면 법 집행기
관이 "도주범"을 찾기 위해 데이터베이스를 조사할 이유가 더 늘어
난다. 따라서 노숙인 서비스 프로그램이 데이터를 수집, 저장, 공유
하는 것은 흔히 가난한 사람들을 범죄자 취급하는 과정의 출발점이
된다.

로스앤젤레스의 노숙인들은 대다수가 고질적인 노숙과 위기로
서의 노숙 사이 어딘가에 해당한다. 통합 등록 시스템은 자원을 따
라간다. 이 자원 스펙트럼의 한쪽 끝에는 영구 지원주택이 있고, 다
른 쪽 끝에는 신속한 노숙 탈출 프로그램이 있다. 통합 등록 시스템
은 법안 H 및 HHH보다 더 큰 규모의 재정적 개입을 차단하면서,
결국 중간 범위에 속하는 수만 명의 노숙인들에게 실망만 안겨 줄
것이다.

어떤 사람들은 수감 생활을 한 적이 있거나, 마약 또는 알코올 문
제를 가지고 있다. 어떤 사람들은 기본 생활을 유지하는 데 필요한
일자리를 찾을 수 없고, 또 어떤 사람들은 폭력과 학대로 인한 정신
적외상을 지니고 있다. 보호받지 못하는 사람들은 모두 심각하고
지속적인 스트레스에 맞닥뜨리고, 이는 무기력으로 이어질 수 있다.
"나같이 어느 정도 잘 기능하는 많은 사람들은 주거를 얻을 수가 없

어." 게리 보트라이트가 말했다. "(통합 등록 시스템은) 문제를 뒤로 미루는 또 다른 방법이지."

⊕

존스 소송과 레이번 소송에 따른 법원 명령이 있기 전, 스키드로는 세상에서 가장 감시받는 지역 가운데 하나였다. 뉴욕시경찰청의 컴프스태트CompStat('전산화된 통계Computerized Statistics'에서 비롯된 이름으로, 범죄 통계 분석 시스템-옮긴이) 프로그램을 설계한 윌리엄 브래턴은 2002년 10월 로스앤젤레스시경찰청장이 되었다. 2006년 브래턴과 앤토니오 빌라레이고서 시장은 '안전한 도시' 계획에 착수했다. 이 계획은 매년 600만 달러의 예산을 배정해 노숙인과 관련된 상태 범죄, 다시 말해 인도에 앉아 있거나, 무단 횡단하거나, 거리를 어지르거나, 천막을 치고 살거나, 구걸하는 등의 행위를 대상으로 삼았다.

도시사회학자 포레스트 스튜어트에 따르면, 로스앤젤레스시경찰청은 이 계획을 시작한 첫 해에 주민 수가 1만 2,000명에서 1만 5,000명밖에 안 되는 이 지역에서, 대략 9,000명을 체포하고 1만 2,000건의 소환장을 발부했다. 스키드로 사회 정의 단체인 로스앤젤레스지역사회활동네트워크가 '안전한 도시' 계획을 평가한 내용에 따르면, 이들이 조사한 200명의 스키드로 주민—거처가 있는 이들과 노숙하는 이들을 모두 포함한다—가운데 절반 이상이 1년 안에 체포되었다. 2008년의 한 분석은 '안전한 도시' 계획이, 절도가 약간 줄어든 것 외에, 강력 범죄가 통계적으로 유의미한 정도로 줄어드는 결과를 가져오지는 않았음을 보여 주었다.[11]

2015년 1월 나는 디온 조지프 경장과 이야기를 나누려고 스키드로 경찰서(센트럴 지구)를 방문했다. 조지프 경장은 20년 동안 로스앤젤레스시경찰청에서 일했고, 그 가운데 18년을 스키드로에서 근무했다. 조지프 경장은 치안 활동에 대한 새로운 접근법의 상징이다. 이는 경찰관과 이들이 일하는 지역의 관계를 새로이 하려는 접근법이다. 조지프 경장은 자신을 노숙인의 대변자라고 생각하며, 스스로를 노숙인들에게 영감을 주는 연설가라고 선전한다. 그는 스키드로 여성들에게 그들의 법적 권리에 대한 정보와 기본적인 자기방어 훈련을 제공하는 '여성들의 밤' 프로그램을 시작했다. 조지프 경장은 노숙인들에게 위생 용품 세트를 나눠 주는 것으로 잘 알려져 있다. 그는 이 지역사회의 많은 이들로부터 진정 사랑받는 인물이다.

많은 지역에서 치안 활동은 사후 대응하는, 사건 중심의 법 집행을 선호한다. 하지만 이 일은 또한 어려운 문제를 제기한다. 치안 활동을 하는 경찰관들은 적절한 훈련을 거의 받은 적이 없는 역할을, 다시 말해 사회복지사업 또는 치료 전문가 역할을 하게 된다. 그래서 사회복지 기관이 경찰과의 관계에 이끌려 들어간다. 이렇게 되면 사회복지 기관이 가장 소외받는 사람들에게 도움을 주기가 어려워진다. 이들에게는 대개 법 집행기관을 피해야 할 만한 이유가 있기 때문이다. 사회복지 기관에 경찰이 왔다 갔다 하면, 가장 취약한 노숙인들을 쫓아내고도 남는다. 노숙 관련 상태 범죄 딱지에 따른

미집행 영장을 경찰이 가지고 있을지 모르기 때문이다.

조지프 경장은 램프커뮤니티에서 열리는 통합 등록 시스템 회의에 참석하고, 보건부와 함께하는 거리 청소 캠페인에 참여한다. 그리고 "이들 사회복지사업 제공 단체에 만성 노숙인이 있는 곳을 가르쳐 준다". 그는 지역사회의 치안 활동과 더불어, 사회복지사업 네트워크의 통합, 그리고 감시가 서로를 강화한다고 본다. "난 나가서, 순찰을 돌고, 곧바로 교회의 사회 구호 시설로, 사람들이 자고 있는 뜰로 가서, 이 지역에서 일어나고 있는 일들을 이야기해 줄 겁니다." 조지프 경장이 말했다. "옥상에 앉아 마약 활동을 감시할 거고, 그러면 두목이 누구인지 알 수 있죠. 가서 합의한 바에 따라 접촉해 사람들을 만나고, 그 사람들이 정보를 제공할 용의가 있으면, 이야기를 나눠 정보를 수집할 겁니다." 지역사회 치안 활동을 통해 발전시킨 관계가 정보원을 제공해 주는 셈이다. 즉 정보원들이 그를 찾고, 교회의 사회 구호 시설과 그 밖의 사회복지 기관이 감시 카메라 영상을 공유한다. 조지프 경장은 지역사회 치안 활동에 대한 확고한 믿음이 있다고 말한다. "범죄를 해결하는 데 도움이 되거든요. 삶의 질을 개선하는 데 도움이 돼요. 평소라면 경찰에 협조하지 않을 사람들한테서 협조를 얻는 데 도움이 됩니다."

경제적 안정 제공을 목표로 하는 한층 더 통합적인 프로그램들과 더불어, 범죄 통제에 중점을 둔 프로그램들은 극도의 빈곤 속에서 살아가는 사람들의 일상 생존 전략을 범죄로 바꿔 놓을 우려가 있다. 수많은 첨단 기술 도구가 노숙인 서비스, 사업개선지구Business

Improvement District, BID* 프로그램, 그리고 법 집행 현장에서 교묘히 이용된다. 지속적으로 데이터를 수집해, 스키드로 주민들이 자신의 모든 결정에 영향을 미치는 통제망이라고 느끼는 것을 만들어 낸다. 주민들은 매일같이, 자기 추방 또는 자기 감금을 촉구받는다고 느낀다. 야외 천막촌에서 살아가는 사람들은 끊임없이 이리저리 옮겨 다녀야 한다는 압박감을 느낀다. 1인 가구용 임대주택이나 영구 지원주택에 사는 사람들도 마찬가지로 대중의 눈에서 벗어나 집 안에 머물러 있어야 한다는 압박감을 강하게 느낀다.

　　로스앤젤레스지역사회활동네트워크와 함께 일하는 인권 운동가 제너럴 도곤의 경험은 상징적이다. 도곤은 90일 동안의 길거리 생활 끝에, 마침내 샌번에 있는 1인 가구용 임대주택 SRO를 찾았다. 그곳에서 생활한 지 며칠이 지나서, 도곤은 담배를 피우려고 바깥으로 나갔다. 사업개선지구 프로그램을 위해 일하는 한 민간 경비원이 경찰 자전거 비슷한 것을 타고서 다가왔다. 경비원이 물었다. "여기에 얼마나 서 있을 거요?" 제너럴 도곤이 대답했다. "모르겠는데." 경비원이 다시 물었다. "누가 올 건가? 누굴 만날 거냐고? 이렇

* 　사업개선지구Business Improvement District는 상권 활성화 공공 프로젝트이다. 상업·업무 지구 활성화를 위해 특별 지구를 지정한 뒤, 해당 구역 내 자산 소유자를 대상으로 징수한 부담금으로 환경 미화 등의 정비 활동을 펼친다.

게 밖에 서 있으면 안 돼. 배회하고 있잖아."

"내가?" 도곤이 물으며 덧붙였다. "배회한다는 건 범죄 의도를 가지고 어슬렁거리는 거 아닌가." 경비원이 대답했다. "뭐, 엄밀히 따지면 그렇지. 그런데 우린 사람들이 계속 움직였으면 해. 당신, 걸으면서 담배 피울 수 있지?"

도곤은 자신이 사는 SRO의 사람들이 모두 하루 종일 건물 안에 숨어 있을 정도로 심각하다고 설명했다. "내가 지내는 호텔(도곤이 사는 SRO는 호텔을 용도 변경해 만든 것이다-옮긴이)의 사람들은 언젠가 누가 집을 비워 줄지 정하기 위해 제비뽑기를 할까 봐 아주 겁을 먹고 기가 죽어 있어요. 이 집을 떠나는 건 베트남 같은 곳에 가는 거나 마찬가지거든요. 다시 돌아올 수 있을지 확신할 수 없으니까."

치안 활동이 센트럴 지구에 지나치게 집중되면 경찰 출동이 더 잦아지고, 사람들이 지나치게 많은 딱지를 발부받으며, 물리력이 과도하게 이용된다. 딱지가 영장이 되고, 그다음은 체포다. 스키드로 주민들은 보석금을 낼 형편이 안 되기 때문에, 체포된 사람들 가운데 많은 이들이 투옥된 상태로 법원 출두일을 기다린다. 노숙과 관련된 범죄의 기소는 흔히 사건이 공판에 회부되면 기각된다. 하지만 그동안 스키드로 주민들은 투옥 상태로 3, 4개월을 지낸다. 그 결과 거처, 서류, 몇 안 되는 소지품을 잃고 사회복지사업에서 제외된다. "이 구역에서 노숙하는 사람들은 그냥 뺑뺑이를 도는 것 같아요." 도곤이 말했다. "말도 안 되는 저 모든 일을 거듭해서 다시 겪어야 하거든요."

이 지역 주민들의 생존 비결은 "스키드로를 두려워하게 만드는" 풀뿌리 전략이었다. 이 전략은 젠트리피케이션, 감시와 치안 활동의 강화에 직면해 실패하기 시작하고 있다. 창조 계층 사람들이 로스앤젤레스 도심을 요구하면서, 부유한 사람들이 스키드로를 되찾아야 한다는 압력이, 그곳의 가난한 주민들을 관리 가능하게 만들어야 한다는 압력을 높였다. 통합 등록 시스템과 그 밖의 첨단 기술 도구는 노숙인의 행동을 더 눈에 잘 띄게 하고, 추적 가능하며, 예측 가능하게 만든다. 이런 교묘한 길들이기가 실패하면, 스키드로의 가난한 사람들은 감금에 처해진다.

따라서 로스앤젤레스의 노숙인들은 까다로운 거래에 맞닥뜨린다. 이를테면 VI-SPDAT 검사에서, 위험하거나 심지어 불법적인 행동을 인정하면 영구 지원주택의 우선순위 목록에서 더 높은 순위를 차지할 수 있다. 하지만 그렇게 되면, 법 집행을 위한 조사에 노출될 수도 있다. 통합 등록 시스템은 단지 정보 관리만을 목적으로 하거나, 수요와 공급을 연결하기 위한 시스템만은 아니다. 가난한 사람들을 분류해 범죄자 취급하는 감시 시스템이다.

통합 등록 시스템을 감시 시스템으로 이해하려면, "예전 방식의" 감시와 "새로운 방식의" 감시를 구분하는 것이 매우 중요하다.[12] 예전의 아날로그 감시 시스템에서는 개별적인 주의를 기울여야 했다.

소수의 법 집행기관 또는 정보 요원이 대상을 확인하고 추적해 그 동향과 활동을 기록함으로써 일체의 서류를 작성했다. 예전의 감시 대상들은 흔히 이들이 어떤 집단의 구성원이라는 이유 때문에 선택되었다. 예를 들어, FBI의 코인텔프로COINTELPRO(COunter INTELligence PROgram의 약자로, 방첩 활동 프로그램-옮긴이)는 인종 및 정치 운동을 하는 시민권 운동가에 감시의 중점을 두었다. 그래도 전화 도청부터 사진, 미행까지 예전의 여러 감시 기법은 개별화되어 있고, 목표가 집중되어 있었다. 대상이 확인되어야, 감시를 할 수 있었다.

반면에 데이터에 기반을 둔 새로운 방식의 감시에서는, **감시 대상이 대개 데이터로부터 도출된다.** 감시 대상을 정한 후 데이터를 수집하는 것이 아니라, 데이터를 수집한 후 감시 대상을 정한다. 대단히 다양한 개인들과 집단에 관한 대량 정보가 수집된다. 그런 다음 그 데이터를 발굴하고, 분석하고, 연구해서 더 철저히 조사해야 할 대상을 확인한다. 때로 이 조사에는 예전 방식의, 직접적인 감시와 추적이 포함된다. 하지만 갈수록 더, 이미 존재하는 데이터를 좀 더 세밀히 선별해 내기만 할 뿐이다. 예전 방식의 감시가 하늘 위의 눈이었다면, 새로운 방식의 감시는 연결된 각 거미줄web 가닥이 수상쩍게 흔들리고 있지 않은지 검사하는, 디지털 웹web의 거미다.

감시는 지켜보거나 추적하는 수단만이 아니라, 사회적 분류를 위한 장치이기도 하다. 통합 등록 시스템은 개인의 행동과 관련된 데이터를 수집하고, 취약성을 평가하며, 그 평가에 기초해서 다양한 개입을 배정한다. "통합 등록 시스템은 부상자 분류(트리아지)Triage 같은 거죠." 로스앤젤레스 제3지구의 주택 및 노숙 분야 보좌관인 몰리 리스먼이 말했다. "우린 모두 그걸 자연재해처럼 생각해요. 필요한 사람은 대단히 많은데, 그 모든 필요를 동시에 충족시킬 수가 없죠. 그래서 우린 알아야 해요. 어떻게 출혈로 죽을 지경에 이른 사람들이 의사에게 접근할 수 있게 하고, 독감에 걸린 사람들은 기다리게 할지 말이죠. 그렇게 해야 하는 게 유감스럽기는 하지만, 그게 우리가 처한 현실이에요."

펜실베이니아대학의 커뮤니케이션학자 오스카 갠디는 1993년 선견지명을 보여 준 책 『파노라마적 분류The Panoptic Sort』를 출간했다. 이 책에서 갠디도, 디지털로 된 개인 정보의 자동화된 분류가 일종의 부상자 분류라고 말한다. 하지만 갠디는 한층 더 밀어붙여서, 이 말이 '선별하다', '도태시키다', '시장성 있는 생산품을 분류하다'라는 의미를 갖는 프랑스어 '트리에trier'에서 유래한다고 지적한다. "비유가 자명하지만, 확실히 짚어 보자." 갠디는 이렇게 쓰고 있다. 디지털상의 부상자 분류에서 "개인과 집단은 그들이 가졌다고 추정되는 경제적 또는 정치적 가치에 따라 분류되고 있다. 가난한 사람들, 특히 가난한 유색인들은 갈수록 폐기되어야 할 망가진 물건, 또는 손상된 제품으로 취급받고 있다."[13]

만약 노숙이―질병이나 자연재해처럼―불가피하다면, 부상자 분류 시스템과 비슷한 해결책을 이용하는 것이 매우 타당하다. 한정된 주택 자원을 얻을 기회를 두고 노숙인들에게 우선순위를 부여하는 식으로 말이다. 하지만 만약 노숙이 정책 결정과 전문직 중산층의 무관심이 만들어 내는 인간 비극이라면 이야기가 달라진다. 이런 경우 통합 등록 시스템은 결단성 있게 행동하지 않으려는 우리의 선택이 인간에게 불러온 영향으로부터, 우리 자신이 거리를 둘 수 있게 해 준다. 또 통합 등록 시스템은 도덕적 평가 시스템으로서, 합리화를 위한 장치이기도 하다. 다시 말해, 가장 자격 있는 사람들만이 지원을 받고 있다고, 우리 스스로를 납득시키는 데 도움이 되는 장치다. "너무 위험하다"고 판단되는 사람들은 범죄자로 취급되도록 코드화된다. 실패한 사람들이 처하는 곳은 감옥이나 보호시설, 아니면 죽음이다.

법안 H와 HHH가 성공을 거뒀지만, 빠르고 정확한 데이터 덕분에 로스앤젤레스가 필요한 주택들을 성공적으로 건설할 것이라는 믿음은 순진할지 모른다. 로스앤젤레스 사람들은 노숙인들에게 주택을 제공하기 위해 판매세와 재산세를 조금 더 많이 내겠다고 투표했다. 하지만 집을 가진 사람들은 노숙인들이 자기네 지역으로 이사 오도록 허락할까?

노숙인들에게 주택을 제공하기 위해 저소득층 주택을 새로 짓거나 낡은 건물을 용도 변경하기는 어려운 일임을, 증거는 말해 준다. 최근 두 군데 도시에서 노숙인들의 **소지품**을 보관하는 창고를 짓자는 제안이 나오자, 지역사회 전체에서 항의가 터져 나왔다. 2016년

가을, 베네치아 해변 지역에 창고 시설을 짓자는 제안은 폭언이 오가는 주민 회의와, 이 계획을 중단시키기 위한 주택 소유자의 소송으로 이어졌다. 이와 비슷한 로스앤젤레스 샌피드로의 보관 센터 계획은 주택을 소유한 주민들이 이를 중단시키기 위해 조직화하면서 무산되었다. 노숙인을 위한 자원이 늘어난다는 인식이 높아질수록, 이 도시 사람들이 보여 주는 노숙인 천막촌에 대한 허약한 인내심이 흐트러지기 시작할 것이다. 유권자들이 노숙인들에게 주거지를 제공하기 위해 새로운 재원을 지원하겠다고 입장을 밝히기 직전에(법안 HHH를 통과시키기 직전에), 시 의회는 존스 소송과 레이번 소송의 판결이 나오기 전에는 흔했던 공격적인 천막촌 소탕을 재인가하기 위한 조례를 새로 만들었다. 1950년대 도시 재개발 당시 철거한 하숙집과 SRO(1인 가구용 임대주택) 호텔을 대체할 예정이던 공공 주택과 마찬가지로, 새로운 적정 주택의 개발은 로스앤젤레스의 전문직 중산층과 부유한 사람들의 적극적인 방해에 부딪혀 실패할지 모른다. 문제는 노숙인 문제를 해결하는 데 어떤 종류의 주택이 필요한지에 관한 적절한 데이터가 부족한 것이 아니다. 그보다, 가난한 노동자 계층과 그 협력자들이, 조직화된 엘리트층의 노골적인 정치적 반대를 극복하지 못할 수도 있다는 것이다.

통합 등록 시스템을 지지하는 사람들은 컴퓨터가 가진 능력을 사회 정의에 활용하려는 대다수의 사람들과 마찬가지로, 사회문제에 대한 접근법을 시스템 공학과 관련해서 찾는 경향이 있다. 다시 말해, 복잡한 논란은 가능한 한 효율적으로 다뤄야 하는데도, 이런 관점은 정확한 정보를 얻음으로써 논란을 해결할 수 있다고 본다. 이 같은 모형에서는, 정치적 갈등이 정보 부족에서 일어난다. 만약 모든 사실을 수집하기만 한다면, 노숙같이 해결하기 힘든 정책 문제에 대한 정답은 간단하고, 논란의 여지가 없으며, 널리 공유될 것이라고 시스템 공학자들은 생각한다.

하지만 좋건 나쁘건, 정치는 이렇게 작동하지 않는다. 정치 경쟁은 정보 경쟁 이상의 것이다. 그것은 가치와 집단 구성원에 관한 것이며, 충돌하는 이해관계를 조정하는 일에 관한 것이기도 하다. 스키드로와 사우스로스앤젤레스의 가난한 노동자 계층 주민들은 적정 주택과 이용 가능한 서비스를 원한다. 다운타운센트럴의 사업개선지구 계획은 관광객 친화적인 거리를 원한다. 새로운 도시 개척자들은 세련된 그리츠grits(굵게 빻은 옥수수로 끓인 죽 같은 음식-옮긴이)와 홀푸즈Whole Foods(유기농 식품 슈퍼마켓 체인-옮긴이)를 원한다. 이 도시는 천막촌이 있는 거리들을 깨끗이 청소하고 싶어 한다. 로스앤젤레스 주민들은 문제를 해결하기 위해 좀 더 돈을 내는 데 동의하지만, 대다수가 노숙인들이 옆집으로 이사 오는 것은 원치 않는다. 그리고 실제로 주택난을 해결하는 데는 돈을 쓰고 싶어 하지 않는다. 로스앤젤레스의 미래에 대한 이런 전망들은 심히 상충한다. 정보를 더 많이 갖는다고 해서 반드시 문제가 해결되지는 않는다.

시스템 공학은 복잡하고 거대한 사회문제를 관리하는 데 도움이 될 수 있다. 하지만 그것이 주택을 지어 주지는 않는다. 또 시스템 공학만으로는 가난한 사람들, 특히 가난한 유색인들에 대한 뿌리 깊은 편견을 극복하기에 충분치 않을 것이다. "알고리즘은 본질적으로 바보 같아요." 공익 변호사이자 노숙인 대변인이자 UCLA 법학 명예교수인 게리 블래시가 말했다. "현재의 인간만큼이나 많은 변수와 다양한 수준의 미묘한 차이, 그리고 복잡한 문제를 처리할 수 있는 알고리즘은 만들지 못할 겁니다." 블래시는 통합 등록 시스템이 개별 노숙인 서비스 제공 단체들이 은연중에 가진 일부 편견을 최소화할 수 있을지 모르지만, 이것이 통합 등록 시스템이 좋은 발상임을 의미하지는 않는다고 생각했다. "내가 (통합 등록 시스템을) 반대하는 이유는, 그것이 노숙인 문제가 가진 다른 다양한 측면들로부터 자원과 관심을 돌려놓기 때문이에요. 나는 30년 동안, 특히 고등교육을 받은 사람들이 그걸 단지 정보의 문제로 여기는 걸 봐왔어요. 노숙인들이 다만 정보를 갖고 있지 않다는 거죠."

"사기라고 하면 너무 고약하겠지만, 노숙은 시스템 공학의 문제가 아닙니다. 목공처럼 실제로 뚝딱여 고쳐 나가야 하는 문제죠."

2016년 10월 마지막으로 만났을 때 게리 보트라이트는 건강이 안 좋아 보였고, 정신 건강이 악화되어 가고 있는 것 같았다. 보트라이트는 한 환경미화원이 자기 천막에서 물건을 훔쳤다고 생각하고 격분했다. 그달 말, 보트라이트는 다른 지역 주민들과 갈등을 일으킨 후, 이스트6번가의 로스앤젤레스지역사회활동네트워크 사무실 앞에 있는 그의 천막을 치워 달라는 요청을 받았다. 로스앤젤레스 지역사회활동네트워크는 노숙인의 권리에 대한 충실한 옹호자이기 때문에, 그 건물 앞 구역은 보호 공간 역할을 한다. 그곳에서는 로스앤젤레스시경찰청이 상태 범죄를 이유로 노숙인들에게 딱지를 발부하고 그들을 체포하는 일을 삼간다. 보트라이트는 천막을 스프링가(街)로 옮겼고, 몇 주 후인 12월 2일 체포되었다.

보트라이트가 2017년 1월 로스앤젤레스 남성중앙구치소에서 내게 전화를 걸어, 자신이 99센트스토어(모든 물건값이 99센트인 가게-옮긴이)에서 산 플라스틱 빗자루로 버스 창문을 깨뜨린 혐의로 기소되었다고 말했다. "물리법칙을 무시하다니!" 보트라이트는 주장했다. "그 사람들이 사진으로 유리창이 깨진 버스를 법정에 보여 주더군. 그래서 나는 검사가 무죄를 입증할 증거를 숨기고 있다고 내비쳤지. 그런 다음에, 그 사람들이 나한테 와서 거래를 하자더군. 그 사람들이 비디오를 가지고 있지 않다는 건 있을 수 없는 일이지. 공영버스에는 적어도 여섯 대는 되는 비디오카메라가 달려 있거든, 안 그렇소?" 보트라이트는 감옥에서 몇 달만 있다가 풀려날 것이라고 낙관했다. 2017년 석방된 후, 보트라이트는 제너럴 도곤이 말한 온갖 어려움에 맞닥뜨렸다. 천막, 모든 소지품, 기적같이 쌓여 있던 서류, 그리고 사회적 관계망을 모조리 잃었다. 보트라이트는 처음으로 돌아가서 다시 시작해야 했다.

그리고 다음번에 또 VI-SPDAT 검사를 받아도, 보트라이트는 점수가 낮을 가능성이 크다. 이 검사 모형은 감옥을 주거로 간주한다.

이 시스템은 보트라이트를 취약성이 낮은 사람으로 볼 것이고, 그의 우선순위 점수는 훨씬 더 내려갈 것이다. 보트라이트는 개입하기에는 너무 건강하고, 지원 없이 잘해 나가기에는 너무 불충분해서, 사면초가에 빠질 것이다. "난 범죄자요." 보트라이트가 말했다. "단지 이 세상에 존재한다는 이유만으로 말이지."

4

앨러게니의 알고리즘

추수감사절 일주일 전. 나는 앨러게니 카운티 아동청소년가족국 Office of Children, Youth and Families, CYF의 아동 방치 및 학대 상담 전화 콜센터를 찾아간다. 줄줄이 늘어선 잿빛 칸막이 방들을 지나, 저쪽 구석까지 비집고 들어간다. 나는 걸려 오는 상담 전화를 접수해 선별하는 일을 하는 팻 고든Pat Gordon과 작은 자줏빛 발받침대가 있는 책상에 함께 앉는다. 우리는 핵심정보및인구통계시스템Key Information and Demographics System, KIDS을 살핀다. 이 파란색 바탕 화면은 사례 기록, 인구통계학 데이터, 프로그램 통계로 가득하다. 우리는 두 가정의 기록에 집중한다. 두 가정 모두 백인이고, 피츠버그시에 살고 있다. 한 가정에는 아이가 둘이고, 다른 가정은 셋이다. 두 가정 모두

한 "신고 의무자mandated reporter"에 의해 아동청소년가족국으로 넘어왔다. 신고 의무자란, 아동이 돌보는 사람으로부터 해를 입을 위험이 있다고 의심되면 신고하도록 법에서 정하고 있는 전문직 종사자를 말한다. 팻과 나는 앨러게니 카운티가 아동 학대 및 방치를 예측하기 위해 이용하고 있는 새로운 위험 예측 모형인 앨러게니가정선별도구Allegheny Family Screening Tool, AFST가 이곳 카운티의 가정들을 평가하는 방식을 알아보려 한다.

팻 고든은 자기 칸막이 방에 다른 사람들의 아이들 사진을 놔두고 있다. 피츠버그 토박이면서 파이러츠Pirates(피츠버그를 연고지로 한 프로 야구 팀-옮긴이) 팬인 고든은 전화기 헤드셋을 착용하고 있어 귀까지 오는 단발머리가 뒤로 쓸려 있다. 고든은 나중에 정확한 나이는 밝히지 않고 "사십이 넘었다"고만 했다. 일어나 나를 맞이할 때, 고든은 여섯 통의 전화를 받고 있다. 소매가 긴 분홍색 티셔츠가 고든의 따뜻한 갈색 피부를 돋보이게 한다. 짓궂게 웃던 고든의 얼굴이, 자신이 도움을 주고 있는 아이들에 대해 이야기를 나누면서 빠르게 차분하고 진지해진다.

유리가 끼워진 시끌벅적한 방에서, 팻과 같은 전화 접수 선별 직원들이 아동 학대 또는 방치 혐의를 신고하려고 상담 전화에 전화를 걸어 온 사람들을 면담한다. 주로 여성이고 대략 아프리카계 미국인 반, 백인 반인 전화 접수 선별 직원들은 서로 연결되어 있는 앨러게니 카운티의 방대한 데이터베이스 시스템에서 아동 학대 또는 방치로 신고된 가정들에 대한 정보를 검색한다. 이들은 마약및 알코올중독서비스, 헤드스타트Head Start(저소득층 아동과 가족에게 종합적인 유아 교육, 건강, 영양, 부모 관련 서비스를 제공하는 미국 보건복지부 프로그램-옮긴이), 정신건강서비스, 주택청, 앨러게니카운티교도소, 펜실베이니아주 공공복지부, 메디케이드, 피츠버그 공립학교, 그리고 10개가 넘는 또 다른 프로그램 및 기관들로부터 손쉽게 기록을 얻는다.

팻이 "위험도/심각도 분류표"라는 양면 서류를 건네준다. 투명한 플라스틱 봉투에 담긴 채 책상 뒤쪽 근처의 서류 더미에 끼여 있어, 이 서류를 찾는 데 잠깐 시간이 걸린다. 전화 접수 선별 일을 한 지 5년이 된 팻은 이렇게 말한다. "대부분 직원들은 이걸 외우고 있어야 하죠. 그냥 알아 둬요."

하지만 나는 좀 더 도움이 필요하다. 그냥 보기만 하는데도, 이 결정이 갖는 영향력에 겁이 난다. 이 작은 문서의 좁은 세로 단을 보면, 5세 미만 아이들이 방치와 학대를 당할 위험도가 가장 높고, 이전에 아동 학대 또는 방치로 신고되어 확인된 사실이 있으면 그 가정이 조사받을 가능성이 높아지며, 부모가 아동청소년가족국 조사관들에게 반감을 보이면 위험도가 높은 행동으로 간주된다는 것을 알 수 있다. 내가 천천히 핵심정보및인구통계시스템의 정보와 위험도/심각도 분류표를 대조해 검토하는 동안, 고든은 곁눈질을 하며 위험 예측 모형을 작동시키는 커다란 파란색 단추를 누르겠다고 위협하며 놀려 댄다.

첫 번째 아이는 여섯 살 난 남자아이다. 이 아이를 스티븐이라고 하자. 스티븐의 엄마는 불안 증세로 정신 치료를 받으려 하고 있다.

11월 초 어느 날, 스티븐의 엄마는 카운티에서 지원하는 치료사에게 누군가가—누구인지 모른다—스티븐을 집 바깥 현관에 내버려 뒀다고 알렸다. 스티븐의 엄마는 스티븐이 바깥에서 울고 있는 것을 보고서 집 안으로 데려왔다. 그 주에 스티븐이 평소와 다른 행동을 하기 시작했고, 스티븐의 엄마는 아들에게 뭔가 나쁜 일이 있는 것 같다고 걱정했다. 스티븐의 엄마는 아들이 학대를 당했을지도 모른다는 의심이 간다고 치료사에게 털어놓았다. 그 치료사는 펜실베이니아주 아동 학대 상담 전화에 스티븐의 엄마를 신고했다.

하지만 우는 아이를 현관에 내버려 두는 것은 펜실베이니아주 규정에 따르면 학대나 방치가 아니다. 그래서 전화 접수 직원은 그 전화를 걸러 냈다. 이 신고가 확인되지는 않았으나, 상담 전화 기록과 이 전화를 걸러 낸 직원의 메모가 핵심정보및인구통계시스템에 남아 있다. 1주일 후, 한 노숙인 봉사 단체의 직원이 다시 상담 전화로 스티븐에 관해 신고했다. 스티븐이 더러운 옷을 입고 있고, 위생 상태가 좋지 않으며, 스티븐의 엄마가 약물을 남용하고 있다는 소문이 돈다는 것이다. 이렇게 두 번 신고가 들어온 것 말고는, 아동청소년가족국에 이 가족에 대한 다른 이전 기록은 없었다.

두 번째 아이는 열네 살 난 아이다. 이 아이를 크지슈토프라고 하자. 11월 초, 대규모 비영리단체와 함께 일하는 한 사례 관리자가 지역 가정 방문 건강관리 서비스를 나갔다가, 창문과 문이 망가져 있고 집이 춥다는 것을 알게 됐다. 크지슈토프는 옷을 겹겹이 입고 있었다. 이 개별사회복지사는 이 집에서 반려동물 오줌 냄새 같은 것이 난다고 신고했다. 이 가족은 거실에서 잠을 잔다. 크지슈토프는 소파에서, 엄마는 바닥에서. 이 사례 관리자는 방이 "어질러져 있는"것을 보았다. 이런 환경이 실제로 펜실베이니아주 아동 방치 규정을 충족시키는지 여부는 불분명하지만, 이 가족은 오랫동안 카운티의 지원 프로그램들을 이용한 이력이 있다.

아이들이 고통을 겪기를 바라는 사람은 아무도 없다. 하지만 아이를 안전하게 지키기 위한 정부의 적절한 역할이 무엇인지는 단순한 문제가 아니다. 1974년 리처드 닉슨 대통령이 서명한 아동학대방지및처리법Abuse Prevention and Treatment Act에 따라, 미국의 각 주는 아동 학대와 방치를 예방하고, 조사하고, 기소할 권한을 갖는다. 이 법은 아동 학대와 방치를 이렇게 규정한다. "아이의 건강 또는 복지가 손상되거나 위협받고 있음이 드러나는 상황에서, 그 아동의 복지에 책임이 있는 사람에 의한… 아동에 대한 신체적 또는 정신적 위해, 성적 학대, 치료 태만, 또는 가혹 행위."

최근에는 그 피해 정도가 "심각"해야 한다고 명확히 하고 있지만, 정확히 무엇이 방치 또는 학대에 해당하는지에 대한 판단은 주관이 끼어들 여지가 상당히 많다. 체벌은 학대일까? 아니라면 주먹을 쥐고 아이를 때리는 것이 그 구분선일까? 아이가 혼자 공원에 가게 하는 건 방치일까? 창문으로 아이를 볼 수 있는데도? 핵심정보및인구통계시스템에서 학대로 분류되는 상황 목록을 보여 주는 첫 화면은 전화 접수 선별 직원들이 양육 행동을 학대 또는 방치로 분류할 때 허용 범위가 얼마나 넓은지를 보여 준다. 여기에는 이런 것들이 포함된다. 유아 유기, 양육 포기, 파양, 돌보는 사람의 무능력한 대처, 아동의 부적절한 성적 행동, 아동의 약물 남용, 아이를 위험에 빠뜨리는 부모의 행동, 체벌, 진료 지체/거부, 10세 미만 아동의 비행, 가정 폭력, 교육 방치, 유독성 물질이 있는 환경, 위험 노출, 집에서 내쫓기, 보호 태만, 노숙, 부적절한 의복 상태·위생·신체 돌봄·음식 제공, 부적절한 돌봄 제공자 또는 훈육, 타인에 의한 상해, 고립. 이 목록 전체를 보려면 몇 차례 더 화면을 스크롤해야 한다.

아동복지 조사 가운데 4분의 3이 신체적, 성적, 또는 정서적 학대보다는 방치와 관련이 있다. 일상적인 빈곤 상태와 아동 방치를 구분하는 것은 특히 까다로운 일이다. 음식을 충분히 먹이지 않는 것, 부적절하거나 안전하지 못한 주거 상황, 아이의 병원 진료를 받지 않는 것, 부모가 일하는 동안 아이를 혼자 두는 것 등을 비롯해서, 가난한 가정이 흔히 겪는 많은 어려움이 공식적으로 아동 학대로 규정된다. 노숙 가정은 아이들을 지키는 데 특히 어려운 문제에 직면하는데, 바로 노숙 상태가 아동 방치로 판단되기 때문이다.

실제로는, 대부분의 아동복지 개별사회복지사가 단지 부모가 가난하다는 이유만으로 아이들을 위탁가정에 보내려고 하지는 않는다. 또한 조사관들 역시 대개 부모가 아이를 거의 통제하지 않는 상태를 "방치"로 규정하길 꺼린다. 오히려, 아동복지 담당 사회복지사들은 때로 아이를 가정위탁해야 하는 위험에 처한 가정 상황을 이용해, 이 가정을 안전하게 지키는 데 필요한 자원을 확보하기도 한다. 이들은 공공 부조 기관에 전화를 걸어, 한 가정이 푸드 스탬프를 얻게 하거나, 필요한 수리를 하도록 집주인에게 강제하거나, 어려움을 겪는 부모에게 상담이나 지역사회의 지원을 제공하도록 도울 수 있다.

펜실베이니아주에서, 학대와 방치는 상대적으로 좁게 규정되어 있다. 학대는 장애나 상당한 고통을 유발하는 신체적 상해, 정신적 상해를 불러오는 성적 학대나 착취, 또는 금방이라도 이런 일들이 일어날 수 있는 위험성이 있어야 한다. 방치는 "아동의 생명 또는 발달을 위험에 빠뜨리거나 아동의 기능을 해칠" 정도로 심각한 "장기간 또는 반복적 감독의 부재"가 있어야 한다. 그래서 팻 고든과 함께 위험도/심각도 분류표를 훑어보면서, 나는 스티븐과 크지슈토프가 아주 낮은 점수를 받을 것이라고 생각한다.

두 가지 사례 모두 상해 신고도, 입증된 이전의 학대도, 심각한 정서적 피해에 대한 기록도, 확인된 약물 사용도 없다. 십 대인 크지슈토프가 살고 있는 집의 온도가 적절하지 않다는 점이 걱정되기는 하지만, 그렇다고 이 아이가 당장 위험에 처해 있다고는 말할 수 없다. 팻은 여섯 살 난 스티븐에 관한 전화가 2주 사이에 두 통 걸려왔다고 걱정한다. "우린 말 그대로 그 사례를 닫아 버렸는데, 그러고 나서 또 다른 전화가 걸려 왔죠." 팻이 한숨을 내쉰다. 이는 어떤 형태의 방치나 학대가 이루어지고 있음을—또는 그 가족이 위기에 처해 있음을—암시하는 것일지 모른다. 한 노숙인 서비스 단체에서 걸려 온 전화는 집 상태가 빠르게 악화되어 스티븐과 엄마가 길거리로 나왔다는 내용이다. 하지만 우리는 두 소년의 경우에서, 즉각적으로 해를 입을 위험성이 낮고 신체 안전에 대한 위협은 거의 없어 보인다는 데 동의한다.

1부터 20까지 등급에서 위험 수준이 가장 낮으면 1등급, 가장 높으면 20등급이라 할 때, 나는 스티븐은 4등급, 크지슈토프는 6등급 정도일 것이라고 추측한다. 고든은 능글맞게 웃으며 단추를 누른다. 등급은 정확히 고든이 예측한 대로다. 스티븐은 5등급. 크지슈토프는? 14등급이다.

나는 AFST(앨러게니가정선별도구)가 가난한 노동자 계층 가정에 미치는 영향을 탐사하려고 피츠버그에 왔다. 그 관련성은 높다. 미국 질병관리예방센터에 따르면, 대략 4명 가운데 1명의 아동이 평생 동안 어떤 형태로든 학대 또는 방치를 경험한다. 이 기관의 '불우한 유년기 경험 연구'는 학대 또는 방치 경험이 약물과 알코올 남용, 자살 시도, 우울증의 발생을 증가시키는 것을 비롯해, "우리의 건강과 삶의 질에 평생에 걸쳐 엄청나게 큰 영향을" 미친다고 결론지었다.[1]

앨러게니 카운티의 아동청소년가족국 행정 사무실은 피츠버그시 한복판에서 앨러게니강, 모논가힐라강, 오하이오강이 합류하는 지점 가까이에 있다. 앨러게니 카운티는 온건한 민주당 성향 노동자 계층의 본거지로, 1791년 이곳에서 위스키 반란*이 시작된 이래 정부 간섭에 대항하는 반란의 역사를 가지고 있다. 20세기 초에, 이곳은 세계 최초 10억 달러 기업인 J.P. 모건과 앤드류 카네기의 유나이티드스테이트스틸코퍼레이션United States Steel Corporation(보통 U.S. 스틸이라 불린다-옮긴이)의 본거지였다.

1980년대 중반 앨러게니 카운티의 U.S. 스틸사(社) 공장이 갑작스레 폐쇄되면서 수십 년 동안 탈산업 경제의 투자 회수와 인구 감소가 이어졌다. 하지만 지난 10년 동안 피츠버그에는 의료, 고등교육, 기술, 예술 분야 직업을 찾아 이 지역으로 몰려드는 젊은 대학 졸업생들의 물결이 이어졌다. 한때 철강 도시였던 곳에, 이제는 직원 450명의 구글 사옥과 우버의 로봇 자율주행 자동차 사업부를 포함해 1,600개로 추산되는 기술회사가 들어와 있다.

앨러게니 카운티 복지사업부 책임자인 마크 처너는 1996년 2월 이곳에 와서 당시 아동청소년서비스Children and Youth Services, CYS라고 알려진 기관을 운영했다. 세상 사람들이 다 아는 두 가지 사건이 일어난 후였다. 첫 번째는 "아기 바이런" 사례로 알려져 있는데, 백인 위탁가정인 더잭 일가가, 아프리카계 미국인 유아 바이런 그리핀이 다시 엄마와 함께 살도록 기관으로 돌려보내길 거부했다. 당시에는 위탁받아 보살피던 아이를 입양하지 못하게 하고, 서로 다른 인종 간 입양을 제한하는 것이 일반적인 방침이었다. 당시의 책임자 메리 프리랜드는 이런 방침을 옹호하며, 1993년 12월 27일 호송 경찰

---

* 연방 정부의 위스키 과세에 반발해, 펜실베이니아 주민들이 1791년 8월 7일 봉기를 시작했다. 봉기는 초대 대통령인 조지 워싱턴이 직접 군대를 이끌고 진압에 나선 1794년 7월까지 이어졌다.

관과 함께 더잭 일가의 집으로 가서 바이런을 데려왔다. 바이런이 엄마 래숀 제프리에게 돌아간 후, 더잭 일가는 전국 순회 토크쇼를 가졌다. 그들은 토크쇼에서 본인들을 젖먹이의 좌절당한 구세주라고 묘사했고, 그동안의 경험을 폭로하는 책을 썼다.

그러던 1994년 3월, 두 살 난 숀티 포드의 사체가 피츠버그의 한 모텔에서 발견되었다. 최고의 법의학자는 숀티가 맞아 죽었다고 결론지었다. 아이 아빠가 숀티를 돌본 지 단 몇 주 만이었다. 아동청소년서비스의 개별사회복지사들은 엄마 메이블 포드가 약물 치료를 받는 동안 숀티를 분리시켰다. 나중에 이 둘은 다시 함께 살게 되었다. 하지만 두 사람이 뉴욕 버팔로의 자동차 안에서 살고 있다는 사실이 알려지자, 숀티는 다시 엄마한테서 분리되었고 아빠 모리스 부커 시니어가 양육권을 신청했다.

양육권 심리가 이루어지는 동안, 아동청소년서비스의 한 직원은 판사에게 부커가 조사를 받았으며, 아동청소년서비스는 부커가 아이를 돌보는 것에 대해 걱정하지 않는다고 말했다. 개별사회복지사들은 부커가 음주운전과 중과실 치사상죄(중대한 과실로 인해 사람을 다치거나 사망에 이르게 함으로써 성립하는 범죄-옮긴이)로 체포된 기록이 있다는 말은 하지 않았다. 양육권 심리는 끝났지만 아직 숀티가 사망하기 전인 2월, 부커는 새해 전야에 여자 친구와 다른 두 아이들을 인질로 잡아 경찰과 대치한 일로 또 기소되었다. 숀티가 사망한 직후, 펜실베이니아주 공공복지부는 아동청소년서비스에 대한 정식 인가를 거부했다. 그 이유는 부모의 범죄 경력 확인을 제때 완료하지 못한 것을 비롯한 72건의 규정 위반이었다. 1년이 안 돼 사임 압력을 받은 메리 프리랜드는 플로리다에서 아동위원회를 감독하는 새 직위를 받아들였다.

"내가 이곳에 와서 아동청소년서비스를 운영할 때, 이 기관은 국가적 불명예였죠." 마크 처너가 말했다. 1996년 처너가 왔을 때, 입양을 기다리는 아동 수가 1,600명이었다. 이 기관은 1년에 60건의 입양을 겨우 처리하고 있었다. 이곳의 개별사회복지사는 이웃 이리 카운티의 개별사회복지사보다 급여가 35퍼센트 적었다. 게다가 대부분 사회복지사업 분야의 학위를 가지고 있지 않았다. 이들은 동시에 30가구 이상을 담당해, 업무량이 과도했다. 블루리본위원회 blue-ribbon commission*는 이 기관이 피츠버그의 아프리카계 미국인 지역사회와 "심히 적대적"이라 할 만한 관계에 있다고 규정했다.[2] 앨러게니 카운티의 인구 가운데 아프리카계 미국인의 비율은 11퍼센트밖에 안 되지만, 가정위탁되는 아동 가운데 70퍼센트가 흑인이다. 그래서 이 기관은 유색인 입양 가족, 개별사회복지사, 관리자를 모집하고 유지하는 데 어려움을 겪고 있었다.

마크 처너가 채용되었을 무렵, ComPAC21이라는 위원회가 열려

---

* 특정한 문제를 조사·연구·분석하도록 임명된 전문가들의 독립적인 위원회이다. 대개 정부 기관이나 행정부가 논란이 많은 문제에 대해 보고하기 위해 임명한다.

앨러게니 카운티의 행정 체제를 검토했다. 이 위원회는 별개의 30개 부서를 9개의 큰 기관으로 통합해, 카운티 정부의 규모를 줄이도록 했다. 이들은 노인·아동·청소년 서비스 기관과 지적장애·행동건강·지역사회 서비스 기관을 통합했다. 그 결과 만들어진 기관을 복지사업부Department of Human Services, DHS라 이름 붙이고, 처너를 임명해 이 기관을 이끌게 했다.

처너는 예전에 뉴저지 청소년가족사업국 부국장이었다. 혈색이 좋은 쾌활한 사람으로, 종종 세이브더칠드런Save the Children 넥타이를 자랑스레 맨다. 갈색 바탕에 다양한 민족의 유아들이 그려진 그 넥타이 말이다. 처너는 20년 동안 자기 자리를 유지하고 있다는 점을 아주 자랑스러워한다. 이런 문제 많은 기관을 이끄는 사람이 20년을 재직했다는 건 인상 깊은 일이다. 현재 복지사업부는 20만 명의 사람들에게 서비스를 제공하고, 940명의 카운티 공무원을 고용하고 있으며, 417개 계약 기관을 관리하고, 연간 8억 6,700만 달러의 예산을 운영한다.

처너는 재임 기간 초에 데이터웨어하우스data warehouse(다양한 운영 시스템에서 추출, 변환, 통합해 요약해 놓은 데이터베이스-옮긴이)를 만들자고 제안했다. 이 중앙 저장소에 복지사업부, 카운티의 다른 기관들, 그리고 연방 정부의 공공 부조 프로그램들이 수집한 정보를 통합할 예정이었다. 1999년 처너는 지역 재단들에서 나온 280만 달러로 데이터웨어하우스를 만들었다. 현재 이것은 복지사업부 본부에 있는 두 개의 서버에 들어 있는데, 10억 건 이상 되는 전자 기록, 다시 말해 앨러게니 카운티의 인구 한 사람당 평균 800건의 기록을 보유하고 있다.

성인 보호관찰소부터 약물및알코올서비스국, 주택청, 카운티교도소, 청소년보호관찰소, 앨러게니카운티경찰서, 연방소득보장국, 정신건강및약물남용서비스국, 실업수당국, 그리고 20개 안팎의 지역 학군에 이르기까지, 29군데의 다양한 프로그램들이 정기적으로 데이터를 추출해 보낸다. 추출된 데이터에는 민원인의 성명, 사회보장번호, 출생일, 주소, 이들이 받은 서비스 유형과 총액이 포함되어 있다. 이 데이터웨어하우스에 드는 한 해 비용은 주로 다국적 컨설팅 회사인 딜로이트투쉬토마츠사(社)Deloitte Touche Tohmatsu Ltd.와의 계약을 통해 관리된다. 1년에 최고 1,500만 달러가 드는데, 이는 복지사업부 한 해 예산의 약 2퍼센트에 해당한다.

마크 처너와 그의 데이터 분석·조사·평가 보좌관인 에린 돌턴은 이 데이터웨어하우스를 기관의 소통과 책임성을 높이고, 민원인들에게 포괄적인 서비스를 제공하며, 비용을 줄이는 도구로 본다. 복지사업부는 내부 데이터를 외부 데이터와 연결해, 민원인의 신원을 확인하고, 프로그램 자원에 대한 수급 적격성을 밝히고, 공적 서비스와의 모든 상호작용에서 민원인이 드러나는 행동을 예의주시할 수 있다.

하지만 그 운영은 데이터를 수집하고 분석하는 데 중점을 두지 않는다. 처너는 재임 기간 초에 위탁 양육자와 양부모와 친부모, 서비스 제공자, 아동 대변인, 변호사, 판사들에게 가까이 다가갔다. 경영 컨설팅 회사인 스튜어즈오브체인지Stewards of Change가 작성한 처너의 행정에 관한 한 사례 연구에서, 처너는 이렇게 설명했다. "아동복지 기관이 지역사회에서 적이 아니라 친구로 여겨지는 것이 목표다."

"마크는 이 도시에서 기금을 제공하는 민간단체들과 정말로 굳건한 관계를 맺고 있어요. 기관들과 참으로 긍정적인 관계에 있죠." 피츠버그대학 아동발달연구소의 로리 멀비가 말했다. "마크는 관계가 중요하다는 걸 분명히 알고 있어요. 정직하고 솔직한 데다 열심히 일하죠." 내가 피츠버그에서 이야기를 나눈 거의 모든 지역 사람들이 멀비의 말에 동의하면서, 처너의 팀이 보여 주는 참여식 접근법, 분명한 의사소통, 높은 윤리 기준을 칭찬했다. 현재 아동청소년가족국은 더 다양하고, 더 민감하게 대응하며, 더 투명하다. 지역 주민들에게 의견을 구하고, 지역 주민들이 주도하도록 요청한다. 처너는 지난 20년 동안 지역사회의 신뢰와 호의를 얻었다.

2012년 펜실베이니아주 의회는 복지사업부 예산을 1,200만 달러 삭감하면서, 복지사업 할당액을 10퍼센트 줄였다. 예산 삭감은 앨러게니 카운티 세입의 지속적인 감소와 2007년 불황에 따른 복지 서비스 수요의 증가가 이미 불러일으켰던 위기를 고조시켰다. 데이터는 풍부하지만 물적 자원이 부족한 처너와 복지사업부는 "서비스 수급자 결정 지원 도구와 예측 분석 모형을 설계해 시행하기 위한" 입찰 제안 요청서를 만들었다. 복지사업부는 가장 적절히 쓰일 수 있는 곳에 자원을 집중하도록 도와줄 자동화된 분류 시스템을 만들기 위해 100만 달러를—리처드킹멜런재단의 보조금으로 이 비용을 댈 터였다—제시했다.

이들은 뉴질랜드 오클랜드공과대학 팀의 제안을 택했다. 경제학자 레마 바이시아나산과 서던캘리포니아대학 아동데이터네트워크 소장인 에밀리 퍼트넘-호른스타인이 이끄는 팀이었다. 이들은 처녀의 데이터웨어하우스에 보관된 데이터를 발굴해, 앨러게니 카운티의 어떤 아동이 학대와 방치 위험성이 가장 높은지 예측하는 의사결정 도구를 설계, 개발, 시행할 것을 제안했다.

레마 바이시아나산과 에밀리 퍼트넘-호른스타인은 아동의 출생 시점이나 심지어 그 이전에 아동 학대를 예측해 내려는 야심을 공유하고 있었기 때문에 만나게 되었다. 2011년 퍼트넘-호른스타인과 바버라 니델이 쓴 논문은 태아기 학대 예측 알고리즘이 이론상 가능하다고 결론지었다. "출생하는 날, 학대 위험이 가장 높은 아이들을 알아내기 위해 사용할 수 있는 위험 평가 도구는 커다란 가치를 갖는다." 두 사람은 이렇게 썼다. "아직 자궁 속에 있는 동안에도… 태아기 위험 평가 도구를 이용해 위험에 처한 아이들을 알아낼 수 있을 것이다."[3] 오클랜드대학 경제학 부교수인 레마 바이시아나산은 지구 반대편에서 바로 이런 도구를 개발하는 팀에 있었다.

보수주의자인 폴라 베닛이 이끄는 대규모 복지 개혁 프로그램의 일환으로, 뉴질랜드 사회개발부Ministry of Social Development, MSD는 공적 혜택, 아동보호 서비스, 형사 사법 제도와 관련이 있는 부모들에 관한 정보를 가려내는 통계 모형을 만들어 달라고 바이시아나산 팀에 의뢰했다. 어떤 아동이 학대받거나 방치될 가능성이 가장 큰지 예측하기 위해서였다. 바이시아나산은 퍼트넘-호른스타인에게 공동 작업을 제의했다. "아동을 대상으로 삼은 데이터를 실시간으로 이용할 수 있는 레마 팀과 협력하는 건 흥미진진한 기회였죠." 퍼트넘-호른스타인이 말했다.

바이시아나산의 팀은 132개의 변수를 사용해 예측 모형을 개발했다. 이를테면 공적 혜택을 받은 기간부터 과거 아동복지 제도와의 관련, 엄마의 나이, 아동이 한부모한테서 태어났는지 여부, 정신건강, 그리고 처벌받은 이력에 이르기까지 온갖 변수를 이용해, 뉴질랜드 사회개발부의 과거 데이터에서 아동의 학대 위험성을 평가하는 방식이었다. 이들은 자신들의 알고리즘이 "훌륭하다고 할, 상당한" 정확도를 가지고, 아동이 5세가 될 때까지 "학대로 확증"될지 여부를 예측할 수 있다고 보았다. 2013년 9월에 발표한 한 논문에서, 이 팀은 타당성 연구와 윤리적 검토를 한 후 사회개발부가 이 모형을 이용해 위험도 점수를 생성하도록 제안했다고 말했다. 이 위험도 점수는 "학대 방지를 목표로" 대상을 겨냥한, 임의의 조기 개입 프로그램에 시동을 걸 터였다.[4]

2014년 이 계획이 알려지자, 뉴질랜드 대중은 우려하는 반응을 보였다. 학술 연구자들은 이 모형이 이 팀이 주장하는 만큼 정확하지 않을 수 있다고 경고했다. 이 모형이 과거의 데이터를 이용해 가장 피해를 입을 위험도가 높다고 확인한 아동 가운데 거의 70퍼센트가 틀렸다는 것이다.[5] 또 다른 이들은 이 모형이 주로 가난한 사람들을 감시하기 위한 도구라고 경고했다.[6] 이 계획을 검토한 이들은 아동 분리 비율이 대단히 불균형적으로 높은 마오리족 가정들의 특수한 요구가 적절히 고려되지 않았다는 우려를 제기했다.[7]

2014년 베넷 후임으로 사회개발부 장관이 된 앤 톨리는 바이시아나산 팀이 만든 도구의 정확성을 시험하기 위해, 2015년 신생아 6만 명을 대상으로 위험도 평가를 실시하는 관찰 실험 계획을 중단시켰다. 이 계획에 대한 요약 보고서의 여백에, 앤 톨리는 이렇게 썼다(이것이 나중에 언론에 새어 나가 알려졌다). "내가 지켜보는 한, 안 돼! 이들은 실험실 쥐가 아니라 아이들이라고." 이 실험은 대중의 반대에 부딪혀 실패했다. 하지만 그 무렵 바이시아나산 팀은 앨러게니 카운티에서 비슷한 위험 예측 모형을 만드는 계약을 따냈다.

콜 센터로 돌아와, 나는 팻 고든과 함께 스티븐과 크지슈토프의 점수를 자세히 들여다본다. 오후 4시가 지나면서, 콜 센터 소음 수준이 가파르게 올라간다. 주변의 모든 칸막이 방에서 전화 접수 선별 직원들이 하는 질문들이 언뜻언뜻 들린다. "그 여자분은 어떤 종류의 약물에 빠져 있는 건가요?" "지금 지원 제도를 이용하고 있나요?

이런 상황에서 도와줄 좋은 친구라도?" "더콴은 철자가 어떻게 돼죠?" 옆 칸막이 방에서, 한 개별사회복지사가 앨러게니 카운티 민사 법원의 양육권 서류를 스크롤하고 있다. 또 다른 개별사회복지사는 이름과 전화번호밖에 모른다며 전화 신고가 들어온 한 엄마의 가족을 페이스북을 이용해 찾고 있다. 전화 접수 직원들 사이에 오가는 농담이 스트레스가 절정에 이르면서 더욱 자극적이 되어 간다.

팻 고든 같은 선별 직원들은 앨러게니 카운티의 아동 학대 및 방치 상담 전화로 걸려 온 전화를 받고, 차일드라인ChildLine이라는 펜실베이니아주 상담 전화로 오는 신고를 받는다. 신고를 받으면 정보를 수집한다. 전화 건 쪽이 염려하는 사항의 유형, 사건 상황, 아동 및 그 밖의 관련자의 성명, 나이, 위치, 주소를 비롯한 인구통계학적 정보 등. 이들은 또 방치나 학대 혐의와 관련된 모든 사람의 이력을 수집한다. 전화 접수 선별 직원들은 복지사업부 데이터웨어하우스의 검색 어플리케이션인 클라이언트뷰ClientView에 대한 높은 수준의 접근 권한을 가지고 있다. 이들은 또 법원 기록, 이혼 서류, 출생 기록, 소셜미디어 등 공개적으로 접근할 수 있는 자료들을 검색한다.

크지슈토프 사례는 펜실베이니아주 시스템인 차일드라인으로 전화가 걸려 왔다. 고든이 받은 신고 내용은 이렇다. "다각적돌봄관리Diversified Care Management의 사례 관리자 [이름은 삭제]가 그 집의 창문이 망가지고 문이 부서진 것을 신고했다. 바깥 날씨가 추우면, 집이 아주 춥다. 아이는 옷을 겹겹이 입는다. 집에서는 고양이와 개의 오줌 냄새가 난다. 바닥에 배설물이 있다. 거실에는 잡동사니가 많다. 아이는 자신이 자진해서 거실 소파에서 잔다. 엄마는 거실 바닥에서 잔다."

크지슈토프 사례는 계속 진행 중이기 때문에, 팻 고든은 이 가정을 조사 대상으로 선별할지 여부를 결정하지 않을 것이다. 다만 이 신고를 기록해서, 크지슈토프의 개별사회복지사에게 혐의의 위급성을 알리려 할 것이다. 이 사례를 조사할지 말지 결정해야 한다면 "(그 사례 관리자에게) 많은 걸 물어봐야 해요."라고 고든은 말한다. "'그 집에 마지막으로 갔던 게 언제인가?', '이 가족을 얼마나 오랫동안 맡아 왔는가?', '무슨 일로 이 가족을 맡고 있는가?', '우리에게 신고한 사실을 그 가족이 아는가?' 따위의 질문 말이죠."

최근 AFST가 많은 주목을 받고 있지만, 이는 한 가정을 조사 대상으로 선별할지 여부를 결정하는 세 단계 접수 과정에서 마지막 단계에 지나지 않는다고 팻은 설명한다. 전화 접수 선별 직원들은 혐의 유형을 고려한다. '펜실베이니아주의 학대에 관한 법률 규정에 부합하는가?', '아동청소년가족국 권한 내에 있는가?' 등을 파악하는 것이다. 그런 다음에는, 해당 아동의 즉각적인 위험을 고려한다. '임박한 위험이 있는가?', '현재의 위험은?' 등. 마지막으로는 그 가족의 이력을 알아내기 위해, 이용 가능한 모든 데이터들을 철저히 조사한다. AFST는 그 이력을 밝히는 전화 접수 선별 직원들의 일을 보완해 준다.

팻 고든 같은 전화 접수 선별 직원의 재량과, 과거 데이터를 깊숙이 들여다볼 수 있는 위험 예측 모형의 능력을 결합하는 것이 이 시스템의 가장 중요한 안전장치다. "여긴 최소한의 정보가 있는 곳이죠." 에린 돌턴이 말했다. "전화를 건 사람들은 그렇게 아는 게 많지 않아요. 우린 이 가족들에 대해 많은 걸 알죠. (데이터에는) 아주 많은 역사가 있거든요. 우린 좀 더 정보에 근거해서 조사 권고를 할 수가 있어요."

팻이 크지슈토프 사례를 나에게 보여 준다. "앤 나이가 더 많아요. 그래서 취약성은 낮을 거예요. 실제 피해 같은 건 아무것도 없거든요. 예전의 학대나 방치? 일반보호서비스General Protective Services, GPS에 이 가족에 대해 종결되지 않은 사례가 있네요. 이 혐의에서, 그 부모나 아이의 정신 건강에 대한 데이터는 없네요." 팻은 이 혐의의 심각도를 "낮음"으로 선택한다. 그런 다음 아이의 당장의 안전성을 고려한다. 팻은 부서진 창과 문이 불안하기는 하지만 "그게 분명 임박한 위험은 아니죠. 현재 위험한 것 같지는 않아요."라고 말한다. 그런 다음에는 AFST를 작동시키는 단추를 누른다. 크지슈토프의 점수가 온도계처럼 보이는 도표 형태로 화면에 나타난다. 아랫부분은 초록색이고 위로 갈수록 노란색이 되다가 윗부분은 선명한 빨간색으로 바뀐다. 산출된 크지슈토프의 점수 14점은 빨간색 부분의 맨 아래쪽, 즉 "긴급사태!" 등급에 해당한다.

나는 크지슈토프가 스티븐보다 거의 세 배나 되는 점수를 받은 데 충격을 받는다. 크지슈토프는 십 대이지만 스티븐은 겨우 여섯 살이다. 이 상담 전화 신고는 빈곤 상태에 흔한 복잡한 환경과 열악한 주거보다 더 해로운 것은 없음을 보여 준다. 왜 크지슈토프의 위험도가 이렇게 높게 평가되었을까? 팻이 설명한다. 크지슈토프네 가족의 공적 서비스 관련 기록은 크지슈토프 엄마의 어린 시절까지 거슬러 올라간다. 그래서 이 혐의는 심각하지 않고 크지슈토프는 안전해 보이지만, 이 가족의 AFST 점수는 높다.

AFST 점수를 보여 주는 화면에는, 이 시스템이 분명 "조사를 하거나 다른 아동복지 관련 결정을 하기 위한 것이 아니"라고 쓰여 있다. 하지만 오클랜드대학의 팀 데어와 캘리포니아대학 버클리 캠퍼스의 아일린 갬브릴이 2016년 5월에 내놓은 윤리성 검토 보고서는, AFST 위험 점수에 대해 경고한다. 전화 접수 선별 직원들이 스스로의 판단에 의심을 품을 정도로, AFST 위험 점수가 강력할 수 있다는 것이다. 레마 바이시아나산의 주장에 따르면, 이 모형은 전화 접수 선별 직원들이 그 예측의 정확성을 의심하고 자신의 판단을 따르도록 하는 방식으로 만들어졌다고 한다. "모순되게 들리겠지만, 난 전화 접수를 선별하는 사람들이 이 모형을 좀 약화시켰으면 해요." 바이시아나산이 말했다. "'(선별 점수는) 20점이지만 이 혐의는 아주 사소해서, 이 모형이 말해 주는 건 이런 이력이 있다는 것뿐이네요.'라고 말할 수 있기를 바라는 거죠."

하지만 내가 콜 센터를 방문하는 동안 본 것으로 미뤄 볼 때, 이 모형은 이미 일부 전화 접수 선별 직원들이 일하는 방식을 미묘하게 바꿔 놓고 있다. "우리가 이런 조사를 모두 다 마치고 나면, 보고서 맨 끝에 점수가 나와요." 전화 접수 관리자 제시 스킴이 말했다. "신고를 받고 모든 조사를 끝낸 다음 점수를 내서 조사 내용이 그 점수와 맞지 않으면, 보통은, 조사에서 뭔가 놓친 게 있는 거예요. 그러면 그 퍼즐을 다시 조각내야 해요."

우리는 모두 기계의 의견을 따르는 경향이 있다. 또 기계는 더 중립적이고 객관적인 것처럼 보일 수 있다. 하지만 관리자가, 전화 접수 선별 직원과 컴퓨터의 평가 결과가 충돌할 경우 인간이 그 모형을 따라야 한다고 생각하는 건 걱정스럽다. 모든 위험 예측 모형과 마찬가지로, AFST는 완벽한 예측을 하는 것이 아니라 가능성을 제시할 뿐이다. 양상과 경향을 알아낼 수 있을지는 모르지만, 개별 사례에 따라 종종 틀린 예측을 하기도 한다. 바이시아나산과 퍼트넘-호른스타인에 따르면, 전화 접수 선별 직원들은 AFST 점수를 본 이후에 자신이 내린 위험도 평가 결과를 바꿀 수 있게 해 달라고 요청하고 있다. 이는 위험 예측 모형이 인간보다 틀릴 가능성이 낮다고 전화 접수 선별 직원들이 생각하고 있음을 보여 준다. 지금까지 처너와 돌턴은 이 요청을 거부했다. 전화 접수 선별 직원의 위험 및 안전 평가는 AFST가 작동한 후에는 잠겨서, 관리자 외에는 바꿀 수가 없다.

권위와 객관성이 있어 보이는 전산화된 점수, 위험을 피하려는 심리, 또는 아동의 생명이 위태로울지 모른다는, 당연하지만 과도한 경계심 앞에서, 저 강렬한 빨간색 수치가 전화 접수 선별 직원의 전문적 판단에 얼마나 혼선을 불러일으킬지는 쉽사리 알 수 있다. 콜센터에서 AFST는 인간을 대신해 결정을 내리는 것이 아니라, 인간의 결정을 돕도록 되어 있다. 그런데도 사실상 이 알고리즘이 전화 접수 선별 직원들을 길들이고 있는 것 같다.

한술 더 떠서, 한 가족의 AFST 점수가 20점이 넘으면 관리자가 기각하지 않는 한, **이 시스템이 자동적으로 조사를 촉발시킨다.** "일단 알고리즘이 작동돼서 그 바퀴가 돌아가기 시작하면, 이 예측 모형이 전화 접수 선별 직원으로 하여금 해당 사례를 조사 대상으로 선별하게 만들 가능성이 있는 거죠." 앨러게니 카운티 아동청소년가족국의 지역 전화 접수 관리자인 브루스 노엘의 말이다.

춥고 지저분한 집에 사는 열네 살 난 아동이, 엄마한테서 학대받고 있을지 모른다는 의심이 들고 현재는 노숙 생활을 하고 있을지도 모르는 여섯 살 난 아이보다, 거의 세 배에 달하는 위험 점수를 받는다. 이런 사례로 볼 때, 이 위험 예측 모형은 전화 접수 선별 직원의 결정에 지침이 될 만한 유용한 정보를 제공하기에는 상식적인 기준을 충족시키지 못하는 것 같다. 왜 그럴까?

데이터 분석가 캐시 오닐은 "모형이란 수학에 삽입된 의견"[8]이라고 썼다. 모형은 유용하다. 관련 없는 정보를 배제하고, 우리가 예측하고자 하는 결과에서 가장 중요한 것에만 초점을 맞추기 때문이다. 하지만 이런 모형은 또한 추상적이기도 하다. 모형에 무엇을 입력할지에 대한 선택에는 그 모형을 만든 사람의 우선 사항과 선입관이 반영된다. 인간의 결정이 AFST의 가장 중요한 세 가지 요소에 반영되어 있다. 결과 변수, 예측 변수, 검증용 데이터가 바로 그것이다.

⊕

결과 변수는 예측하고자 하는 현상을 나타내기 위해 측정하는 것이다. AFST(앨러게니가정선별도구)의 경우에, 앨러게니 카운티는 아동학대, 특히 사망 가능성에 관심이 있다. 하지만 앨러게니 카운티의 아동 학대 관련 사망자와, 그와 비슷한 사망자의 수는 아주 적다. 다행히도, 1년에 몇 안 된다. 이런 빈약한 데이터로는 통계상 유의미한 모형을 만들 수 없다.

아니면, 실제 아동 학대 사건 대신에, 아동청소년가족국의 개별사회복지사들이 입증한 아동 학대 사례를 이용하는 것이 논리적일 수 있다. 하지만 아동 학대의 입증 기준이 애매하다. 그건 단지 어떤 가정이 아동보호 서비스를 받아야 할 정도로 그 가정의 아동이 피해를 입었다는 증거가 충분하다고, 아동청소년가족국이 생각한다는 의미일 뿐이기 때문이다. 어떤 개별사회복지사는 한 가족이 푸드 스탬프나 적정 주택 같은 필요한 자원에 접근할 수 있게 하려고 피해를 입증할 것이다. 또 어떤 개별사회복지사는 믿을 만한 증거를 가지고 있지는 않지만, 아이에게 무슨 일이 일어나고 있다는 강한 의심이 들기 때문에 입증할 것이다. 부모가 겁을 먹고 실제로 저지르지도 않은 학대나 방치를 인정해서 입증되는 경우도 있을 것이다. 입증이란, 명쾌하지 않아서 결과 변수로 이용할 수가 없다.

더 직접적인 기준을 이용하는 게 최선이겠지만, AFST는 아동 학대를 대신하는 것으로서 두 가지 연관 변수—대리 변수라고 한다—를 이용한다. 첫 번째 대리 변수는 **지역 주민들의 재신고**이다. 어떤 아동에 대한 상담 전화 신고가 처음에는 걸러졌더라도, 2년 내에 동일한 아동에 관한 또 다른 전화가 걸려 오는 경우다. 두 번째 대리 변수는 **아동의 배치**|placement다. 이는 한 아동에 대한 신고 전화가 선별되어 조사가 진행되고, 그 결과 해당 아동이 2년 내에 가정위탁되는 경우를 말한다. 그래서 AFST는 사실상 어느 아동이 피해를 입을 것인지가 아니라, 지역 주민들의 결정(어느 가정을 상담 전화로 신고할지)과 해당 기관 및 가정법원이 내리게 될 결정(어느 아동을 가족한테서 분리할 것인지)을 예측한다.

위험 예측 모형이 정확하게 기능하려면 많은 연관 데이터와 더불어, 분명하면서도 모호하지 않은 기준이 필요하다. 하지만 그러려면 이용 가능한 데이터로 이 모형을 시험해 봐야 한다. "완전한 결과 변수는 없어요." 에린 돌턴이 말했다. "아동의 학대 및 방치 피해의 완전한 대리 변수가 있다고는 생각하지 않거든요."

예측 변수는 데이터들 가운데 결과 변수와 상관관계가 있는 데이터들이다. 바이시아나산 팀은 AFST의 예측 변수를 찾기 위해 단계적 프로비트 회귀분석stepwise probit regression(어떤 특징을 지닌 관찰값이 두 가지 범주 중 특정 범주에 속할 확률을 계산하는 방법-옮긴이)이라는 통계 방법을 썼는데, 이는 흔히 쓰지만 다소 논란이 있는 데이터 발굴 과정이다. 전산화된 이 방식은 결과 변수와 통계상 유의미할 정도로 높은 상관관계가 없는 변수들을 배제시킨다. 다시 말해, 우리가 측정하려는 것과 연동되어 변하는 변수를 뽑아내기 위해, 이용 가능한 모든 정보를 샅샅이 뒤진다. 이런 방식은 일종의 "저인망식 데이터 훑기", 또는 정보 수집을 위한 통계 조사라는 비난이 있다.

AFST의 경우, 바이시아나산 팀은 처너의 데이터웨어하우스에서 이용할 수 있는 287개 변수를 시험했다. 회귀분석으로, 그 가운데 156개 요인이 제거되고, 이 팀이 아동의 피해를 예측한다고 생각하는 131개 요인이 남았다.[9]

회귀분석으로 예측상 함께 증가하고 감소하는 요인을 찾아낸다 하더라도, 상관관계가 인과관계인 것은 아니다. 고전적인 예로, 상어의 공격과 아이스크림의 소비는 아주 높은 상관관계를 갖는다. 하지만 이것이 아이스크림을 먹으면 수영하는 사람들이 너무 느려져 물속의 포식자를 피할 수 없게 만든다거나, 상어가 소프트아이스크림에 이끌려서 다가온다는 뜻은 아니다. 상어의 공격과 아이스크림의 소비 모두에 영향을 미치는 제3의 변수가 있다. 바로 여름이다. 아이스크림의 소비와 상어의 공격은 날씨가 더워지면 증가한다.

검증용 데이터는 모형이 얼마나 잘 예측하는지 확인하기 위해 이용된다. 앨러게니 카운티의 모형은 아동청소년가족국이 2010년 4월과 2014년 4월 사이에 받은 7만 6,964건의 신고를 가지고 시험되었다.[10] 바이시아나산 팀은 이 신고들을 두 가지로 나눴다. 그 가운데 70퍼센트가 예측 변수의 가중치, 곧 각 변수가 예측하고자 하는 결과에 얼마나 중요한지를 결정하는 데 이용되었다. 그 결과 만들어진, 적절히 가중치가 부여된 131개의 예측 변수를 가진 모형을, 나머지 30퍼센트의 사례를 가지고 돌려 보았다. 이 모형이 과거 데이터를 이용해 아동들의 실제 결과를 신뢰할 만하게 예측할 수 있는지 보기 위해서였다.

완전한 예측 모형은 수신자조작특성receiver operating characteristic, ROC 곡선*의 아래 영역에서 100퍼센트의 적중률을 가질 것이다. 예측 능력이 없는 모형—이 모형이 적중할 가능성은 동전을 던져 앞면이 나올지 뒷면이 나올지 알아맞힐 가능성과 대략 같다—은 수신자조작특성 곡선의 아래 영역에서 50퍼센트의 적중률을 가질 것이다. AFST의 수신자조작특성 곡선 아래 영역에서의 초기 적중률은 76퍼센트로, 1년에 한 번 하는 유방조영술의 예측 정확도와 대략 같다.[11]

76퍼센트라고 하면 예측이 아주 정확한 것처럼 들릴지 모른다. 하지만 이는 동전 던지기와 완전한 예측 사이의 중간에 지나지 않는다. 그리고 유방조영술과의 비교가 설득력이 있기는 하지만, 2009년 미국질병예방특별위원회가 잘못된 양성 또는 음성 판정과 매년 쬐는 방사선 양이 미치는 영향을 우려해서, 40대 여성에게는 유방조영술을 권하지 않고 50세가 넘은 여성에게, 소수의 경우에만 권

---

    *   신호와 잡음이 애매한 영역에서 최선의 선택을 하기 위한 기법을 수신자조작특성 receiver operating characteristic이라고 한다. 수신자조작특성 곡선은 X축을 오경보 확률, Y축을 적중 확률이라 보고, 주어진 자극에 따라 그 값을 그린 곡선이다. 이 곡선 아래의 면적(곡선 아래 영역)은 선별 도구의 정확성을 나타내는 값으로, 1.0에 가까울수록 완벽한 선별 도구라고 볼 수 있다.

한다는 사실 또한 기억하는 것이 중요하다.[12] 2016년 앨러게니 카운
티에는 1만 5,139건의 아동 학대 및 방치 신고가 있었다. 현재 적중
률로 보면, AFST는 그 가운데 3,633건을 잘못 예측했을 것이다.

요약하자면 이렇다. AFST는 설계 자체에 정확성을 제한하는 결
함이 내재되어 있다. 이 도구는 실제의 아동 학대가 아니라, 아동 학
대 및 방치 상담 전화에 들어오는 신고와 가족으로부터의 아동 분
리, 다시 말해 아동의 피해를 측정할 것이라 추정되는 대리 변수를
예측한다. 이 도구가 이용하는 데이터는 공적 서비스에 접근하는
가족에 관한 정보만을 담고 있다. 그래서 학대와 방치에 영향을 미
치는 가장 중요한 요인을 놓치고 있을 수 있다. 결국 이 도구의 정
확도는 평균에 지나지 않는다. 매년 수천 건의 부정 오류(참을 거짓으
로 잘못 판단한 경우-옮긴이)와 긍정 오류(거짓을 참으로 잘못 판단한 경우-옮
긴이)가 발생하고 있음이 분명하다.

결과 변수가 주관적이면, 모형의 예측 능력은 제대로 발휘되지
못한다. 부모가 아이를 방치해서 상담 전화에 재신고한 걸까? 아니
면 그 부모가 지난주에 떠들썩한 파티를 벌이는 바람에 이웃의 누
군가가 미친 듯이 화가 나 신고한 걸까? 개별사회복지사와 판사는
아이의 생명이 위태롭기 때문에 가정위탁한 것일까? 아니면 좋은
부모란 마땅히 이래야 한다는, 문화적으로 특정한 생각을 가진 탓

에, 아니면 안전책을 강구하지 않으면 그 결과가 두렵기 때문에 가정위탁한 걸까?

콜 센터에서, 나는 아동청소년가족국 시스템에 그들의 데이터가 들어 있는 부모들과 AFST(앨러게니가정선별도구)가 어떤 영향을 미치는지에 대해 이야기를 나눠 왔다고 팻 고든에게 말한다. 대부분 부모가 긍정 오류를 걱정한다. 즉 자신의 아이가 실은 학대 또는 방치 위험이 거의 없는데도, 이 모형이 위험도가 높다고 평가하는 것 말이다. 만약 크지슈토프의 엄마가 자기 가족의 점수에 접근할 수 있었다면, 이렇게 생각했을 것이다.

하지만 팻은 부정 오류 또한 걱정해야 한다는 사실을 상기시킨다. 그 혐의나 아동에게 닥친 즉각적인 위험의 정도가 심각할 수 있는데도, AFST가 해당 아동의 위험도 점수를 낮게 줄 수 있는 것이다. "예를 들면, 그 사람들이 유의미한 과거를 가지고 있지 않다고 해 보자고요. 우리에게 그들은 학대할 사람들이 아닌 거죠. 그렇지만 (그 혐의가) 아주 짙어요. (아동청소년가족국은) 우리 스스로 생각하도록 재량권을 주는데, 걱정을 멈출 수가 없는 거죠. … 그 아이의 성장판이 망가져 있는 게 말이에요. 그건 학대의 징후와 거의 일치하거든요. … 그걸 망가뜨릴 수 있는 방법은 한두 가지뿐이에요. 그런데 (점수는) 낮게 나온다니까요!"

앨러게니 카운티는 데이터웨어하우스에 공공 프로그램의 이용에 관한 정보를 어마어마할 정도로 많이 보유하고 있다. 하지만 공적 서비스를 이용하지 않는 사람들의 데이터에 대한 접근권은 가지고 있지 않다. 사비로 약물 치료, 정신 건강 상담, 또는 금융 지원을 이용하는 부모들은 복지사업부 데이터에 나타나지 않는다. 이들의 행태를 말해 주는 변수들은 AFST를 위한 회귀분석에서 정의되지 않거나 회귀분석에 포함되지 않았기 때문에, 아동 학대 퍼즐의 결정적인 조각이 누락되었을지 모른다. 아이스크림과 상어의 공격을 연결하는 "여름"이라는 중요한 변수가 누락되었을 수도 있다.

예를 들어, 지리적 고립이 아동 학대에서 중요한 요인이 될 수 있다. 하지만 이는 데이터에 나타나지 않을 것이다. 앨러게니 카운티에서 **공적** 서비스를 받는 대부분의 가정이 밀집한 도시 지역에 살고 있기 때문이다. 나는 팻 고든에게, 교외 지역에 살고 있어서 이전에 그들에 관해 걸려 온 상담 전화가 없거나, 아동을 돌보는 사람이 민간 정신 건강 혹은 중독 서비스를 이용하기 때문에 이 시스템 안에 들어와 있지 않은 사례에 관심이 있는지 묻는다. "바로 그거예요. 도심지 사람들이 실제로 관심이 있는지 궁금해요. 내 말은, 우리가 일을 하면서 이런 걸 찾아보지는 않는다는 거예요. 정말로 찾아보지 않아요. 그 사람들이 찾아보았으면 하네요."

나는 듀케인 가정지원센터에서 에인절 셰퍼드와 패트릭 그지브를 만났다. 이곳은 가정들이 프로그램에 참석하고 자원에 접근하며 서로 연락하는, 26개의 지역사회 거점들 가운데 하나다. 2016년 어느 상쾌한 가을날, 나는 이 센터의 부모자문위원회 회원들과 이야기를 나누고 있었다. 흥겹고, 다방면에 걸친, 그러면서 종종 열띤 대화였다. 부모들이 앨러게니 카운티 아동청소년가족국과 관련된 경험을 이야기하자, 회의실 분위기는 분노에 찬 경멸에서 눈물 어린 공감, 충격적인 두려움으로 걷잡을 수 없이 바뀌었다.

에인절과 패트릭이 곧바로 두드러지지는 않았다. 백인 노동자 계층이 반복적이면서 일상적인 모욕을 겪는 일은 아주 일반적이기 때문이다. 2002년 함께 살게 된 이후, 둘은 달러제너럴Dollar General(주로 저소득층을 대상으로 저가 상품을 판매하는 미국의 유통 기업-옮긴이) 점원에서 고등학교 무장 경비원, 음식 공급업까지 다양한 서비스직에서 일했다. 패트릭은 인근 지역인 먼홀에서 태어났다. 그가 태어나고 20년 후인 1986년, 이 지역의 주요 회사였던 홈스테드철강Homestead Steel Works이 문을 닫았다. 그는 중학교 3학년을 마친 후 학교를 떠났다. 스스로 "학습 지진아"라고 말하지만, 상근직으로 일하며 세 아이를 거의 혼자서 키웠을 정도로 영리하고 성실하다. 에인절은 2년간의 온라인 연애 끝에, 대담하게도 위험을 무릅쓰고 캘리포니아에서 버스를 타고 와 패트릭과 살림을 합쳤다. 최근 에인절은 사이버보안 분야의 학위를 따기로 결심하면서 다시 모험을 했다. 하지만 이번에는 운이 좋지 않았다. 영리 목적의 온라인 대학은 뚜렷한 취업 길을 열어 주지는 않은 채, 에인절에게 큰 학자금 빚을 남겼다.

이들은 재혼 가족이자, 여러 세대가 함께 사는 가족이었다. 패트릭의 장성한 딸들 가운데 하나인 태버서는, 빨간 머리에 활달하고 붙임성 좋은 여섯 살짜리 매력덩어리 딸 데저레이를 데리고, 두 세대용 작은 셋집에 함께 산다. 에인절의 딸 해리엇은 모카색 피부에 검은색 곱슬머리로, 조숙하고 활동적인 질풍과도 같은 아홉 살이다. 해리엇은 스콜래스틱 출판사의 『나는 살아남았다/ Survived』 시리즈를 무척 좋아한다. 이 시리즈물의 표지에는 청소년들이 불, 토네이도, 화산 폭발, 또는 나치 침략으로부터 도망치는 장면이 담겨 있다. 2016년 11월 내가 이들의 집을 방문했을 때, 해리엇은 나에게 당시 가장 좋아하던 『나는 카트리나에서 살아남았다/ Survived Hurricane Katrina』를 보여 주었다.

패트릭과 에인절은 창의성이 넘치고 열심인 부모다. 데저레이와 해리엇이 싸우면, 이 둘을 패트릭의 단추 달린 헐렁한 셔츠인 "사이좋게 지내기 셔츠"에 함께 들어가게 한다. 두 소녀는 한쪽 팔을 각각 한쪽 소매에 넣고, 다른 쪽 팔로 서로의 허리를 두른다. 싸움을 멈출 때까지 이렇게 "사이좋게 지내기 셔츠"에 들어가 있다. "화장실에 가야 할 때도 말이죠." 패트릭은 이렇게 말하고는, 녹갈색 눈동자를 반짝이며 웃음을 터뜨린다.

갈색 아스팔트 지붕을 인 그들의 집 현관에는 아시시의 성 프란체스코가 축복을 내리고 있지만, 이 가족은 미국 노동자 계층에 흔한 온갖 충격적인 일을 겪었다. 이를테면 건강 위기, 장기 실업, 신체장애 같은 것들 말이다. 그런데도 이들은 여전히 매우 회복력이 크고, 재미있으면서, 너그럽다. 에인절은 이야기를 하면서 강조의 의미로 패트릭을 손바닥으로 치는 습관이 있다. 패트릭은 딱 벌어진 어깨를 느긋하게 편 채로 정성 들여 다듬은 수염을 씰룩거리는데, 한때 오토바이족이었던 불교도처럼 차분하다. 패트릭은 무심결에 아내를 "나의 에인절"이라 부르며 활짝 웃는다. 패트릭은 당뇨병 후유증으로 발가락 세 개를 잃고 에인절은 실직했기 때문에, 이들은 대부분의 시간을 가정지원센터에서 자원봉사를 하면서 보낸다. 패트릭은 여름 내내 "레디프레디Ready Freddy"(준비됐나요-옮긴이) 프로그램을 진행하며 어린아이들이 유치원 입학을 준비하는 일을 돕는다. 에인절은 이 센터의 행정 일을 거들고 모든 회의의 회의록을 작성한다.

에인절과 패트릭은 아동청소년가족국과 평생 동안 관계를 쌓아왔다. 패트릭은 딸 태버서가 응급실에 실려 갔다가 항생제 처방을 받을 형편이 안 됐던 2000년대 초, 치료 방치로 조사를 받았다. 딸의 상태가 악화되어 다음 날 다시 응급실로 데려가자, 한 간호사가 아동청소년가족국에 전화하겠다고 위협했다. 두렵기도 하고 화가 나기도 한 패트릭은 딸을 데리고 나와 버렸다. 그리고 조사가 시작되었다. "그 사람들이 밤늦게 왔더군요." 패트릭이 말한다. "11시나 12쯤 됐던 것 같아요. 아이들은 이미 자고 있었죠. 그 사람들은 경찰과 함께 와서, 자기네가 왜 왔는지 말하고는, 집 안으로 들어와, 집을 살피고, 딸들이 자고 있는 곳을 들여다보더군요. 그러고는 2, 3일 후에 편지 한 통을 받았어요. 태버서가 열여덟 살이 될 때까지, 내 아동 방치 기록이 보관된다고 하더라고요."

아동청소년가족국은 해리엇이 태어날 때부터 이 아이의 인생에 존재했다. 에인절은 해리엇이 태어난 그날, 딸을 가정위탁했다. 하지만 위탁가정이 딸을 학대한다는 의심이 들자, 딸을 다시 데려오기 위해 싸웠다. 에인절은 아동청소년가족국에 요청해 육아 수업과 상담을 받았다. 양육권을 회복한 에인절의 경험은 대체로 긍정적이었다. 에인절의 개별사회복지사도 해리엇이 집으로 돌아온 후 아기방의 전기 문제를 발견하고서는, 에인절의 집주인에게 전화를 걸어 자격증이 있는 전기 기사를 보내 수리하지 않으면 에인절네가 사는 집을 빼겠다고 위협했다.

해리엇이 다섯 살이었을 때는, 누군가 아동 학대 및 방치 상담 전화에 여러 차례 신고를 했다. 익명의 정보 제공자는 해리엇이 방치된 채 동네를 뛰어다니고 있다고 설명했다. "가장 길게 딸을 혼자 있게 한 시간은 2분이에요." 에인절이 반박한다. "그런데 길거리 사람들이 보고는 전화해서 그렇게 말한 거예요." 아동청소년가족국 조사관들은 해리엇에 관한 조사에 착수해서, 집으로 와 이 가족과 이웃을 면담했다. 조사관은 해리엇의 손을 잡고, 엄마를 떼어 놓은 채 거리를 걸으며 이야기를 나누려고 했다. "우리로서는 자랑스럽게도, 또 우리 딸로서는 자기보호를 위해서였을 텐데, 우리 딸이 그랬죠. '난 거기 갈 수 없어요. 그건 규칙 위반이에요. 경계를 벗어나는 것이거든요.'" 그러자 사회복지사는 대신에 해리엇을 뒤 베란다로 데려가고, 에인절은 앞쪽으로 내보냈다.

개별사회복지사는 해리엇과 이야기를 나눈 후, 에인절을 한쪽으로 데려가 말했다. "와, 정말 말을 잘 듣는 아이네요." 에인절이 사회복지사에게 말했다. "해리엇이 그렇게 되도록 하려면 어떻게 해야 하는지 모를 거예요." 에인절은 자신의 훈육법을 설명하고 한 가지 예를 들었다. 인도에 멈춤 표지판을 그리고, 그 안에 "멈춤"이라는 말을 써 넣는다. 그런데 그 표지판을 그냥 지나가면, 해리엇은 타임 아웃(아이를 다른 장소에 격리시켜 스스로 자신의 행동에 대해 생각할 시간을 갖게 하는 훈육법-옮긴이)으로 현관 계단에 한동안 가만히 앉아야 있어야 한다. 조사관은 이 사례를 종결지었다.

또 다른 상담 전화가 걸려 왔다. 해리엇이 거리에서 개를 따라다니며 못살게 군다는 신고였다. 에인절은 자신이 화장실에 가면 해리엇이 슬쩍 마당을 나가, 개가 닿지 않는 곳에 음식을 던져 주고는 개를 보고 짖어 댄다는 걸 알았다. 에인절은 이런 행동을 못 하게 하려고 온갖 시도를 다 해 봤다. 계속 그러면 다칠 수도 있다고 설명해 주기도 했다. 이런 행동을 하면, 그날은 만화영화를 못 보게 하기도 했다. 개 주인에게 가서 사과하게 하기도 했다. "아동·청소년가족국에 전화가 걸려 오기 전날 애한테 개 주인에게 사과하도록 시켰어요!" 에인절은 어깨를 한 번 으쓱하고는 말한다. "그 여자분(조사관)한테 말했어요. '난 거짓말하지 않아요. 해리엇은 이 개를 못살게 굴다가 여러 번 걸렸어요. 나는 이 상황을 해결하려고 해리엇하고 노력하고 있다고요.'" 하지만 조사관은 해리엇의 안전을 확신하지 못했다. "그게 아동 방치일 수 있다"는 조사관의 말을 에인절은 기억한다. 에인절이 감독관에게 해리엇을 항상, 심지어 화장실에서도 지켜볼 수 있다고 설명하자, 아동청소년가족국은 이 사례를 종결지었다.

상담 전화로 또다시 여러 차례 전화가 걸려 왔다. 해리엇이 옷을 제대로 입고 있지 않다거나, 밥을 제대로 먹지 못한다거나, 목욕을 제대로 하지 않는다거나, 아니면 항발작제를 복용하지 않고 있다고 주장하는 전화였다. 에인절과 패트릭은 조사를 진행하는 개별 사회복지사에게 해리엇의 신경과 전문의가 연달아 두 번 진료 예약을 취소했고, 그러다가 해리엇이 진료를 받은 지 1년 이상이 되었기 때문에 처방전을 주지 않았다고 설명했다. 해리엇은 간질을 측정하기 위해 머리에 의료 장치를 착용하고 있어서 머리를 감기가 어려웠다. 하지만 상담 전화에 신고한 사람이 주장한 것처럼 해리엇이 차가운 맨발로 뛰어다니지는 않았다. 게다가 에인절과 패트릭은 새 신경과 전문의를 찾고 있었다. 아동청소년가족국이 해리엇의 의료 기록에 접근할 수 있도록, 에인절은 권리포기 서류에 서명했다. 아동청소년가족국은 이들의 이야기를 확인하고서 이 사례를 종결지었다.

패트릭과 에인절은 이웃이나 가족 중 누군가가 그들을 괴롭히려고 장난 전화를 해 대고 있다고 의심한다. 에인절은 고소하고 싶지만, 할 수 있는 일이 거의 없다. 아동 학대 및 방치 상담 전화에 자발적으로 신고하는 사람들은, 원한다면 익명으로 남아 있을 수 있다. 신고 의무자들은 선의에서 한 신고라면 민사 또는 형사 책임을 면제받는다. "격주로 그 사람들이 조사를 나오는 것 같았죠." 낙담한 에인절이 설명한다. "그 사람들은 아무것도 찾아내지 못한 채 우리 사례를 종결지어요. 하지만 때로는 차를 타고 지나가면서 어떤지 지켜보는 것 같은 느낌이 들어요."

패트릭이 아동청소년가족국과의 경험에서 배운 교훈은 이것이다. 항상 공손하게 행동하라. 부당한 대우를 받고 있다는 생각이 들어도, 아동청소년가족국이 요구하는 것은 모두 따르라. "온당하다고 생각하지 않았지만, 싸우지 않았어요. 만약 싸우면 그 사람들이 정말로 와서 해리엇을 데려갈 거라고 생각했거든요." 항상 유리한 패를 쥔 것은 아동청소년가족국이라고 패트릭은 설명한다. "두렵죠. 난 '그 사람들이 와서 우리 애들을 데려갈 거야.'라고 생각하고 있어요. 처음 드는 생각이 그거예요. 아동청소년가족국이 아이들을 데려간다는 거. 특히 경찰이 함께 오면 속이 울렁거려요. 절대로 못 잊을 겁니다."

에인절 셰퍼드와 패트릭 그그브는, 내가 이야기를 나눈 아동청년가족국과 관계가 있는 다른 모든 부모와 마찬가지로 이 기관에 대해 대단히 복잡한 감정을 가지고 있다. 두려우면서 불만스러운 경험을 이야기하기도 하지만, 또한 자신들이 받는 지원과 자원에 대해 고마워한다. 두 사람은 자신들이 가족지원센터에서 자원봉사 하는 시간이 다른 가정이 아이들을 안전하게 지키는 데 도움이 되기를 바란다. 하지만 또 한편으로는 아동청소년가족국과 어떤 식으로든 관계를 맺으면 자신들의 AFST 점수가 빠르게 높아질지 모른다고 의심한다.

AFST에 대해 묻자, 대부분 부모들은 두려움과 분노로 반응했다. 어떤 부모는 이 시스템이 부당하게 자신들을 표적 삼아 감시한다고 생각한다. 또 어떤 부모는 부모로서의 전체 이력을 하나의 수치로 요약하는 것은 인간성을 말살하는 일이라고 본다. 또 다른 부모는 자신들이 이 시스템에서 갖는 제한된 권리를 행사하는 일을, 이 모형이 훨씬 더 어렵게 만들 것이라고 생각한다.

이는 특히 아프리카계 미국인 부모들에게 해당된다. 재닌은 펜실베이니아주 랜킨 지역 가난한 가정들의 거침없는 대변자인데, 아동청소년가족국의 응징이 두려워 성은 빼고 이름으로만 언급해 달라고 부탁했다. 내가 이 위험 예측 모형을 어떻게 생각하느냐고 묻자, 재닌은 단호하게 쏘아붙였다. "그건 실패작이에요. 위험 요인이 너무 많거든요. 모든 사람이 위험 요인이죠."

"모든 사람이 위험 요인"이라는 재닌의 말은 누구나가 자신의 아이를 때릴 수 있다는 뜻이 아니다. 자신이 사는 지역사회의 모든 부모가 단지 가난하고 흑인이라는 이유로, AFST의 주목을 받을 수 있다는 뜻이다. 소년및가정법원판사 전국위원회가 37개 주에서 수집한 통계에 따르면, 도미니크공화국계 미국인, 푸에르토리코계 미국인, 아프리카계 미국인, 아메리카 원주민 아동의 가정 분리 비율은 전체 인구의 분리 비율을 훨씬 초과한다. 예를 들어, 2011년 알래스카주의 청소년 인구 가운데 아메리카 원주민은 겨우 17퍼센트밖에 안 됐지만, 알래스카주에서 가정위탁된 아동 가운데 51퍼센트가 아메리카 원주민이었다. 일리노이주의 청소년 인구 가운데 아프리카계 미국인은 단 16퍼센트에 불과했지만, 일리노이주에서 가정위탁된 아동의 53퍼센트가 아프리카계 미국인이었다.

2016년 앨러게니 카운티의 아프리카계 미국인은 아동·청소년 인구의 겨우 18퍼센트에 불과했지만, 앨러게니 카운티에서 가정위탁된 아동의 48퍼센트가 아프리카계 미국인이었다. 다시 말해, 아프리카계 미국인 아동은 인구 비율에 비해 2.5배 이상 가정위탁될 가능성이 높다. 처너와 돌턴은 AFST를 전화 접수 시 추측을 제거하기 위한 도구로 보고, 이 시스템이 전화 접수 선별 직원들의 의사 결정에 작용하는 다양한 편견을 드러내는 데이터를 제공하길 바란다. "이제 변수가 많다는 걸 알아요." 돌턴이 말했다. "(AFST가) 불균형 문제를 수정할 수 있다고까지는 말하지 않을게요. 하지만 적어도 그걸 좀 더 명확하게 관찰할 수 있어요." AFST가 데이터웨어하우스의 풍부한 데이터를 발굴함으로써, 주관적인 전화 접수 선별 직원들이 좀 더 객관성을 가지고 조사 권고를 하는 데 도움이 될 수 있다고 돌턴은 말했다.

하지만 AFST에서 보이는 인종 간 불균형에 관한 2010년의 한 연구는, 앨러게니 카운티 아동복지 서비스에서 나타나는 대부분의 불균형이 선별 편향이 아니라 **신고 편향**에서 발생한다는 사실을 밝혔다.[13] 펜실베이니아주 랜킨 주민들이 아동 학대 및 방치 상담 전화에 신고하는 가정은 백인 가정보다 흑인과 혼혈인 가정이 더 많다.

2006년 앨러게니 카운티의 백인 아동 수는 아프리카계 미국인 및 혼혈인 아동 수의 3.5배였지만, 아동청소년가족국에 들어온 각 인종 집단별 신고 건수—대략 3,500건—는 비슷했다.

이 연구가 밝힌 바에 따르면, 인종 간 불균형한 신고 건수는 대개 아동청소년가족국의 임무와 역할에 대한 신고 의무자의 오해, 유색 인이 사는 지역의 문제에 대한 인식, 계층에 따라 다른 아동 양육에 대한 기대로 인한 것이었다. 이 연구의 면담 대상자 가운데 한 사람은 이렇게 말했다. "내가 받은 신고를 잊지 못할 거예요. 난 결국 그 아동의 치료사하고 통화를 했어요. '대체 무슨 일이 있다는 거야? 얘네 집은 괜찮은데.' 하는 생각이었죠. 그런데 그 치료사가, 거짓말이 아니라 진짜, 집이 아이한테 안 좋은 환경이라고 하더라고요. 그러니까, 지역사회의 폭력인 거죠." 또, 한 병원이 툭하면 아동청소년가족국에 전화를 해서 부모가 아이의 예약된 진료를 빼먹는다고 신고한 건도 있었다. 나중에 진료를 받았는데도 말이다.

일단 아동이 아동청소년가족국으로 넘어가면, 선별하는 사람의 재량이 불균형을 크게 바꾸지 못한다는 사실을 이 연구는 보여 준다. 전화 접수 선별 직원들은 백인 아동보다 흑인과 혼혈인 아동을 조사 대상으로 선별할 가능성이 약간 더 높았다. 이들은 흑인과 혼혈인 아동 사례 가운데 69퍼센트를, 백인 아동 사례 가운데 65퍼센트를 조사 대상으로 선별했다. 조사받도록 선별된 사람들 가운데 실제로 학대 또는 방치가 입증된 비율은 두 인종 집단이 대략 비슷했다. 흑인과 혼혈인은 71퍼센트, 백인은 72퍼센트였다.

AFST는 인종 간 불균형이 실제로 이 시스템에 입력되는 단계인 신고 전화보다는, 실험상 통제 가능한 단계인 신고 전화의 선별에 모든 예측력과 전산 능력을 집중시킨다. AFST는 막후에서 두 가지 점수를 산출하는데, 바로 해당 아동에 대해 또 다른 신고 전화가 걸려 올 가능성 점수와, 해당 아동이 가정위탁될 가능성 점수다. AFST는 이 둘의 평균을 내지 않는다. 그렇게 하면 아동청소년가족국 조사관과 가정법원 판사의 전문적인 판단을 이용해, 지역 주민의 신고에서 발생하는 불균형을 일부 완화할 수 있을 텐데 말이다. 이 모형은 그냥 어느 쪽이든 더 높은 점수를 이용한다.

에인절과 패트릭이 경험한 것과 같은 장난 전화는 오염된 데이터를 모형 안으로 들여오고, 더 나아가 그 정확성을 떨어트린다. 앙숙인 이웃, 양육권을 주장하는 별거 중인 배우자, 집주인, 인간관계로 인해 앙심을 품은 가족 구성원이 처벌 또는 응징 차원에서 아동청소년가족국에 전화를 거는 건 늘 있는 일이다. 이 주제에 관한 연구는 거의 없지만, 1998년 '캐나다 아동 학대 및 방치 신고의 발생률 연구'라는 데이터 연구 결과에 따르면, 아동 학대 신고 가운데 거의 4퍼센트가 일부러 거짓말을 한 것임이 밝혀졌다. 2016년 앨러게니 카운티가 받은 총 1만 5,139건의 아동 학대 및 방치 신고 가운데, 줄잡아 605건이 의도적인 거짓 신고라 볼 수 있다. 아동 학대 및 방치 상담 전화에 악의를 가지고 신고 전화를 하는 것은 위법이다. 하지만 펜실베이니아주는 최근 전화 신고를 익명으로 받고 있기 때문에 이웃 사람, 친척 또는 아는 사람이 이런 식으로 사람들을 괴롭히거나 위협하기로 마음먹더라도 아이의 부모가 할 수 있는 일이 거의 없다. AFST는 장난 전화를 식별하거나 선별해 낼 방법을 갖고 있지 않다.

전화 신고는 학대의 대리 변수가 되기에는 대단히 문제가 많다. 그것은 쉽게 조작될 수 있다. 아동청소년가족국의 자체 연구는 전화 신고를 대리 변수로 이용하면서 앨러게니 카운티 아동보호 서비스의 거의 모든 불균형이 생겨난다는 사실을 보여 준다. 다시 말해, 이 모형은 이 시스템에 가장 많은 인종 편견을 들여오는 전화 신고를 통해 **학대를 규정하고 있는 것**이다. 쉽게 조작될 수 있는 이 차별적인 변수는 처너와 그의 팀이 해낸 놀라운 일들을 모두 되돌려 놓을 위험이 있다.

"우리가 전화를 통제하진 않아요." 마크 처너가 말했다. "사람들이 응급실에서 질문을 받고 답하는 방식, 문화적 요인, 그리고 다른 모든 것… 그런 걸 우리가 통제하는 게 아니잖아요." 하지만 어떤 데이터를 수집하고 어떤 변수를 선택할지 통제하는 것은 바로 앨러게니 카운티이다.

앨러게니 카운티 아동청소년가족국과 관련을 맺고 있는 흑인 및 백인 가정의 압도적 다수가 노동자 계층이거나 가난한 계층이다. 피츠버그 아동 가운데 공공 부조를 받는 비율은 27퍼센트에 불과하지만, 2015년 가족과 분리되어 가정위탁된 아동의 80퍼센트가 TANF(빈곤가정일시지원) 또는 SNAP(영양보충지원제도)에 의존하는 가정 출신이다. 즉 앨러게니 카운티에서 계층 기반 불균형은 인종 간 불균형보다 더 심각하다는 말이다. 하지만 역사상 다른 사회적 약자 집단과 달리, 가난한 사람들은 법적인 보호를 받는 계층으로 널리 인정받지 못하고 있다. 그래서 가난한 가정들에 대한 아동복지 기관의 차별적이고 불균형적인 주목은 대체로 문제가 되지 않는다.

AFST(앨러게니가정선별도구)는 공적 서비스를 이용하는 것이 아동에게 위험 요인이라고 여긴다. AFST의 예측 변수 가운데 4분의 1이 빈곤의 직접적인 척도이다. 이 변수들은 빈곤가정일시지원, 생활 보조금, 영양보충지원제도, 카운티 의료 지원같이 자산 조사 결과에 따라 혜택을 주는 프로그램들의 이용을 추적한다. 또 다른 4분의 1은 청소년 보호관찰 및 아동청소년가족국 자체와의 관계를 평가한다. 그런데 이 두 가지 제도는 가난한 노동자 계층 주민, 특히 유색인 주민에게 불균형하게 초점이 맞춰져 있다. 청소년 사법제도는 성인 형사 제도와 마찬가지로, 많은 인종 및 계층 불평등으로 인해 고심하고 있다.[14] 또한 한 가정이 아동청소년가족국과 접촉하게 되는지 아닌지 여부는 사회계층에 크게 좌우된다. 다시 말해, 전문직 중산층 가정은 가난하거나 노동자 계층인 가정보다 사생활이 더 많이 보호되고, 신고 의무자를 접하게 되는 경우가 드물며, 양육 방식에

대해 문화적으로 더 인정받는다.[15]

미국 아동복지 조사의 압도적 다수가 학대가 아닌 방치와 관련이 있다. 미국 보건복지부 내 아동가족청에 따르면, 2015년 아동복지 조사와 관련된 340만 명의 아동 가운데 75퍼센트가 방치로 조사를 받았다. 반면에 신체 학대나 정서 학대나 성 학대로 조사를 받은 비율은 4분의 1에 불과했다.[16]

방치를 정의하는 것은 신체 학대 또는 성 학대보다 더 주관적인 판단을 필요로 한다. "방치는 아주 광범위해요." 아프리카계 미국인들이 주로 사는 피츠버그의 지역, 이스트리버티의 가정지원센터에서 일하는 태냐 핸킨스는 이렇게 말했다. "두 사람이 말다툼을 하다가 엄마가 문밖으로 뛰쳐나오고 아기는 집 안에 있었는데, 누군가가 아동청소년가족국에 전화를 건 경우가 있었죠. 아동청소년가족국 사람들이 문을 두드렸는데, 대답을 하지 않은 엄마도 있었어요. 겁에 질렸던 거죠. 그래서 아동청소년가족국 사람들이 아기를 볼 기회가 없었고, 결국 아기를 분리시키도록 요청했죠."

아동 방치의 거의 모든 지표는 동시에 빈곤의 지표이기도 하다. 이를테면 음식 부족, 부적절한 주거, 무면허 보육시설, 미덥지 못한 교통수단, 수도와 전기와 가스의 차단, 노숙, 건강관리의 부족 따위다. "방치 사례의 압도적인 다수가 힘들고 위험한 지역에 사는 사람들에게서 발생해요." 소년법원프로젝트의 책임자인 캐서린 볼포니가 말했다. 소년법원프로젝트는 아동청소년가족국의 조사나 친권 상실에 직면한 부모들에게 **무료** 법률 지원을 제공한다. "주거 문제가 있는 경우, 치료를 제대로 못 받는 경우, 약물과 알코올 문제가 있는 경우 등이 있죠. 빈곤이 문제인 거예요. 실은 (아동청소년가족국의 조사를 받는) 아이들 대부분이 신체 학대나 성적 학대를 받는 게 아니에요."

아동복지 서비스는 자산 조사 결과에 따라 제공하는 게 아니다. 다시 말해, 소득이 낮아야만 이 서비스에 접근할 수 있는 것이 아니다. 아동청소년가족국은 부모들에게 아주 많은 유용한 자원을 제공할 수 있다. 세탁을 하기 위해 1시간의 휴식이 필요한 초보 엄마를 위한 일시 돌봄, 유아교육과 발달 프로그램, 심지어 집안일을 도와주기 위한 가정 방문 지원 등. 하지만 전문직 중산층 가정은 이런 공적 서비스 대신에 민간 가정 지원 서비스 제공자에게 의지한다. 그래서 이들이 전문적인 도움을 주는 사람들과 접촉한 기록은 데이터웨어하우스에서 추적되지 않거나 나타나지 않는다.

앨러게니 카운티가 부유한 가정들의 아동 학대를 예측하기 위해 데이터웨어하우스에 보모, 베이비시터, 민간 치료사, 알코올어나니머스Alcoholics Anonymous(알코올 중독자 협회-옮긴이), 고급 재활 센터 등의 데이터를 포함시키자고 제안하면, 어떤 반응이 나올지 흥미롭다. "우린 정말로 민영 보험 데이터를 얻을 수 있기를 바라죠. 그 데이터를 갖고 싶어요." 에린 돌턴이 말한다. 하지만 돌턴 자신이 인정한 대로, 민간 데이터를 얻기는 불가능할 성싶다. 전문직 중산층은 사생활을 침해하는 이런 데이터 수집을 참지 않을 테니 말이다.

가정에서는 그럴 수만 있다면 아동청소년가족국을 피한다. 이 기관이 분명하면서 모순되는 두 가지 역할, 곧 가정 지원을 제공하는 역할과 학대를 조사하는 역할을 동시에 하기 때문이다. 자원을 받아들이는 것은 이 기관이 자기 아이를 데려갈 수 있는 권한을 인정한다는 뜻이다. 이는 다른 선택권을 가진 부모들은 택하지 않을 법한 사생활 침해적이고 소름 끼치는 거래다. 가난한 노동자 계층 가정은 사생활을 침해받지 않을 권리, 부당한 조사로부터 보호받을 권리, 정당한 법 절차를 보장받을 권리를, 아이를 안전하게 지키는 데 필요한 자원 및 서비스를 얻을 수 있는 기회와 맞바꾸도록 강요당한다고 느낀다.

빈곤은 분명히 아이들에게 해롭다. 이는 아이들의 부모에게도 마찬가지다. 하지만 AFST는 공공 자원을 이용하는 가정들로부터 수집한 데이터에만 의존함으로써, 편파적이게도 가난한 사람들을 아동복지 조사의 표적으로 삼는다. "분명히 가난한 사람들이 과다 표집 되고 있어요." 돌턴이 말했다. "우리가 가진 모든 데이터 시스템이 편향되어 있죠. 그래도 이 데이터가 여전히 아이들을 보호하는 데 도움이 될 수 있다고 생각해요."

이를 가난한 사람들을 추적하는 **빈곤 프로파일링**poverty profiling이라 할 수 있을 것이다. 빈곤 프로파일링은 인종 프로파일링과 마찬가지로 개인의 행동이 아니라 개인의 특성, 즉 가난하다는 사실에 근거해서 그 개인을 추가 조사 대상으로 삼는다. 이 모형은 빈곤한 가정의 양육을 빈곤한 양육과 혼동한다. 따라서 AFST는 공공 프로그램을 이용하는 부모가 그 아이들에게 위험 요인이라 여긴다.

⊛

2016년 9월 어느 따뜻한 날, 재닌과 나는 피츠버그 동쪽의 한 작은 도시에 있는 CVS 약국 뒤편의 버스 정류소에 앉아 있다. 오랫동안 중산층 가정들이 모여 사는 교외 지역이었던 윌킨스버그는 홈스테드철강의 폐업으로 휘청거리며 지난 50년 동안 인구의 약 절반이 줄었다. 켄터키프라이드치킨KFC이 기부의 날을 기념해 1,000명에게 한 끼를 무료로 나눠 주고 있다. 재닌과 그 친구들은 이 기회를 이용해 사람들에게 유권자 등록을 독려하고 있다. 40대 후반의 재닌은 흰색 탱크탑을 입고, 포이즈재단Poise Foundation의 검은색 고무 팔찌를 하고 있다. 이 재단은 "지속 가능한 흑인 지역사회를 만들고, 흑인 가정을 강화하는 데 중점을 두는" 아프리카계 미국인을 위한 지역 재단이다.

나는 가정위탁 제도에 아이를 잃은 사람이 현재 아동청소년가족국이 재정을 지원하는 단체에서 자원봉사를 한다는 사실이 놀라웠다. 하지만 재닌은 10여 년 전, 자신이 아들 제러마이어에 대해 도움이 필요했다고 인정한다. 재닌은 주거가 불안정했고, 출근 교통편 때문에 애를 먹었으며, 건강에 문제가 있었다. 제러마이어가 학교를 빼먹고 사라지기 시작했고, 누군가 재닌을 상담 전화에 신고했다.

재닌이 보기에, 이 시스템이 제공하는 지원은 가슴이 찢어지는 선택을 요구한다. 재닌의 말에 따르면, 개별사회복지사들은 제러마이어의 무단결석에 관한 신고 전화가 걸려 오자 조사를 시작했지만, 자신이 어떤 서비스에 접근할 수 있기 전에 그 조사를 종결지었다고 한다. 결국 그 기관은 재닌에게 아들을 스스로 효과적으로 돌볼 수 있게 해 줄 기초적인 물적 자원을 얻으려면, 아들을 포기하라고 요구했다. "나한테 도움을 주지 않고 대신에 '(제러마이어를) 가정위탁하면 널 도와줄게.'라고 하는 거죠. 아이를 남의 집에 들여보내야 하는 거예요." 재닌의 아들은 가정위탁되었다. 재닌은 도움을 받아 안정된 주거와 의료 혜택을 얻었다. 현재 계속 아들과 연락하고 있지만—제러마이어는 이제 스물두 살이고 대학에 들어갔다—재닌은 양육권을 다시 돌려받지 못했다.

그렇지만 재닌은 누군가가 아이를 위험에 빠뜨리고 있다고 생각되면 학대 및 방치 상담 전화에 전화 거는 일을 주저하지 않는다. "꼭 무슨 일이 일어나고 있는지 알아야만 하는 건 아니에요. '왜 전화를 안 했지? 전화를 했어야지!'라고 (생각하면서) 후회하지 않을 거예요. 나는 해를 끼치지 않으려고 하기보다, 아이들을 보호하려 노력할 거예요. 이것 하나만은 분명해요. 나는 엄마이고 모든 아이들을 사랑한다는 거죠."

우리가 버스 정류소 의자에 앉아 이야기를 나누는 동안, 검은 머리의 20대 후반 백인 여성 세라가 시키지도 않았는데 자기 이야기를 하며 대화에 끼어든다. 세라는 7년 동안 가정위탁되었던 딸을 투쟁 끝에 다시 데려와 키우고 있다. 그날은 세라가 그 주에 딱 하루 일을 쉬는 날이라고 한다. 세라는 아동청소년가족국의 기대에 부응하려고 이런저런 약속에 뛰어다니고 있다. 양육 지원을 받는 것이

크다는 데 세라는 동의한다. 하지만 아동·청소년가족국의 서비스는 종종 혜택보다는 장벽처럼 느껴지며, 일에 대한 부담과 한부모로서 갖는 부담에 더해 좌절감을 느끼게 한다. "이 시스템에 들어와 보지 않은 사람들은 이해 못 해요." 세라가 말한다. "그 사람들은 어떤지 모르죠. 약물과 알코올 조사관들이 일주일에 한 번 (약물 검사를 하려고) 우리 집에 와요. 나는 한 달에 세 번 법원에 가고. 나와 우리 아이들이 모두 치료를 받으러 가야 해요."

세라, 재닛, 에인절, 패트릭이 양육 지원을 받으려고 접근하는 모든 기관은 직원이 신고 의무자다. 2015년 제리 샌더스키 사건—전직 펜실베이니아주립대학 미식축구팀 코치인 그는 10명의 소년을 성폭행한 죄로 징역 30~60년을 선고받고 현재 복역하고 있다—이후, 펜실베이니아주는 아동 학대 구성요건의 기준을 낮췄다. 또한 주 정부는 보건 기관 및 학교 종사자, 자원봉사자, 성직자, 사서를 포함해 15개 범주의 신고 의무자를 만들었다. 법에 따르면, 신고 의무자는 직접 겪어서 알게 됐건 간접적으로 들어서 알게 됐건, 아동의 방치 또는 학대 의혹이 있으면 신고**해야 한다**. 신고 의무자는 자신이 신고하는 학대 또는 방치 의혹에 대해 어떻게 알게 되었는지 밝힐 필요가 없다. 이들에게는 법적 기소를 면제받는 특권이 있다. 정신 건강상 또는 의료상 비밀 유지 의무를 위반하더라도 보호받는다. 사실, 이들은 아동 학대 또는 방치 의혹을 신고**하지 않으면** 법적 기소, 벌금, 심지어 징역형에 처해질 수 있다. 이런 변화 후 1년 동안, 학대 및 방치 상담 전화로 걸려 오는 전화가 40퍼센트 증가했다.

가난한 부모들에게 도움과 지원을 제공할 가능성이 가장 높은 사람들은 모두 신고 의무자이다. 예컨대 교사, 의사와 간호사, 정신과 의사와 치료사, 보육 제공자, 성직자, 방과 후 프로그램 자원봉사자, 사회복지 기관 직원 등이다. 이런 사생활 침해적인 조사에 직면할 때 느끼는 압박감과 아동청소년가족국의 기대 사항을 충족시키지 못할 경우의 대가는 엄청나다. 그 압박감은 이미 어려움을 겪고 있는 부모들을 종종 압도한다.

세라는 왜 엄마들이 참을성을 잃고 화를 내는지 너무도 많은 개별사회복지사들이 이해하지 못하는 것 같아서 당혹스럽다. "그 사람들은 '왜 그렇게 화를 내?' 이런 식이에요. 왜냐하면 당신네가 여기 있는 게 진절머리가 나니까! 혼자 내버려 두라고. 당신네가 안 오게 하려고 노력하고 있으니까. 우린 당신네가 사라져 버리면 좋겠다니까." 나는 세라에게 내 명함을 주고, 재닌은 세라에게 가정지원센터에 한 번 들르라고 말한다. 그러고 나서, 세라는 자신이 탈 버스를 알아보고는 다음 약속을 위해 서둘러 간다.

아동 학대 및 방치 조사가 무해하다면, AFST(앨러게니가정선별도구)의 예측이 불완전해도 문제 되지 않을 것이다. 아동 학대 및 방치 조사를 한 결과 어김없이 충분하고 문화적으로 적절하면서 처벌적이지 않은 자원이 가정에 제공된다면, 이 시스템이 가난한 노동자 계층 사람들을 과다 표집 하는 것이 문제 되지 않을 것이다. 하지만 아동청소년가족국의 자원을 받으면 감시가 심해지고 엄격한 행동 준수 요건이 따라온다. 많은 이들에게, 아동 학대 및 방치 조사는 사생활 침해적이고 두려운 일로, 지속적으로 부정적인 영향을 미친다.

아동청소년가족국으로부터 지원을 받는 대가는 클 수 있다. 재닌은 지원을 받기 전에 아이를 "가정위탁해야" 한다고 말한다. 세라의 일정은 도움을 주는 전문가들과의 약속으로 가득 차 있는데, 세라는 이들에게 비굴함을 보이며 비위를 맞춰야 한다. 치료 방치 혐의를 받은 지 20년이 지난 지금도, 패트릭 그지브는 여전히 감시 감독을 받고 평가당하는 느낌을 기억한다. "그 사람들이 집에 오면, 집안을 둘러보면서 모든 움직임을 지켜봐요. 마치 내가 현미경 아래 있는 것 같아요. 아이들이 아플 때마다 응급실에 데려가야 했죠. 거기 들어가면 (나를 쳐다보는) 모든 눈이 '그 사람이야. 신고해야 해.'라고 하는 것 같아요. 오랫동안 그런 느낌이었죠."

앨러게니 카운티의 많은 가난한 노동자 계층 부모들이 복지사업부의 데이터웨어하우스와 이 기관에서 일어난 다른 변화에 대해 고마워한다. 그 덕분에 자원의 공백이 줄고, 다양한 서비스에 지원하는 번거로운 과정이 많이 수월해졌다는 것이다. 하지만 일단 "이 시스템"에 들어가면, 위험 부담이 커져서 자신은 잃을 수밖에 없다고 느끼는 이들도 있다. 현미경으로 들여다보는 듯한 조사가 양육 기준을 높이기 때문이다. "우린 지시를 따르려고 노력해요." 재닌이 말했다. "하지만 보세요. 그걸 모두 다 할 수는 없어요. 문 하나를 열어 주고는 다른 열 가지 일을 시키는 거예요. 그건 악순환일 뿐이에요."

가난한 가정에서 아이를 키운다는 것은 공개적으로 아이를 키운다는 뜻이다. 펜실베이니아주가 규정한 아동 안전 목표는 "즉각적인 신체적 또는 정서적 피해로부터 벗어나는 것"인데, 이는 심지어 자원이 풍부한 가정에서도 도달하기 어려울 수 있다. 이 과정의 각 단계마다 주관성, 편견, 운이 끼어들게 마련이다. "정확히 무슨 일이 일어날지 알 수 없어요." 캐서린 볼포니가 피츠버그의 소년법원 프로젝트 사무실에서 말했다. "예를 들어, 아이가 집에 혼자 있다는 신고가 들어왔다고 해 보자고요. 그러면 그 엄마에 대한 조사가 진행되는데, 그 엄마가 마리화나를 피운다고 털어놓는 거예요. 이제 그 엄마는, 아마도 마리화나를 지옥으로 가는 입구쯤으로 여기는 판사 앞에 서게 돼요. 그 문이 열리면, 걱정하지도 않았던 것이 우후죽순처럼 이 중대한 문제와 연관되는 거죠."

각 아동의 방치 또는 학대 조사가 끝나면, 가족과 함께 안전 계획을 세우고 서면으로 작성한다. 이 안전 계획은 그 가족이 따라야 하는 즉각적인 조치와 장기 목표를 밝히고 있다. 그런데 각 안전 조치는 부모가 따라야 하는 준수 요건이기도 하며, 이에 대한 부모의 대응이 주의 깊게 추적 관찰된다. 때로는, 부모가 통제할 수 없는 요인이 이 계획을 실행하기 어렵게 만든다. 아동청소년가족국과 관련된 가정들에 서비스를 제공하는 외부 계약 업자들이 따라 주지 않는 것이다. 대중교통은 미덥지가 못하다. 일이 너무 많은 개별사회복지사 역시 약속된 자원을 항상 마련해 주지는 않는다. 때로는 부모가

정부의 사생활 침해에 분노해서, 아동청소년가족국의 지시에 저항하기도 한다.

안전 목표를 충족시키지 못하면 아이가 분리 조치될 가능성이 높아진다. "우린 아동청소년가족국과 관련된 가정들을 그들이 예전에 기능하던 수준으로 되돌리려는 게 아니에요." 볼포니가 말했다. "그 가정들의 양육 기준을 높이려는 거죠. 그런데 그 기준을 계속 유지하기 위한 자원을 우린 충분히 갖고 있지 않아요. 그래서 결국 항상 대실패로 끝나고 말죠."

아동 학대 또는 방치 신고가 사실로 확인되면, 그것은 수십 년에 걸쳐 부모의 일생에 커다란 영향을 미친다. 펜실베이니아주는 아동과의 상호작용이 수반되는 대부분의 직업과 자원봉사직에 지원하는 사람들에게 아동 학대 이력 증명서를 제출하도록 요구한다. 지원자가 펜실베이니아주의 차일드라인 학대 등록부에 학대 또는 방치 가해자로 올라 있으면, 아이들을 대상으로 일하는 직장에 지원할 수가 없다. 만약 이미 아이들을 대상으로 일하는 직장을 가지고 있으면, 직장을 잃게 된다. 본인의 아이가 다니는 학교의 걸스카우트 대장, 소프트볼 코치, 자원봉사자가 될 수 없다.

"가족을 부양하는 방법을 바꿔야 하는 거죠." 피츠버그의 변호사 어맨더 그린 호킨스는 말한다. 그는 2015년 아동청소년가족국 기록 말소 소송을 **무료로 변론**했다. 아동 학대 기록으로 인해 "많은 분야의 직장을 얻지 못할 수 있어요. 아이들과 관련이 있다면 무엇이든지요. 더 이상 교사가 될 수 없고, 미국 소년·소녀 클럽Boys & Girls Clubs of America의… 프로그램 관리자도 될 수 없어요. 그 사람들이 자기 삶을 되찾기는 아주 힘들 수 있어요."

아동청소년가족국의 조사를 받고 가정법원 심리를 거쳐 아동 학대죄로 밝혀진—아동청소년가족국은 "드러난" 또는 "밝혀진"이라는 용어를 쓰고 있다—부모들은 차일드라인 등록부에 올라간다는 통지를 받는다. 이런 부모들은 90일 내에, 자신의 기록을 수정하거나 삭제하기 위한 행정 재심사를 요청할 수 있다. 심리에서는, 앨러게니 카운티가 학대 또는 방치를 증명하기 위한 증거를 제시하고, 부모가 이를 반박한다. 때로는 가난한 가정이 아동복지 시스템에 이의를 제기해 이기기도 한다. 하지만 많은 사람들이 아동청소년가족국과 법정에서 싸울 엄두를 내지 못한다.

변호사이면서 듀케인대학 법학전문대학원 **무료 법률 서비스**pro bono 프로그램을 관장하는 트레이시 매캔츠 루이스는 아동청소년가족국 기록 말소 소송을 맡지 않는다고 말했다. 그 이유는 부분적으로 "이 소송이 범죄 기록 말소 소송보다 훨씬 더 오랜 시간이 걸리는 과정" 이기 때문이라는 것이다. 어맨더 그린 호킨스는 이러한 이의 제기는 거의 무시해도 좋을 정도로 드물다는 데 동의한다. "(아동청소년가족국) 기록 말소는 아주 어려워요. 정부에 맞서는 일이거든요. 다윗이 골리앗과 싸우는 것과 같아요." 아동보호 문제로 법정으로 가게 될 경우 부모를 대변해 줄 비영리단체가 앨러게니 카운티에 있기는 하지만, 기록을 말소하려는 부모를 위한 국선변호인은 없다. 무료로 변론해 줄 변호사를 찾거나 직접 변론해야 한다. 만약 아동 학대가 "밝혀졌다"거나 "드러났다"는 판결 기록이 즉시 말소되지 않으면, 조사 대상이 된 아동이 23세가 될 때까지 부모는 펜실베이니아주 학대 등록부에 남는다.

기록 말소 과정은 펜실베이니아주 차일드라인 학대 등록부에 심각한 방치 또는 학대로 보고된 사람들에 한해서만 적용된다. "심각하지 않은 피해나 방치"와 관련된 혐의는 일반보호서비스GPS로 넘겨진다. 일반보호서비스의 데이터는 앨러게니 카운티 복지사업부의 데이터웨어하우스에 무기한 보관된다. 그렇다면 당돌하지만 대체로 말을 잘 듣는 에인절의 딸 해리엇에 대해 수차례 걸려 온 신고 전화는 어떻게 될까? 그게 분명 허위 신고일지라도 그 기록을 말소할 길은 없다. 해리엇이 엄마가 되면 AFST(앨러게니가정선별도구) 점수가 높은 상태로 시작할 것이다. 해리엇이 어렸을 때 아동보호 시스템과 관련된 이력이 있기 때문이다. 이는 해리엇이 나쁜 엄마를 두어서 양육법의 모범을 가지고 있지 않으므로, 앨러게니 카운티가 해리엇을 계속 지켜봐야 한다는 생각일지 모른다. 인도에 분필로 그린 멈춤 표시나 거실 바닥에서 하던 단어 게임, 에인절이 딸을 바라볼 때 눈에 비치는 분명한 자부심에 대해서는 아무도 알지 못할 것이다.

마크 처너와 에린 돌턴은 아무리 허위라 해도, 상담 전화 신고 기

록을 말소할 수 있도록 허용하는 것은 아동청소년가족국이 학대를
알아내고 예방하는 데 필요한 중요한 데이터를 빼앗는 일이라고 주
장한다. "그 기록은 시스템에 남아요. 많은 경우 아니 땐 굴뚝에 연
기가 나지는 않죠." 처너가 이렇게 말하자 돌턴이 동의했다. "개인
적으로는 기록을 말소해서 구제해 준다는 생각에 공감해요. 하지만
학대와 방치를 예측해 줄 수 있을 데이터를 없애는 건 앞으로 발생
할 학대를 예방하는 데 가장 중요한 도구를 없애는 거나 마찬가지
예요."

어맨더 그린 호킨스는 데이터의 잠재적 예측 능력이 부모의 헌
법상 권리보다 더 대단하다고 확신하지는 않는다. "모든 사람이 우
리 시스템에서 정당한 법 절차를 이용할 수 있는 자격이 있어요. 그
절차에 따라 (아동청소년가족국이) 누군가에 대한 신고 기록을 그 사람
평생 동안 보관할 수 있을지 없을지가 결정될 거예요. 그 누구도 정
당한 법 절차를 통해 어떻게 해볼 자격을 가져서는 안 되는 건가요?
그건 우리 헌법에 위배돼요. 비열한 거죠."

마크 처너와 그의 팀은 아동청소년가족국의 개입이 가장 필요한
가정에 도달할 수 있도록, AFST가 더 나은 정보를 더 시기적절하게
제공하기를 바란다. 이들은 데이터 수집의 부정적인 면은 거의 없
다고 본다. 아동청소년가족국의 역할이 처벌이 아니라 주로 지원이

라고 이해하기 때문이다. 한 가정이 조사를 받도록 선별되더라도, 대부분 그 가정의 아이들이 분리되기보다는 서비스를 제공받게 될 것이라고 처너와 돌턴은 내게 설명했다. 하지만 아동청소년가정국과 연관되는 데서 비롯된 사회적 낙인은 상당하고, 조사는 대상 가정의 사생활을 심히 침해한다.

아이 양육과 관련된 선택을 지속적으로 감시·감독받고 지적당하면, 자신이 표적이 되고 함정에 빠졌다는 부모의 인식이 강화될 수 있다. 흑인 여성과 소녀들의 온전한 복지에 힘쓰는 풀뿌리 단체인 '피츠버그의 새로운 목소리New Voices Pittsburgh'의 선임 운영 책임자 카먼 알렉산더는 이렇게 말했다. "여기선 많은 여성들이 아이를 데리고 다니지 않아요. 아이 앞에서는 거의 재채기도 잘못해서는 안 되는 것 같은 분위기거든요. 숨죽이고 있어야 하는 거죠. 그게 불신의 문화를 만들어요."

아동청소년가족국의 조사가 시작되면, 부모는 단 두 가지 의미 있는 선택권을 갖는다. 아동청소년가족국의 지시에 저항해 자기 아이를 잃을 위험을 무릅쓰거나, 아동청소년가족국의 권한에 완전히 따르거나. 덴버대학 사회학자 제니퍼 라이크의 연구는 많은 아동복지 개별사회복지사가 경찰관과 마찬가지로, 저항을 유죄의 지표로 여긴다는 사실을 보여 준다. 팻 고든이 나에게 보여 준 위험도/심각도 문서는 고든이 하는 말의 요점을 역설적으로 보여 주었다. 만약 부모가 아동청소년가족국의 "요구에 적절히 응해" "문제를 인정하고" "개별사회복지사와 접촉해 추가의 서비스를 받으려" 하면, 이 부모는 본인의 아이에게 위험 요인이 될 가능성이 아주 낮다고 여겨진다. 만약 "아동청소년가족국의 접촉이나 개입에 적극적으로 저항해… 조사를 용납하지 않거나" "문제를 부인하면", 이 부모는 아이에게 위험 요인이 될 가능성이 높다고 여겨진다. 하지만 학대 또는 방치로 허위 고발된 엄마는 기관의 접촉과 개입에 저항할 가능성이 있다. 그리고 자신의 아이를 위해 싸우는 부모는 아동청소년가족국과도 싸울 수 있다.

"크게 보면, 두 부류의 민원인이 날 찾아와요. 한 부류는 들어와서 나한테 대고 소리를 지르고는, 나도 한통속이라고 하죠." 캐서린 볼포니가 말했다. "또 한 부류는 와서 어디를 걷어차일지만 생각해요. 난 나한테 대고 소리를 질러 대는 쪽이 좋아요. 왜냐하면 그 사람들은 아직 승산이 있거든요. 이런 사람들이 결국 잘될 거예요."

전문직 중산층 가정은 항상 도움을 받으려 손을 뻗친다. 치료사, 약물 및 알코올 민간 재활 센터, 보모, 베이비시터, 방과 후 프로그램, 여름 캠프, 가정교사, 주치의 등에게 말이다. 하지만 모두 개인 돈을 들이기 때문에, 전문직 중산층 가정의 이런 수요에 대한 데이터는 앨러게니 카운티의 데이터웨어하우스에 남지 않는다. 가난한 노동자 계층의 가정이 똑같이 자발적으로 도움을 받으려 한다면 어떨까? 이들은 공적 자원을 요청하기 때문에, AFST는 이들 부모에게 자기 아이들을 위험에 빠뜨릴 수 있는 요인이라는 꼬리표를 붙인다. 아동청소년가족국이 공적 자원을 요청하는 부모의 태도를 긍정적으로 보는데도 말이다.[17] "엄마가 과거에 카운티 정신 건강 서비스를 이용했다고 해서 왜 피해를 입어야 할까요? 또 약물 및 알코올 중독 지원 서비스는요?" 피츠버그의 인권 변호사이자 듀케인대학 법학 교수인 티퍼니 시즈모어-톰프슨이 물었다. "그건 그 엄마가 실은 자신이 필요하다고 생각하는 서비스를 받는 책임감 있는 사람이라는 걸 보여 주지 않나요?"

아동청소년가족국과 관련된 가정들은 인간의 의사 결정이 오류를 범하기 쉽다는 점을 인정한다. 전화 접수 선별 직원, 개별사회복지사, 행정가, 판사가 가진 편견이 누가 조사를 받고, 어떤 종류의 서비스를 받고, 어느 아동이 가정과 분리되고, 가정위탁된 아동은 얼마나 있다가 친부모와 재결합할지에 대한 결정에 영향을 끼친다는 사실을 아주 잘 알고 있다. 그런데도 이들 가정에 관한 사항을 결정하는 데 있어서는 결함 없는 컴퓨터보다 불완전한 사람이 더 낫다. "일이 어떻게 처리되기를 바라는지 그들에게 알려 줄 수가 있으니까요." 윌킨스버그의 켄터키프라이드치킨 길 건너편에서 유권자들을 등록시키는 일을 하던 패멀러 시먼스가 말했다. "그 사람들이 자기 생각을 갖고 있더라도, 때로는 그 생각을 바꿔 놓을 수가 있거든요. 사람하고는, 바로잡을 기회가 있어요. 하지만 수치는 바로잡을 수가 없죠."

아동복지 분야가 시작된 이래로 이 분야에서는 인간의 편견이 문제가 되어 왔다. 초창기에, 찰스 로링 브레이스*의 고아 열차가 많은 가톨릭교도의 아들과 딸들을 실어 가자, 이 종교적 소수집단(개신교 국가인 미국에서 가톨릭교도는 소수집단이다-옮긴이)은 아동복지 단체와 아주 비슷한 시스템을 만들어야 했다. 그런데 과학적 자선사업가들은 자신들의 의사 결정을 왜곡하기 쉬운 종교적 편견에 빠져 있었다. 개신교도의 아이들은 그 가족에 의해 구원받을 수 있지만, 가톨릭교도 아이들은 구제 불능이어서 중서부 지역의 (주로 개신교도 소유의) 농장으로 보내 노동을 시켜야 한다고 믿었다. 오늘날, 인종 간 불균형은 너무도 많은 흑인과 아메리카 원주민 가정을 산산조각내고 있다. 일부 불균형은 확실히 아동복지 관련 의사 결정 시 인간이 갖는 재량권에서 기인한 것일 수 있다.

하지만 위험 예측 모형에도 마찬가지로 인간의 편견이 내재되어 있다.

결과 변수는 아동 피해의 대리 변수다. 다시 말해, 이것은 실제의 아동 방치와 학대를 반영하지 않는다. 무엇을 대리 변수로 택할 것인지는, 그리고 대리 변수를 사용하는 것 자체도, 인간의 재량을 반영한다.

예측 변수는 공적 자원에 관한 정보만 담긴 한정된 데이터에서 추출한다. 이런 한정된 데이터를 받아들이는 선택에는 이 모형에 뿌리박혀 있는 인간의 임의적 판단이―그리고 중산층 가정은 가난

---

* 미국의 자선가로 현대 가정위탁 운동의 아버지라 여겨지며, 19세기 중반 고아 열차 운동을 시작한 것으로 가장 유명하다.

한 가정보다 사생활을 더 보호받아야 마땅하다는 생각이—반영되어 있다.

이 모형의 검증용 데이터는 인간인 개별사회복지사, 조사관, 판사가 내린 결정에 대한 기록으로, 이들의 온갖 인간적 자취를 지니고 있다.

일단 커다란 파란색 단추를 눌러 AFST가 작동하면, 증거에 기반을 둔 객관성과 무오류성이라는 구실하에, 보이지 않는 수많은 인간의 선택을 드러내 보여 준다. 전화 접수 선별 직원들은 교외의 펜실베이니아주립대학 백인 대학원생부터 10년이 넘는 경력의 팻 고든 같은 피츠버그 토박이 아프리카계 미국인까지, 갖가지 경험과 인생행로를 반영한다. 위험 예측 모형의 자동화된 재량, 즉 임의적 판단은 이들 소수의 재량이다. 인간의 재량이란 다수의 재량을 말한다. 그렇다. 결함이 있고 틀릴 수 있다. 하지만 또 바로잡을 수도 있다.

앨러게니 카운티의 부모들은 내가 연구를 시작한 이래 내 머릿속에서 맴돌던 미완성의 생각을 명료화하는 데 도움을 주었다. 인디애나주, 로스앤젤레스 카운티, 앨러게니 카운티에서, 기술자들과 행정가들은 새로운 첨단 기술 도구가 공적 서비스의 투명성을 높이고 차별을 줄이고 있다고 내게 설명했다. 이들은 빅데이터를 이용해 개별사회복지사, 노숙인 서비스 제공자, 또는 전화 접수 선별자의 의사 결정 패턴을 알아내지 않고서는, 이들의 머릿속에서 무슨 일이 일어나고 있는지 알 길이 없다고 주장했다.

나는 인간을 알 수 없는 블랙박스로, 기계를 투명한 것으로 보는 생각이 심각한 문제라고 본다. 이는 내가 보기에, 공감을 위한 어떤 시도도 포기하면서 윤리적 성장의 가능성을 배제하는 세계관이다. 인간의 의사 결정은 불투명하고 접근하기 어렵다는 생각은 우리가 서로를 이해하려고 노력해야 하는 사회적 책임을 포기했음을 시인하는 것이다. 앨러게니 카운티의 가난한 노동자 계층 사람들은 더 많은 것을 원하고 더 많은 것을 누릴 자격이 있다. 다시 말해, 인간으로서 똑같이 인정받고, 처한 상황에 대해 이해받으며, 연결되어 공동체를 이룰 자격이 있다.

"컴퓨터는 인간이 뭘 입력하느냐에 따라 다를 뿐이에요." 재닌이 말했다. "난 개별사회복지사를 더 신뢰해요. … 개별사회복지사한테는 말을 할 수가 있죠. '더 큰 문제가 보이지 않나요?'라고요."

인디애나주의 자동화된 적격성 판정 시스템과 마찬가지로, AFST는 공적 자원의 이용을 나약함, 결함, 심지어 악행의 표시로 해석한다. 마크 처너는 아동청소년가족국에 강점 기반 실천*, 지역사회와의 열린 소통, 동료 지원** 같은 문화를 만드는 일로 경력의 대부분을 채웠다. 하지만 유감스럽게도, 공적 프로그램을 이용하는 부모가 그 아이들에게 위험 요인이라고 보는 자동화 도구를 만들어 달라고 의뢰한 것도 처너였다.

"고위험" 가정을 표적으로 삼으면, 이들 가정이 서비스, 지원, 공동체 등을 제공하는 네트워크로부터 물러나게 만들 수 있다. 미국 질병통제예방센터에 따르면, 아동 학대 및 방치 범죄를 일으키는 가장 큰 위험 요인에는 사회적 고립, 물질적 빈곤, 양육 스트레스가 포함된다. 부모가 항상 감시당한다고 느끼거나, 필요한 자원을 잃거나, 사회적으로 낙인이 찍히거나, 공적 프로그램에 연락을 취해 도움받기가 두려울 때, 이 모든 위험 요인이 증가한다. 끔찍한 아이러니는 AFST가 그것이 예방하고자 하는 학대를 일으킬 수 있다는 점이다.

예측 모형이 측정하려는 결과를 내놓더라도, 제대로 작동한다고 말하기는 어렵다. AFST에서 높은 점수를 받은 가정은 다른 가정보다 더 많은 조사를 받게 될 것이다. 높은 점수를 받기 전에는 눈살을 찌푸릴 일도 아닌 평범한 행동이 이들을 선별해 조사하기로 결정을 내리기 위한 증거가 된다. 지난주 이웃들이 어떤 집 문 앞에 아동보호 서비스에서 사람들이 나온 걸 봤기 때문에, 이제 이 집 부모는 상담 전화에 재신고될 가능성이 크다. 부분적으로는 높은 위험 점수 때문에, 이 부모는 더 심한 처벌 조치의 대상이 되고, 더 많은 기관의 기대를 충족시켜야 하며, 더 엄한 심판관 앞에 서게 된다.

* 복지 서비스를 지원하는 과정에서 사람들의 문제보다는 그들의 자원, 강점에 초점을 두는 방법을 가리킨다.
** 동료 지원peer support은 지원 제공자가, 지원을 받는 사람과 근본적으로 비슷하고 동등한 관계에 있는 동료라는 점에서 다른 형태의 사회적 지원과 구별된다. 이를테면 장애인들 간에 서로 지원하는 프로그램 등이 그 예이다.

이 부모가 아이와 분리되면, 위험 예측 모형은 예측이 성공했다고
주장할 수 있다.

AFST는 내가 팻 고든을 찾아가기 석 달 반 전인 2016년 8월 1일
가동되었다. 이 모형이 가동되고서 첫 9개월 동안, 전화 접수 센터
는 7,000통 이상의 전화를 받았다. 2017년 5월 데이터분석조사평가
국Office of Data Analysis, Research and Evaluation, DARE이 발표한 자료에 따르
면, 전화 접수 직원들이 AFST를 이용해 조사 대상으로 선별한 신
고 전화 건수는 그 전해 이 모형이 없었을 때보다 약간 더(6퍼센트)
많았다. 하지만 선별 이후 조사를 받아 아동 피해가 입증된 신고 전
화 건수는 거의 4분의 1(22퍼센트)이 급증했다. 대체로 AFST 점수
가 높은 전화는 아동 피해가 입증될 가능성이 더 컸다. 즉 입증률
은 16~20점을 받은 전화가 48퍼센트, 11~15점은 43퍼센트, 6~10점
은 42퍼센트, 1~5점은 28퍼센트였다. 데이터분석조사평가국의 예
비 분석 결과에 따르면, 전화 접수 선별 직원이 AFST를 이용해 더
높은 점수를 매긴 신고 전화의 경우, 아동복지 조사관의 조사를 거
쳐 아동의 피해가 입증되고 복지 서비스 제공이 승인되는 비율이
더 높다. AFST 점수는 아동복지 조사관은 보지 않고, 전화 접수 선
별 직원만 받아 본다. 따라서 이 초기 결과가 "아마도 이 도구가 식
별하는 실제 위험도의 차이가 타당하다는 사실을 입증한다"고 데이

터분석조사평가국은 믿는다.

하지만 좀 더 면밀히 들여다보면, 이 데이터에는 몇 가지 걱정스러운 특이점이 나타난다. AFST 점수가 20점이 넘어 의무적으로 조사를 받아야 하는 333건의 전화 가운데 28퍼센트에 해당하는 94건이 관리자에 의해 기각되어 고려 대상에서 벗어났다. 의무적인 조사 대상으로 선별된 나머지 전화 가운데 절반가량인 51퍼센트만이 조사 결과 입증되었다. 다시 말해, 의무적으로 조사를 받아야 하는 전화 가운데 37퍼센트만이 그럴 가치가 있는 것으로 밝혀졌다. 그 이외의 모순들도 있다. 전화 접수 직원들이 12점을 받은 전화와 20점을 받은 전화 가운데 조사 대상으로 선별한 건수는 대략 같았다. 9점을 받은 전화와 19점을 받은 전화 가운데, 이후의 조사 결과 입증된 건수도 대략 같았다. 또한 조사 대상으로 선별되는 건수는 크게 달라지지 않는 반면 조사 결과 입증된 건수가 늘어났다는 사실은, AFST가 단순히 아동청소년가족국 내부의 의사 결정을 모형화하는 것일 뿐이라는 사실을 말해 줄 수도 있다.

내가 신고 전화 접수 콜 센터를 방문하고 며칠 뒤인 2016년 11월 29일, 바이시아나산 팀은 AFST의 주요 데이터를 수정했다. AFST가 개시되고서 몇 달 동안 상담 전화에 신고된 가정 가운데 20퍼센트에 대해서는 점수를 산출하지 않았다. "부모만 복지 서비스를 받은 이력이 있는 경우에는 점수를 내지 않았어요." 에린 돌턴이 말했다. "가장 취약한 아이들은 어린아이들이기 쉬워요. 그런데 유아는 복지 서비스를 받은 이력이 없거든요. (AFST는) 아버지가 토막 살인자 잭Jack the Ripper이고 엄마는 그 살인자의 신부일 수 있는 유아들에게 점수를 매기지 않았던 거예요." 지금은 모형이 업데이트되어 가구 전체(함께 사는 애인부터 삼촌, 사촌, 할머니, 동거인, 한 명 한 명의 아동까지 모두)를 평가하며, 가장 높은 점수를 받는 아동에 기초해 AFST 평가가 이루어진다. 그 아이가 상담 전화에 신고된 아이가 아니더라도 말이다. AFST는 현재 상담 전화에 신고된 가정의 90퍼센트 이상에 대해 점수를 산출한다. 그러자 18점 이상의 점수가 그 전보다 늘어났다.

여러 가지 면에서, AFST는 아동복지에서의 위험 예측 모형으로서는 최고의 시나리오다. 이 도구의 설계는 공개되어 있고, 참여적이며, 투명하다. 다른 곳에서는, 일반 주민의 의견이나 논의가 거의 없는 채로 민간 회사가 아동복지 예측 시스템을 설계하고 시행해 왔다. 앨러게니 카운티는 신중하면서도 서서히 예측 시스템을 시행하고 있다. AFST의 목표는 의도적으로 제한되고 있으며 소박하다. 이 도구는 인간의 의사 결정을 대신하기 위한 게 아니라, 인간의 의사 결정을 돕기 위한 것이다.

그렇지만 앨러게니 카운티의 아동 학대 예측 실험은 의심의 눈초리로 지켜볼 만하다. 앨러게니 카운티는 아동복지 분야에서 이루어진 전국적 알고리즘 실험을 조기에 채택했다. 비슷한 시스템이 최근 플로리다, 로스앤젤레스, 뉴욕시티, 오클라호마, 오리건에서 시행되고 있다.

이 책의 편집이 마감된 현재, 처너와 돌턴은 데이터 분석 실험을 계속하고 있다. 다음에 나올 새로운 버전의 AFST는 전통적인 통계 모형 대신 기계 학습을 이용할 것이다. 처너와 돌턴은 또 두 번째 예측 모형을 도입하려 계획하고 있다. 이 모형은 상담 전화로 들어오는 신고에 의존하지 않는다. 그 대신 "하루 또는 일주일 전 앨러게니 카운티에서 태어난 모든 아기들에 대해 매일 또는 매주 운영할 계획"이라는 것이 2017년 9월 돌턴에게서 받은 이메일 내용이다. 상담 전화로 신고하는 대중에게 의존하는 모형의 운영만으로는 학대와 방치 범죄의 가능성이 있는 전체 집단을 포착해 내지 못하고, 출생 시 운영하는 모형이 훨씬 더 정확하다. 하지만 주요 목표는 더 정확한 모형을 이용하는 것이 아니라고 돌턴은 주장한다. "우리가 이 모형을 고려하는 이유는 더 정확해서가 아닙니다. 학대와 방치를 예방할 수 있기 때문이죠."

그렇지만 카운티의 공적 자원을 이용하는 가정에서 태어나는 모든 아동의 위험을 등급화하는 모형을 이용할 경우, 그 결과를 어떻게 이용할지에 대한 난처한 문제가 제기된다. "카운티에는 가정방문 상담 서비스와 가정방문 서비스가 있어요. 자원이 한정되어 있으면, 고위험군에 우선해서 그 서비스를 제공해야겠죠?"에린 돌턴이 묻는다. "그게 윤리적이고, 지역사회도 이런 방식을 수용할 거라고 생각해요. 이걸 넘어서는 또 다른 단계는, 예를 들어 본인 스스로가 가족지원센터로 와서 받아야 할 서비스를 요청하고 참여하기를 원하는 거예요. 그 사람은 꼭 위험성이 높다는 신호를 받는 게 아니라, '실제로 참여해 보라', '계속 참여하라'는 식의 신호를 받는 거죠." 마크 처녀는 아동청소년가족국이 "문을 두드리며 '당신은 당신 아이를 학대할 위험도가 높다'고 말하려는 게 아니다."라고 주장한다. 하지만 다른 위험 예측 모형은 바로 이런 식으로 시행된다. 예컨 대 시카고 경찰의 폭력 범죄 "조사 명단heat list"*을 생성해 낸 알고리 즘이 그랬다.

처녀의 집행부는 조기에 지원을 이용할 수 있는 가정을 알아내고 싶어 한다. 기관의 개입이 가장 큰 변화를 가져올 수 있기 때문이다. 하지만 지역사회 주민들은 선의로 수집된 데이터가 장차 자신들에게 불리하게 이용되지는 않을지 염려한다. "사람들은 마크와 에린이 떠나고 나면 일어날 일을 걱정해요." 아동개발원의 로리 멀비가 말했다. 복지사업부는 지역단체, 자금 제공자, 지역사회 주민에게 예측 모형을 소개하는 회의를 여러 차례 열었다. 그 회의에서 주민들이 "우리는 에린을 신뢰해요. 마크도 그렇고. 그런데 두 사람이 가고 나면 어떻게 되죠?"라고 말하고 있다고 멀비는 설명했다.

재정 긴축, 공공 기관의 규모를 줄이려는 주지사, 또는 아동 사망 사건의 빈발 같은 상황이 제대로 맞아떨어지면, AFST는 쉽사리 아동을 가정으로부터 자동 분리시키는 기계가 될 수 있다. 이 모형을 다시 프로그래밍할 필요조차 없이 말이다. 오늘날, 한 가정의 위험도 점수가 20점이 넘으면 아동청소년가족국은 조사를 시작해야 한

---

* 시카고 경찰은 범죄 예방을 위해 범죄 예측 알고리즘을 이용해서 총격 사건에 연루될 가능성이 높은 주민들을 '조사 명단'이라는 잠재적 범죄자 명단에 올려 이들 집에 예고 없이 찾아가 '우리가 당신을 지켜보고 있다'는 메시지를 전했다.

다. 내일이면, 20점이 긴급 분리를 촉발할 수도 있다. 또는 10점이면… 5점이면….

AFST를 설계한 레마 바이시아나산에게 이 모형의 남용 가능성을 우려하는지 묻자, 레마는 내게 가상의 해결책을 제시했다. "우리가 할 수 있는 한 가지는 (우리의 계약서에) '이 모형이 비윤리적으로 이용된다고 생각되면, 그에 대해 발언할 권리를 갖는다'고 써넣는 거예요." 하지만 학자가 자기 연구가 이용되는 방식에 대해 반대 의사를 표한다고 해서, 그것이 공공 정책이나 기관의 실행에 큰 영향을 미치리라고 생각하는 건 너무 순진하다.

만약 이웃이나 응급실 간호사가 에인절과 패트릭의 가정에 대해 다시 상담 전화로 신고하면, 이들은 의심할 여지 없이 높은 AFST 점수를 받을 것이다. 이 가정에는 여섯 살 난 아이가 있다. 돌보는 사람이 많고, 서로 유대가 긴밀한 가족이기는 하지만, 이들 모두가 생물학적으로 연관되어 있는 것은 아니다. 이 가정은 오랫동안 공공 부조를 받아 온 이력이 있다. 에인절은 상담을 받고 있으며, 외상후스트레스장애 약을 먹고 있다. 이들은 수십 년 동안 아동청소년가족국과 관계를 맺어 왔다. 지난 9년 동안은 아동청소년가족국과의 관계가 주로 두 사람의 자원봉사 서비스, 그리고 에인절이 신청한 육아 수업, 체험 지원, 일시 돌봄으로 이루어지고 있지만 말이다.

면담이 끝나 갈 무렵, 에인절은 자신이 직면한 이중의 구속에 대해 곰곰이 생각했다. "아동·청소년가족국과의 관계에서 긍정적인 경험을 한 사람이 나만은 아니에요." 에인절이 말했다. "기관에 연락해서 '이봐요, 당신네들 도움이 필요해요.'라고 말하는 거죠. (하지만) 내겐 딸로 인한 이력이 있어요. 또 카운티의 서비스도 이용한 적 있고요. 이런 이유에서, 그 사람들은 날 대놓고 언급하면서 홍보해요. AFST는 날 성공 사례로 표시하겠죠."

패트릭과 에인절은 또 다른 신고 전화가 들어가서, AFST가 딸이나 손녀를 조사 대상으로 삼아, 위탁가정으로 분리시킬지도 모른다는 두려움 속에 살고 있다. "우리 딸은 이제 아홉 살이에요." 에인절이 말했다. "난 여전히 그 사람들이 어느 날엔가 와서 밖에 혼자 나와 있는 딸을 보고는 '넌 더 이상 딸을 데리고 있을 수 없다'며 데려갈까 봐 두려워요."

디지털 구빈원

2017년 4월 어느 따뜻한 날, 나는 공공 도서관으로 가고 있다. 지금은 랜초로스어미고스Rancho Los Amigos 국립재활센터로 알려진 로스앤젤레스카운티구빈원농장의 사진을 찾기 위해서다. 분홍색 야구 모자를 쓰고 지저분한 후드티를 입은 중년의 아프리카계 미국인 남성이 5번가와 사우스그랜드가(街) 모퉁이 근처 인도에 서 있다. 남자는 바람에 흔들리듯 팔을 움직여 헤엄을 치면서 비뚤게 원을 그리며 돈다. 그는 울부짖고 있다. 가사 없는 노래와 흐느낌 사이, 높지만 놀라우리만치 부드러운 음이다. 백인, 흑인, 라틴아메리카계 미국인, 관광객과 지역 주민, 부자와 가난한 사람 등 많은 이들이 고개도 돌리지 않은 채 그를 피한다. 흔들리는 남자를 지나치면서, 우리는 서로 눈길을 돌리고 입을 굳게 다문다. 걸음을 멈추고 남자에게 도움이 필요한지 묻는 사람은 아무도 없다.

미국에서, 부와 빈곤은 공존한다. 그 대비는 로스앤젤레스 도심에서 특히 극명하다. 이곳에서는 매일, 도시의 전문 직업인들이 손닿는 곳에 극빈자들을 두고서 라테를 마시고 스마트폰을 살핀다. 하지만 하루하루의 기본 욕구를 충족시키기도 힘든 사람들과 그렇지 않은 사람들 사이에는 눈에 보이지 않는 막이 존재한다. 모든 미국의 도시와 마을에서 그렇다. 나는 인디애나주 먼시와 펜실베이니아주 먼홀에서 그것을 목격했다. 그리고 내 고향에서도 목격하고 있다.

미국의 빈곤은 눈에 보이지 않는다. 우리는 빈곤을 보고서 눈길을 돌려 버린다.

우리의 부인(否認)은 깊숙이 침투해 있다. 미국에 관한 기본적 사실을 설명할 길이 이것밖에는 달리 없다. 즉 세계 최대 규모의 경제에서 가장 많은 사람들이 빈곤을 경험한다는 사실 말이다. 마크 랭크의 획기적인 생애 연구에 따르면, 미국인의 51퍼센트가 20세와 65세 사이에 적어도 1년간을 빈곤선 아래서 지낸다. 이 가운데 3분의 2가 자산 조사 결과에 따라 빈곤가정일시지원TANF, 일반부조General Assistance, 생활 보조금, 주거 지원, 영양보충지원제도SNAP, 또는 메디케이드 같은 공적 혜택을 받을 것이다.[1] 하지만 우리는 빈곤이 아주 소수의 걷잡을 수 없는 사람들에게만 일어나는 혼란스러운 일탈인 양 여긴다.

우리가 미국의 빈곤과 맺은 관계는 항상 사회학자 스탠리 코언이 말한 "문화적 부인cultural denial"에 의해 규정된다. 문화적 부인이란 우리가 잔학 행위, 차별, 탄압에 대해 알면서도 그것을 절대 공개적으로 인정하지 않을 수 있게 해 주는 과정을 말한다. 그것은 우리가 알려고 하지 않는 것을 알게 되는 방식이다. 문화적 부인은 단지 개인의 개별적이거나 심리적인 속성이 아니다. 다시 말해, 학교교육, 통치 체제, 종교, 대중매체, 그리고 그 밖의 제도들에 의해 조직되고 지지되는 하나의 사회적 과정이다.

우리가 로스앤젤레스 공공 도서관 근처에서 몹시 괴로워하는 남자를 그냥 지나치며 도움이 필요한지 물어보지 않은 것은, 그를 위해 할 수 있는 일이 없다고 집단적으로 굳게 믿기 때문이다. 남자를 지나치며 **서로 눈을** 마주치지 않은 것은, 우리가 내심 그걸 믿을 정도로 어리석지는 않다는 신호를 보내는 것이다. 보지 않는다는 문화적 의식(儀式)을 행하고 있기에, 다시 말해 반(半)의식적으로 서로에 대한 책임을 포기하고 있기 때문에, 우리는 눈을 마주칠 수가 없다. 고통을 감지하고도 아무것도 하지 않았기에 불붙은 죄책감이, 우리로 하여금 눈길을 돌리게 만들었다. 가난에 대한 부인이 한 국가 공동체의 구성원인 우리로 하여금 눈길을 마주치지 못하게 한다. 우리는 그 길모퉁이의 남자만이 아니라 서로를 피한다.

부인은 소모적이며, 비용이 많이 든다. 현실을 보고도 무시해야 하는 인지 부조화를 견뎌야 하는 개인들은 불편하다. 우리는 전문직 중산층이 가난한 노동자 계층 사람들과 삶을 공유하는 일을 적극적으로 피할 수 있도록 해 주는 사회기반시설(교외 주택 지역, 고속도로, 사립학교, 교도소 등)을 건설하는데, 이로써 부인은 물리적 지형도를 왜곡한다. 또한 부인은 정치 공동체로서 갖는 사회적 연대 의식을 약화시킨다. 서로 눈을 마주치지 못하는 사람들은 집단 통치를 하기가 아주 어렵다고 느낄 것이다.

미국에서 빈곤은 어느 한 시점에 임의의 소득선 아래로 떨어진 상태로 규정되고 있는데, 이런 규정 방식에 의해 빈곤이 적극 부인된다. 공식적인 빈곤선은 빈곤을 좋지 못한 결정, 개인의 행동, 문화의 병적 측면으로 설명해 치워 버릴 수 있는 유감스러운 예외로 보이게 한다. 사실 빈곤은 거의 무한한 행동반경을 보이는, 갖가지 배경을 가진 수많은 사람들이 주기적으로 경험하는 흔히 일시적인 상태다.

우리의 공공 정책은 빈곤이 미치는 영향을 개선하거나 그 원인을 제거하는 대신, 빈곤을 비난하는 데 집착한다. "개인의 책임"에 집착해서, 사회 안전망은 도덕적 떳떳함을 조건으로 한다. 정치 이론가 야샤 뭉크는 2017년 출간한 『책임의 시대The Age of Responsibility』에서, 방대하고 비용이 상당한 공적 서비스 관료 체계가 주로 개인의 고통이 그 자신의 책임인지 여부를 조사하는 기능을 한다고 주장한다.

빈곤은 대중매체와 정치 평론가들에 의해 부인된다. 이들은 가난한 사람들을 전문직 중산층 사회에 위험한, 병적으로 의존적인 소수로 묘사한다. 보수와 진보의 시각이 모두 그렇다. 다시 말해, 우파는 가난한 사람들을 기생충으로 매도하는 경향이 있는 반면, 좌파는 자신의 삶에 행위주체성agency을 행사하지 못하는 가난한 사람들의 무능력에 대해 온정주의적으로 절망하는 경향이 있다. 가난한 이들과 빈곤 지역은 희망이나 가치가 없다는 논의 틀은 심히 제약적이다. 그래서 우리는 대부분, 심지어 직접 빈곤을 경험한 사람들조차 자신의 인생 이야기에서 빈곤을 경시하거나 부인한다.

우리의 부인 습관은 강력하다. 따라서 가난한 노동자 계층이 파괴적인 시위를 통해 직접 현 상황에 이의를 제기하는 풀뿌리 운동을 일으켜야만, 빈곤을 인정한다. 프랜시스 폭스 피번과 리처드 클로워드가 이제는 고전이 된 『빈민운동Poor People's Movements』과 『빈민규제Regulating the Poor』에서 지적한 대로, 가난한 이들이 조직화해서 권리와 생존을 위해 싸우면 승리할 수 있다. 하지만 빈곤 관리 제도(구빈원, 과학적 자선, 공공복지 제도)는 대단히 유연하고 영구적이다. 비록 빈곤을 규제하는 제도의 형태는 시대에 따라 달라지지만, 가난한 사람들의 주의를 공적 자원으로부터 돌리고, 이들을 견제하고, 감시하고, 처벌하려는 노력은 집요하게도 계속된다.

예를 들어, 1877년 철도 총파업은 가난한 사람들의 고통뿐 아니라 이들의 엄청난 정치적 힘 또한 극적으로 드러냈다. 가난한 노동자 계층의 행동주의는 권력 집단에 위협을 가해, 중요한 합의 사항을 얻어 냈다. 보호시설에 수용하는 것에서 벗어나, 현금과 물품을 나눠 주는 데 중점을 두는 빈민 구호 제도로 되돌아간다는 것이었다. 하지만 거의 곧바로 과학적 자선이 부상해, 그 자리를 차지했다.

기법은—가난한 사람들을 반(半)감옥에 가두는 것 대신, 조사와 감시에 초점을 둔 과학적 개별사회복지사업으로—달라졌으나, 결과는 마찬가지였다. 수많은 사람들이 공적 자원 수급을 거부당했고, 가족이 뿔뿔이 흩어졌으며, 가난한 사람들의 삶은 관찰당하고, 통제당하고, 위태로워졌다.

대공황 시기 동안, 그리고 1970년대 복지권에 대한 반격이 있던 시기 동안, 이런 양상이 다시금 반복되었다. 이런 일이 지금 또다시 일어나고 있다.

요컨대, 미국의 가난한 노동자 계층이 정치적 실행력을 가진 세력이 되면, 구호 제도와 그 통제 기술이 바뀌어서 문화적 부인을 더욱 용이하게 하고 굴종으로의 잔혹한 복귀를 합리화한다. 구호 제도는 가난한 노동자 계층의 집단적 힘을 약화시키고, 다른 모든 사람들은 무관심하게 만드는 장치다.

오늘날 공공 기관과의 상호작용을 중재하는 기술에 대해 이야기할 때, 우리는 혁신성, 다시 말해 그것이 관습과 단절하는 방식에 주목하는 경향이 있다. 가장 열렬한 이들은 이런 기술을 "교란자disruptor"라고 부르며, 오랜 권력관계를 뒤흔들어 더 투명하고, 즉각 대응하며, 효율적이고, 심지어 본질적으로 더 민주적인 정부를 만든다고 주장한다.

새로운 것에 주목하는 이런 근시안은 디지털 도구가 낡은 권력 및 특권 제도에 '묻어들어가는' 중요한 방식을 놓치게 한다. 인디애나주의 자동화된 적격성 판정 시스템, 로스앤젤레스 카운티의 통합 등록 시스템, 앨러게니 카운티의 위험 예측 모형은 첨단 도구일 수 있지만, 다른 한편으로 뿌리 깊은 불온한 역사의 일부분이기도 하다. 구빈원은 미국의 제도로서 헌법보다 125년 앞서 만들어졌다. 통계 모형이나 순위를 매기는 알고리즘이 수세기 동안 구축된 문화, 정책, 제도를 마술처럼 뒤집으리라는 생각은 공상에 불과하다.

벽돌과 모르타르로 된 구빈원과 마찬가지로, 디지털 구빈원은 가난한 사람들의 주의를 공적 자원으로부터 돌려놓는다. 과학적 자선과 마찬가지로, 가난한 사람들을 조사하고 분류하며 범죄자 취급한다. 복지권에 대한 반격이 있던 시기에 출현한 도구들과 마찬가지로, 표적 삼아 추적하고 처벌하기 위해 통합 데이터베이스를 이용한다.

앞서, 나는 새로운 첨단 기술 도구가 미국 전역의 사회복지사업 프로그램에서 어떻게 운용되고 있는지 그 현장을 보여 주었다. 이런 프로그램이 주요 목표 대상으로 삼는 사람들의 말에 귀 기울이는 것은 매우 중요하다. 이들이 하는 이야기는 행정가와 분석가의 관점에서 하는 이야기와 다르기 때문이다. 이제 나는 뒤로 물러나, 이런 도구가 어떻게 통합되어 그림자처럼 따라다니며 가난한 사람들을 통제하는 제도를 만들어 내는지 개관해 보려 한다.

가난한 사람들의 주의를 공적 자원으로부터 돌리기:
인디애나주

디지털 구빈원은 공유 자원에 접근하려는 가난한 노동자 계층에게 장벽을 높인다. 인디애나주에서는 적격성 판정 자동화와 민영화가 결합되면서 복지 등록부가 대폭 줄어들었다. 복잡하고 더딘 행정 절차와 불합리한 요구 사항이 혜택받을 권리와 자격이 있는 사람들의 접근을 막았다. 규정이 불확실하고 성과 측정이 제대로 설계되지 않아, 오류가 발생하면 항상 주 정부나 민간 하청업자가 아닌 신청자의 잘못으로 해석되었다. 자동화된 의사 결정 도구가 틀릴 리 없다는 생각으로 인해, 컴퓨터의 결정이 신청자에게 절차상 공정성을 제공하기 위한 과정보다 우선했다. 그 결과, 수많은 수급 신청이 거부되었다.

하지만 무조건적인 견제는 제한적인 성공을 거둘 수 있을 뿐이다. 인디애나주에서는, 마구잡이식 수급 신청 거부가 명백한 고통을 불러일으켜 사람들을 격분시켰고, 격렬한 저항이 일었다. 수급을 거부당한 사람들은 자기 이야기를 들려주었다. 대변인들은 협력자들을 모았다. 소송이 시작되었고, 평범한 시골뜨기 인디애나 주민들이 크게… 이겼다. 미치 대니얼스 주지사가 IBM과의 계약을 무효화하고 가족사회복지사업국이 혼합형 시스템을 개시했지만, 인디애나주의 TANF(빈곤가정일시지원) 수급자 수는 여전히 역사에 남을 만하게 낮은 수준이다.

인디애나주의 적격성 자동 판정 실험은 왜 "자격이 없는지" 납득시키지 못했기 때문에 실패했다. 가난한 사람들에 대한 대니얼스 행정부의 적대는 무차별적이었다. 자동화는 여섯 살 난 소녀, 수녀, 심부전으로 입원한 할머니에게 영향을 미쳤다. 대변인들은 이들이 애꿎은 피해자이며, 적격성 판정 자동화 계획이 인디애나 주민들의 타고난 이웃 사랑과 연민의 성향을 거스를 수는 없을 것이라고 주장했다.

자동화된 사회적 배제가 미국 전역에서 증가하고 있지만, 그것은 계층에 기반한 차별 전략으로서는 중대한 약점을 가지고 있다. 그래서 직접적인 견제가 실패하자, 디지털 구빈원은 좀 더 은밀한 방법을 만들어 낸다. 운 좋은 소수에게는 목숨을 구할 자원을 제공하는 반면에, **대부분의** 가난한 사람들을 범죄자 취급하는 도덕적 서사 말이다.

가난한 사람들을 분류하고 범죄자 취급하기:
로스앤젤레스 카운티

로스앤젤레스 카운티의 노숙인 서비스 제공 단체들은 자원을 효율적으로 이용하고, 더 효과적으로 협력하는 한편, 도움받아야 할 6만 명의 노숙인들 가운데 누군가를 가려내야 하는 가슴 아픈 선택을, 아마도 외부에 위탁하고 싶어 한다.

설계한 사람들에 따르면, 노숙인 통합 등록 시스템은 가장 필요한 이들에게 가장 적절한 자원을 연결시켜 준다. 하지만 이 통합 등록 시스템의 순위 매기기 기능을 달리 해석하는 사람들도 있다. 비용-편익 분석으로 말이다. 가장 취약한 만성 노숙인은 응급실, 정신 건강 시설, 교도소에 내버려 두기보다 영구 지원주택을 제공하는 편이 비용이 덜 든다. 가장 취약성이 덜한 노숙인은 만성 노숙인이 되도록 내버려 두기보다 신속한 노숙 탈출을 위한 한시적인 소규모 투자를 하는 편이 비용이 덜 든다. 이런 사회적 분류가 순위의 맨 위와 맨 아래에 있는 사람들에게는 잘 통한다. 하지만 게리 보트라이트처럼, 그 생존비용이 납세자들의 절약 가능한 세금을 초과하는 상황이면, 그의 목숨은 우선순위에서 밀려난다.

공적 자원을 전혀 수급하지 않은 로스앤젤레스의 노숙인(이 책을 쓰고 있는 현재 2만 1,500명) 자료는 HMIS(노숙인관리정보시스템)에 7년 동안 남는다. 개인 정보 보호를 위한 안전장치가 거의 없으며, 로스앤젤레스 경찰이 영장 없이 이 시스템에 접근할 수가 있다. 경찰은 이 방법을 이용해 탐문을 한다. 치안 서비스와 노숙인 서비스의 통합은 경제적 안정 유지와 범죄 수사 사이, 가난과 범죄 사이의 경계를 흐리고, 노숙인을 추적해 옥죄는 통제망을 강화한다. 이 통제망에는 관련된 데이터 기반 시설과 선별을 위한 도덕적 분류 시스템이 필요하다.

통합 등록 시스템이 수집한 데이터는 로스앤젤레스의 노숙인에 대한 새로운 이야기를 만들어 내기도 한다. 이 이야기는 둘 중 한 가지 방향으로 전개될 수 있다. 낙관적으로 보면, 좀 더 미묘한 차이가 있는 데이터가 노숙인 이웃을 돌보는 데 재앙과도 같은 실패를 보여 주고 있는 로스앤젤레스 카운티와 미국 전체에 도움이 된다.

비관적으로 보면, 노숙인을 취약성 정도에 따라 분류하는 행위 자체가 노숙인에 대한 대중의 지지를 약화시킨다. 이는 전문직 중산층 사람들에게, 정말로 필요한 사람은 도움을 받고 있고 자원을 확보하지 못한 사람들은 근본적으로 다루기 힘든 사람이거나 범죄자라는 인상을 준다.

인디애나주에서처럼, 디지털 구빈원이 그야말로 공적 혜택 수급을 차단하면 저항에 부딪히기 십상이다. 분류와 범죄자 취급이 효과를 내려면, 가난한 노동자 계층의 권리를 제한하고 인간으로서 갖는 기본 욕구를 부정하는 시스템 안에 이들을 **통합**해야 한다. 디지털 구빈원은 배제하기만 하지 않는다. 수많은 사람들을, 이들의 인간성과 자기 결정권을 위태롭게 하는 통제 시스템 안으로 쓸어 담는다.

가난한 사람들의 미래 행동 예측하기:
앨러게니 카운티

도덕적 분류 체계를 만들기 위해 로스앤젤레스의 노숙인 수만 명을 평가하는 일은 힘들고 비용이 많이 든다. 예측은 임상적 방법으로 인간과 관계를 맺는 대신에, 통계와 기존 데이터를 이용해 가치와 자격의 위계를 만들어 낼 것을 약속한다. 가난한 사람들의 주의를 돌리는 데 실패하고 분류에 비용이 너무 많이 들면, 디지털 구빈원은 통계 방식을 이용해 추론한다. 로스앤젤레스에서 시행한 VI-SPDAT(취약성 지수 및 서비스 우선순위 결정 지원 도구) 같은 조사는 앞

서 어떤 행동을 했는지 묻는다. 앨러게니 카운티의 AFST(앨러게니가
정선별도구) 같은 예측 시스템은 비슷한 사람들의 과거 행동 패턴에
근거해서 장차 어떤 행동을 **할 가능성이 높은지** 추측한다.

분류는 비슷한 대상끼리 무리 짓기 위해 개인의 행동을 평가한
다. 예측은 이와 달리 관계망을 대상으로 한다. AFST는 상담 전화에
신고된 부모나 아동뿐 아니라 한 가구의 모든 구성원에 대해 실행
된다. 새로운 예측 시스템 아래에서, 우리는 우리 자신의 행동만이
아니라 연인, 동거인, 친척, 이웃의 행동에 의해서도 영향을 받는 셈
이다.

분류와 달리, 예측은 세대에 걸쳐진다. 에인절과 패트릭의 행동
은 해리엇의 미래 AFST 점수에 영향을 미칠 것이다. 공적 자원을
이용한 두 사람의 이력은 해리엇의 점수를 높인다. 태버서가 어렸
을 때 패트릭이 아동청소년가족국과 벌인 언쟁으로 인해, 해리엇이
어른이 되면 높은 AFST 점수를 받게 될 것이다. 오늘날 에인절과
패트릭의 행동이 해리엇의 미래, 나아가 해리엇 아이들의 미래를
제한할 수도 있다.

따라서 예측 모형이 미치는 영향은 기하급수적이다. 예측이 관계
망에 기반하고 여러 세대를 가로지르기 때문에, 그 피해가 전염병
처럼 퍼져 나갈 가능성이 있다. 최초 접촉점에서 친척과 친구들로,
친구들의 관계망으로, 바이러스처럼 공동체 전체로 **빠르게** 번지는
것이다.

역사상 목표 대상이 어떻게 **행동할지** 추측하는 데 이렇게 많은 노

력을 기울인 빈곤 통제 시스템은 없었다. 이는 우리 모두가 가난하게 살아가는 사람들의 실제 고통에 대해서는 관심이 덜하고, 이들이 다른 사람들에게 제기할지 모르는 잠재적 위협에 관심이 더 많기 때문이다.

AFST는 정말로 중대한 문제에 대응한다. 아동을 돌보는 사람들은 때로 아이들에게 지독한 일을 저지르기에, 국가가 스스로 보호하지 못하는 사람들을 보호하기 위해 개입하는 것은 타당하다. 하지만 아무리 큰 피해가 발생할 가능성이 있다 하더라도, 가난한 가정들에 대한 검증되지 않은 실험을 합리화할 수는 없다. 전문직 중산층들은 자신의 양육을 평가하는 AFST를 결코 용인하지 않을 것이다. 따르는 것 말고는 달리 선택권이 없는 사람들에게 이런 도구를 이용한다는 것은 차별적이고, 비민주적이며, 용서할 수 없는 일이다.

19세기에, 의과대학 해부용 시체에 대한 수요가 커지면서 묘지 도굴이 빈발하자 사체 절도에 대한 엄격한 법이 만들어졌다. 구빈원 묘지는 지금은 불법인 사체 거래에서 가장 선호되는 대상이 되었다. 더 값싼 사체를 요구하는 병원과 의사들의 압력이 높아지자, 여러 주들이 가난한 이들의 송장을 사고파는 암시장을 합법화하는 법안을 통과시켰다. 그러니까 구빈원과 교도소 입소자의 연고자 없는 시체는 해부를 위해 의과대학에 기증할 수 있다는 이야기다. 중산층의 시체에 대해서는 상상할 수도 없는 일이었으나, 가난한 사람들에게는 그것이 과학에 기여할 수 있는 방법으로 여겨졌다.

법의학 인류학자들은 지금도 흔히 구빈원 묘지에서 함부로 손댄 증거가 드러나는 해골을 발견한다. 이를테면 톱으로 자른 흔적이 있는 대퇴부와 골반 뼈, 위쪽이 뚜껑처럼 들어 올려진 두개골 따위다.[2] 과거에 우리는 가난한 사람들의 시체로 실험했다. 그런데 지금은 그들의 미래에 섣불리 손대고 있다.

위험한 마술적 사고에는 흔히 새로운 기술 발전이 동반된다. 도구의 혁명이 결국 과거의 석판(과거 공책 대신 쓰였다-옮긴이)을 깨끗이 지우리라는, 호기심에 찬 자신감이 함께한다. 디지털 구빈원이라는 비유는 기술과 불평등을 이야기하면서 역사와 맥락을 삭제하는 것에 대한 저항으로서 의도한 것이다.

전통적인 구빈원과 디지털 구빈원 사이의 유사성은 두드러진다. 공적 혜택으로부터 가난한 사람들의 주의를 돌리고, 이들의 이동성을 제한하며, 노동을 강제하고, 가족을 갈라놓고, 정치적 권리를 상실케 하며, 가난한 사람들을 실험 대상으로 이용하고, 생존을 불법화하며, 의문스러운 도덕적 분류를 만들고, 중산층을 위한 윤리적 거리를 만들어 내며, 인간의 가치 및 자격에 관한 인종차별적이고 계급차별적인 위계를 재생산한다.

하지만 공적 서비스에 도입된 첨단 기술 도구와 벽돌과 모르타르로 된 구빈원 사이의 유사성에는 불충분한 면이 있다. 전통적인 카운티 설립 구빈원이 산업혁명 시기에, 과학적 자선이 혁신주의 시대Progressive Era*에 특히 적합했던 것처럼, 디지털 구빈원은 우리 시대의 특정한 상황에 적합하다. 카운티 설립 구빈원은 증가하는 산업적 실업에 대한 중산층의 두려움에 대응한 것이었다. 즉 버림받은 노동자들의 노동이 필요할 경우에 대비해, 이들을 보이지는 않으나 가까운 곳에 두었다. 과학적 자선은 자원 및 사회 통합social inclusion으로의 접근을 통제하는 가치 체계를 만들어 냄으로써 이민자, 아프리카계 미국인, 가난한 백인에 대한 토착 지배 집단의 두려움에 대응했다.

오늘날, 디지털 구빈원은 바버라 에런라이크가 말한, 전문직 중산층의 "추락에 대한 두려움"에 대응한다. 아래로는 노동자 계층의 붕괴, 위로는 터무니없는 부의 팽창, 여기에 점점 증가하는 미국의 인구통계학적 다양성이라는 국면을 맞아 자신들의 지위를 유지하기에 필사적인 백인 전문직 중산층들은, 에런라이크가 쓴 바에 따르면, 대체로 정의, 형평성, 공정성이라는 이상을 포기했다.[3] 도널드 트럼프가 대통령으로 당선되기 전까지는, 이들 사이에 반(反)자유주의가 증가하기는 해도 대중 앞에서 다소 온건했다. 그것은 일종의 "개 호루라기dog whistle"(개 호루라기가 개에게만 들리는 소리를 내는 데 빗댄

---

*   미국 전역에서 '혁신주의progressivism 운동'이라는 광범위한 정치·사회 개혁 운동이 있었던 시기로, 대략 1890년부터 제1차 세계대전이 발발한 무렵까지를 말한다. 민주주의의 신장, 사회 정의 실현, 정직한 정부 구현, 기업에 대한 효율적인 규제, 공공성의 회복 등이 혁신주의 운동의 목표였다.

표현. 정치인이 인종차별과 같은 논란의 여지가 많은 메시지를 대중의 비위를 거스르지 않으면서, 암묵적으로 코드화된 언어로 표적 삼은 하위 집단에 넌지시 전달하는 방식을 뜻한다-옮긴이)식 학대였다. 예컨대 어린 흑인 학생들에게 소방용 호스를 쏘아 대는 행위는 용납되지 않았지만, 마이클 브라운, 프레디 그레이, 너태셔 매케너, 에젤 포드, 그리고 샌드라 블랜드*를 죽음에 이르게 한 경찰은 비난받지 않았다. 가난한 사람들의 강제 불임시술은 재고의 가치도 없었지만, 가난한 가정을 처벌하고 굶기고 범죄자 취급하는 복지 개혁은 암묵적으로 승인되었다. 디지털 구빈원은 이런 정치적 시기에 생겨나 완전히 적응했다.

비록 가까운 친족이라고는 해도, 과거의 구빈원과 오늘날의 디지털 구빈원 사이에는 큰 차이가 있다. 카운티 설립 구빈원이라는 물리적 보호시설에의 수용은 인종, 성, 출신 국가를 넘어 계층을 결속시키는, 의도치 않은 결과를 낳았다. 우리가 공동 식탁에 함께 앉는다면, 비록 귀리죽을 먹어야 하기는 하지만, 서로의 경험에서 유사성을 발견할 것이다. 감시와 디지털에 의한 사회적 분류는 우리를 작디작게 갈라놓고, 이렇게 갈라진 미세 집단들은 다양한 공격과 통제의 표적이 된다. 우리는 보이지 않는 디지털 구빈원에 살면서 점점 더 고립되어 간다. 주변의 사람들이 우리의 고통을 공유하더라도 그들로부터 차단되고 만다.

디지털 구빈원의 새로운 점은 무엇일까?

---

* 　모두 아프라카계 미국인으로, 경찰의 총격으로 사망하거나 경찰에 체포되어 구류 중에 사망했다.

디지털 구빈원은 파악하기가 어렵다. 디지털 구빈원을 작동시키는 소프트웨어, 알고리즘, 모형은 복잡하면서 때때로 은밀하다. 때로는 관리 운용이 공개되지 않고 보호된다. 가난한 인디애나주 주민들의 현금 수당, 식료품, 의료 서비스 수급을 거부한 IBM과 ACS의 소프트웨어의 경우처럼 말이다. 또 때로는 첨단 기술 도구의 운영 세부 사항이 비밀에 부쳐지는 바람에, 그 도구가 표적으로 삼은 사람들이 해당 알고리즘에 잘 대처할 수가 없다.

예를 들어 로스앤젤레스의 노숙인 서비스 직원이 "해야 할 일과 하지 말아야 할 일"을 적은 문서에는 이렇게 되어 있다. "민원인에게 VI-SPDAT(취약성 지수 및 서비스 우선순위 결정 지원 도구) 사본을 주지 말 것. 점수가 부여된다는 사실을 말해 주지 말 것. 민원인이 경계심을 갖게 해서 이 도구가 쓸모없어지게 할 필요가 없음." 때로 어떤 모형의 결과는 그 대상을 보호하기 위해 비밀에 부쳐진다. 마크 처너와 에린 돌턴은 AFST(앨러게니가정선별도구)의 위험성 점수가 판사 또는 개별사회복지사 조사관에게 평가 기준으로 공유되어, 이들의 의사 결정에 미묘하게 영향을 미치기를 원치 않는다.

그럼에도 투명성은 민주주의에 아주 중요하다. 특정 프로그램에 대한 자격을 얻기에는 소득이 많아 공공서비스를 거부당하면 불만스럽고 부당하다고 느낄 수는 있어도 충분히 납득할 만하다. 하지만 "협조 불이행"으로 인해 거부당하면 이야기가 완전히 달라진다. 본인이 받을 자격이 있음을 아는 혜택을 거부당하고도, 그 이유를 듣지 못한다. 그 이유라는 것도 굳이 말하자면 "그냥 우리 생각에 당신은 별 가치가 없는 사람이어서 당신 목숨을 구하는 데 필요한 지원을 해 주지 않을 것"이라는 식일 터이다.

정치적 의사 결정에서 개방성은 중요하다. 공적 제도가 신뢰를 유지하는 것과 더불어 공정성과 정당한 법 절차를 갖추는 것은 아주 중요하다.

디지털 구빈원은 대규모로 확장될 수 있다. 자동화된 의사 결정 시스템, 연결 알고리즘, 위험 예측 모형 같은 첨단 기술 도구는 아주 빠르게 확산될 수 있다. 인디애나주의 ACS 콜 센터는 예전에는 상상할 수 없는 속도로 복지 수급 신청을 거부했다. 그 부분적인 이유는 콜 센터 직원들은 공공 개별사회복지사보다 인간관계에 시간을 소모할 필요가 덜했기 때문이다. 통합 등록 시스템은 한 지역의 민영 시범 사업에서 시작해, 로스앤젤레스 카운티—주민이 1,000만 명이다—의 모든 노숙인 서비스를 받으려면 거쳐야 하는, 정부 지원을 받는 합법적 수단이 되는 데까지 4년이 채 걸리지 않았다. AFST는 사려 깊은 사회복지 서비스 집행부에 의해 최초의 소박한 목표를 유지하고 있기는 하다. 하지만 그사이에 비슷한 아동 학대 위험 예측 모형들이 뉴욕시티부터 로스앤젤레스와 오클라호마, 오리건까지 빠르게 확산되고 있다.

1820년대에, 지지자들은 미국의 모든 카운티에 구빈원이 있어야 한다고 주장했다. 하지만 가난한 사람들을 위해 그렇게 많은 감옥을 지으려니 비용이 많이 들고 시간이 걸렸다. 그래도 결국 미국 전역에 1,000개 이상의 구빈원이 설립되었다. 그런데 카운티 설립 구빈원은 규모를 확대하기가 어려웠다. 우생학자 해리 래플린은 미국 인구의 "하위 10분의 1"에 해당하는 거의 1,500만 명의 사람들에게 강제 불임시술을 해 빈곤을 끝장내자고 제안했다. 하지만 래플린의 인종 청소 과학은 나치 독일에서만 규모가 확대되었고, "부적합"한 사람들에게 광범위한 불임시술을 한다는 래플린의 계획은 제2차 세계대전 후 인기가 시들해졌다.[4]

디지털 구빈원은 장벽이 훨씬 더 낮아 빠르게 확대될 수 있다.

디지털 구빈원은 집요하다. 일단 확대되면, 디지털 시스템은 해체하기가 상당히 어려울 수 있다. 예를 들어, 구글 같은 거대 데이터 회사가 신뢰를 심각하게 위배하는 일을 하고 있다는 사실을 세계 사람들이 알게 된다면, 무슨 일이 일어날지 생각해 보라. 논의를 위해, 구글이 차량 절도범들의 국제조직에 캘린더(구글이 만든 일정 관리 웹 애플리케이션이자 모바일 앱-옮긴이) 데이터를 팔고 있다고 해 보자. 그 정책이 부당하고 위험하며 불법이라는, 광범위하면서 즉각적인 항의가 쇄도할 것이다. 사용자들은 다른 이메일, 예약, 문서 보관, 화상 회의, 웹 검색 서비스를 서둘러 찾을 것이다.

하지만 구글의 손아귀에서 우리의 전자적 삶을 빼내는 데는 시간이 걸릴 것이다. 한동안 지메일Gmail 계정으로 온 메일들을 새 이메일 계정으로 다시 전송해야 할 것이다. 안 그러면 아무도 우리를 찾을 수 없을 것이다. 구글캘린더가 우리의 안드로이드 폰에서 작동하는 유일한 일정 관리 앱일 수도 있다. 구글의 인프라는 너무도 많은 시스템들에 통합되어 저지하기 어려운 내적 추진력을 가지고 있다.

마찬가지로, 일단 개별사회복지사의 직무를 개별적이고 교체 가능한 업무로 쪼개거나, 또는 순위 매기기 알고리즘과 노숙인관리정보시스템을 설치하거나, 또는 데이터웨어하우스에 모든 공공서비스 정보를 통합하고 나면, 그 과정을 되돌리기란 거의 불가능하다. 신규 채용이 새로운 기술, 태도, 역량을 조장한다. 수백만 달러짜리 계약이 기업들에 이윤을 가져다주고, 이 이윤은 보호받는다. 아동학대의 신속한 예측을 약속하는 점수는 무시할 수 없게 된다. AFST가 개시된 이상, 이를 이용하지 **않는** 결과에 대한 두려움으로 인해 이 도구는 시스템에서 가장 중요하면서 영구적인 위치를 굳히게 될 것이다.

새로운 기술이 제도에 통합되면 추진력이 생긴다. 기술이 원숙해질수록, 이의를 제기하거나 방향을 재설정하거나 뿌리째 뽑기가 점점 더 어려워진다.

디지털 구빈원은 영구적이다. 디지털 구빈원의 데이터는 아주 장기간 존속될 것이다. 물리적인 서류 기록은 보관에 제약이 있기 때문에, 노후화가 필연적이었다. 이와 달리, 디지털 구빈원은 영구적인 기록을 약속한다.

다른 사람을 해쳤다는 과거의 판단은 중요하다. 하지만 정신 건강 진단, 아동 방치 혐의, 또는 범죄 기록으로 인해 평생토록 추적당하면, 생애기회가 줄어들고 자주성이 제한되며 자기 결정권이 손상된다. 게다가 공공서비스 데이터를 **무기한** 보관하면 부적절한 폭로

및 데이터 유출 위험이 높아진다. 영구 기록은 형벌이자 징벌이지, 정의가 아니다.

40년 전, 프랑스 정보자유국가위원회는 데이터 시스템 안에서의 "잊힐 권리right to be forgotten" 원칙을 확립했다. 데이비드 플래허티가 『감시 사회에서의 사생활 보호Protecting Privacy in Surveillance Societies』에서 알린 대로, 이 위원회는 데이터가 공공 시스템에 자동적으로 무기한 저장돼서는 안 된다고 생각했다. 전자 정보는 불가피한 목적에 부합할 경우에만, 특히 공개되면 중대한 위험을 제기할 때만 보존되어야 한다는 것이다.

이런 생각은 미국에서 많은 저항을 불러일으켰다. 하지만 정의는 구제 가능성과 새 출발의 가능성을 요구한다. 우리는 데이터 시스템에 수집된 우리의 정보가 잊힐 수 있는 방법을 찾아야 한다. 한 사람의 과거가 전적으로 그의 미래를 제한해서는 안 된다.

우리 모두가 디지털 구빈원에서 살고 있다. 우리 모두는 항상 가난한 사람들이 살도록 만들어진 세상에서 살아왔다. 우리는 장애인이나 노인이 아무 쓸모없는 사회를 만들고는, 우리가 다치거나 나이가 들면 버려진다. 우리는 단지 임금을 받는 능력에만 근거해 인간의 가치를 측정하고는, 돌봄과 공동체를 과소평가하는 세상에서 고통을 겪는다. 소수 인종과 소수 민족의 노동력 착취에 기반을 둔 경제를 만들고는, 지속적인 불평등이 인간의 잠재력을 파괴하는 것을 본다. 세상을 불가피하게 피비린내 나는 경쟁으로 분열된 곳으로 여기며, 협력으로 서로를 끌어올리는 많은 방법은 알지 못한다.

예전에는 가난한 사람들만이 카운티 설립 구빈원의 공동 숙소에서 살았다. 가난한 사람들만이 현미경으로 들여다보는 듯한 과학적 자선의 진단 아래 놓였다. 하지만 오늘날에는, 우리 **모두가** 가난한 이들에게 놓았던 디지털화된 덫들 사이에서 살고 있다.

디지털 구빈원을 시선(視線)으로 짠 눈에 보이지 않는 거미집이라고 생각해 보라. 각 거미줄은 마이크, 카메라, 지문 인식기, GPS 추적기, 경보용 철망 덫, 수정 구슬 역할을 한다. 어떤 거미줄 가닥은 더 끈적끈적하게 달라붙는다. 이들은 서로 연결되어 페타바이트(100만 기가바이트-옮긴이) 단위의 데이터를 이동시키는 망을 만든다. 우리의 움직임이 이 망을 흔들어 놓아 우리의 위치와 방향을 노출시킨다. 이들 각 필라멘트는 스위치가 켜지거나 꺼질 수 있다. 이 거미줄들은 역사를 거슬러 올라가고 미래로 나아간다. 이들은 우리가 알고 사랑하는 사람들과 연관된 망에 우리를 연결한다. 우리의 사회경제 등급이 내려갈수록, 이 가닥들은 더 **빽빽이** 짜이고, 더 많은 가닥들에 스위치가 켜진다.

우리 모두가 함께 디지털 구빈원을 지었다. 그리고 우리 모두가 거기에 얽혀 있다. 하지만 많은 전문직 중산층 사람들은 이를 잠시 스칠 뿐이다. 거미줄 구멍이 더 크고, 거미줄 가닥 가운데 소수만이 활성화되어 있는 거미집 위쪽에서 말이다. 그들은 그 진득진득한 손아귀로부터 벗어나기 위해 잠시 멈춰야 할지 모르지만, 그 영향이 오래가지는 않는다.

내 가족이 의료보험 사기 조사 때문에 적신호를 받았을 때, 우리는 한 번에 한 가닥씩 벗어나기 위해 씨름을 해야만 했다. 우리는 형사 사법 제도, 메디케이드, 아동 보호 서비스로부터 나오는 거미줄에는 얽히지 않았다. 우리 부모의 이력이나 이웃의 유형 때문에 얽히지 않았다. 디지털 구빈원의 한 가닥 정교한 거미줄에 도전해 승리를 거뒀다. 우리가 이렇게 디지털 구빈원에 맞닥뜨렸는데도 살아남았다면, 지금 이 책을 읽고 있는 많은 사람들도 그렇게 할 수 있다. 그렇다면 왜 전문직 중산층들이 주로 가난한 사람들을 범죄자 취급하기 위해 작동하는 눈에 보이지 않는 망에 관심을 가져야 할까?

그렇게 하는 게 우리 스스로에게 이익이다

가장 저열한 수준에서는, 그렇게 하는 게 우리 스스로에게 이익이기 때문에 디지털 구빈원에 관심을 가져야 한다. 우리도 결국 그 망의 더 끈적거리고 더 빽빽한 부분에 얽힐지도 모른다. 노동자 계층이 공동화(空洞化)되고, 계층 사다리의 맨 꼭대기와 맨 아래가 더 붐비면, 전문직 중산층들이 가난해질 가능성은 어느 때보다 더 높아진다. 공식적인 빈곤선 아래로 떨어지지는 않더라도, 언젠가 자산 조사 결과에 따라 수급할 수 있는 지원 프로그램을 이용하게 될 수도 있다.

우리가 최초의 지원 대상, 즉 만성적으로 가난한 사람들에 대해 경멸감을 갖고서 만든 프로그램에 우리 자신이 맞닥뜨리게 될 것이다. 우리는 공공 자원 수급으로부터 우리의 관심을 돌리려는, 사생활 침해적인 복잡한 절차를 견뎌야 할 것이다. 우리에 관한 엄청난 양의 데이터가 수집되고, 발굴되어, 분석되고, 공유될 것이다. 우리 자신의 가치, 행동, 관계망이 조사되고, 우리의 과실은 범죄 취급될 것이다. 일단 더 까다로운 수준의 디지털 구빈원에 들어가면, 그 거미줄들의 망이 우리를 그렇게 만든 불운이나 잘못된 선택으로부터 회복하는 것을 어렵게 만들 것이다.

아니면, 그 시스템이 결국 우리를 얽어맬지도 모른다. 거미집 위쪽의 거미줄 가닥들은 빈틈이 넓고 우선은 스위치가 꺼져 있다. 트로이에 거주하는 엄마인 도로시 앨런이 거의 20년 전 내게 상기시킨 대로, 가난한 사람들을 대상으로 시험되는 기술 도구가 결국에는 모든 사람들에게 이용될 것이다. 국가적 재앙이나 정치체제의 변화가 디지털 구빈원의 전면적인 감시 능력을 전 계층에 대해 이용하는 것을 정당화할지도 모른다. 디지털 구빈원은 망으로 연결되어 있기 때문에, 전문직 중산층 삶의 전 영역을 조사하도록 갑자기 "스위치가 켜질지" 모른다. 디지털 구빈원은 영속적이기 때문에, 오늘날 완전히 합법인 어떤 행동이 훗날 범죄가 된다면, 행위 당시 합법이었던 이 행동은 소급 해석되어 박해에 이용될 수 있다.

자동화된 불평등은 우리 모두에게 해를 끼친다

이익이라는 좁은 관점에서 한걸음 물러나 생각해 본다면, 디지털 구빈원은 차별을 강화하고 불공평한 세상을 만들기 때문에 우리 모두 관심을 가져야 한다. 디지털 구빈원이 불평등을 자동화하는 방식을 이해하는 열쇠는 펜실베이니아대학의 커뮤니케이션 학자 오스카 갠디가 말하는 "합리적 차별rational discrimination"이라는 개념이다.5 합리적 차별의 작동에는 계층 혐오나 인종 혐오, 심지어 무의식적 편견이 필요치 않다. 단지 기존의 편견을 못 본 체하기만 하면 된다. 자동화된 의사 결정 도구가 구조적 불평등을 해체하도록 명시화해서 만들어지지 않는 한, 그 속도와 규모는 구조적 불평등을 강화할 수밖에 없다.

예를 들어, 1935년부터 1968년까지 미국 연방주택금융은행이사회와 주택소유자대부공사는 데이터를 수집해 아프리카계 미국인 지역 주변으로 경계선을 그어, 이들 지역에 대한 대출을 고위험 투자로 규정했다. 그러자 공공 및 민간 대출 기관이 모두 이들 지역에서의 대출을 거부했다. 이 같은 부동산의 특정 경계지역 지정redlining은 노골적인 인종적 적대감과 탐욕에 근거한 것이었다. 더글러스 메시와 낸시 덴턴이 1993년에 출간한 고전 『미국의 아파르트헤이트: 최하층의 분리와 생산Apartheid: Segregation and the Making of the Underclass』에서 설명한 대로, 인종적 적대감은 블록버스팅blockbusting 같은 행위에 이용되었다. 그러니까 부동산업자가 인종 간 거래를 위해, 백인 노동자 계층의 거주 지역을 골라서 몇몇 주택을 사들여 은밀히 흑인 가정에 판 다음, 집집마다 다니며 흑인들이 "몰려올지" 모른다는 인종차별적 두려움을 부추기면서 백인들에게 싼값에 집을 내놓으라고 제안하는 것이다. 특정 경계지역 지정은 이렇듯 미국 도시들의 형성에 커다란 영향을 미쳤고, 이로써 우편번호는 지금까지도 인종의 매우 효과적인 대리 변수 역할을 하고 있다.

하지만 공개적인 차별 관행이 정치적으로 용인되지 않게 되면서, 표면적으로는 인종 중립적인 관행이 그 자리를 대신하게 됐다. 오늘날, 데이터 기반으로 "전환된" 특정 경계지역 지정이 이전 형태의 주거 차별을 대체했다. 런던정치경제대학의 시타 페냐 강가다란에 따르면, 금융기관은 데이터 중개인으로부터 구매한 메타데이터 metadata(데이터에 관한 구조화된 데이터로, 데이터의 식별·이용·관리에 사용되는 부가 데이터-옮긴이)를 이용해 부동산 시장을 "지방 출신으로 성공 가능성이 거의 없는 층", "최빈층" 같은 식의 정교한 소규모 인구 집단으로 점점 더 세분한다. 이런 표적 마케팅을 구동하는 알고리즘이 명시적으로 의사 결정에 인종을 이용하지는 않지만—이런 행위는 1968년 공정주거법Fair Housing Act으로 불법화되었다—"소수민족 출신으로 제2도시에 거주하는 생활이 어려운 층" 같은 범주는 분명 인종과 계층의 대리 변수다.[6] 이렇게 해서 빈곤 지역들은 비우량 대출, 소액 단기 대출, 또는 그 밖의 착취적 금융 상품의 대상이 된다.

데이터 기반으로 전환된 특정 경계지역 지정은 합리적 차별이다. 이는 인종차별주의자나 계층차별주의자 개인이 하는 적대적 선택에 의존한다는 의미에서의 차별이 아니다. 사실, 이것은 흔히 통합으로 규정된다. "은행에 접근하기 어려운" 지역이 금융 상품에 접근할 수 있게 해 주기 때문이다. 하지만 외관상 중립적인 이런 분류는 지역공동체 전체로부터 부를 빼앗는 차별적 결과를 은폐해, 누적되는 불이익을 악화시킨다.

디지털 구빈원은 최전선에 있는 사회복지사의 때로 편향된 결정을, 첨단 기술 도구의 합리적인 차별로 대체한다. 행정가와 데이터 과학자는 개별사회복지사, 자산관리사, 서비스 제공자, 접수 센터 직원을 거쳐 의사 결정 시스템에 들어오는 편견에 대중의 관심을 집중시킨다. 이들 행정가와 데이터 과학자는, 대개 노동자 계층인 자신의 하급자들이 이들의 조직에 인종차별적이고 계층차별적인 결과를 가져오는 주요 원천이라고 에둘러 비난한다. 그러고는 경영자와 기술관료(테크노크라트)technocrat들은 경제학자와 기술자를 고용해서 경제적으로 열등한 하급자들의 인간적 약점을 뿌리 뽑기 위한 좀 더 "객관적인" 시스템을 만든다. 권력 집단의 계층차별주의와 인종차별주의를 수학으로 세탁하는 것이다. 다시 말해, 기술에 대한 신비화와 데이터 기반 속임수로 중화시키는 것이다.

2016년 피츠버그를 방문하는 동안, 나는 많은 시간 동안 우버Uber의 유명한 자율주행차를 면밀히 조사해 보려고 애썼다. 하지만 운이 없었다. 자율주행차는 도심과 스트립지구에서 주로 찾아볼 수 있었기 때문이다. 스트립지구는 빠르게 젠트리피케이션화 되어 가는 지역이었다. 나는 듀케인, 월킨즈버그, 힐지구Hill District, 홈스테드에서 지냈고, 자율주행차를 단 한 대도 보지 못했다.

자율주행차는 우버의 인간 운전사들과 두 명의 온보드onboard(차량
탑재 장치-옮긴이) 기술자 팀으로부터 수집한 방대한 양의 지리 공간
데이터를 이용해 어느 길로 갈지, 다른 차량, 오토바이와 자전거, 보
행자에 어떻게 반응할지를 학습한다.《가디언》의 줄리어 캐리 왕이
3개월간 우버에서 운전을 해 온 로브 저지에게 이 회사의 미래에 그
가 하게 될 역할에 대해 어떻게 생각하는지 묻자, 그는 이렇게 답했
다. "우린 그냥 임대된 거 같아요. 기술이 나오기까지 그 자리를 대
신하는 거죠."[7]

나는 앨러게니 카운티 지역 사무소 책임자인 브루스 노엘에게
그가 관리하는 접수 직원들이 결국에는 그들을 대체하게 될 알고리
즘을 연마하고 있을지 모른다는 염려가 드는지 물었다. 노엘은 이
렇게 주장했다. "아니에요. 인간과 그 관계를 대체할 수 있는 건 없
을 거예요." 하지만 실은, 이미 인간은 사회복지사업의 운전석에서
쫓겨나고 있다. 과거, 경제적으로 어려운 시기에 미국의 권력 집단
은 가난한 사람을 희생시켰다. 이제 그들은 가난을 덜어 줄 열쇠를
로봇 운전사에게 건네주고 있다.

디지털 구빈원은 우리의 국가 가치를 위태롭게 한다

디지털 구빈원은 우리가 가장 소중히 여기는 집단 가치, 즉 자유,
평등, 통합에 부합하지 않기 때문에, 우리 모두가 관심을 가져야 한
다.

우리는 건국 이래로 자유를 소중히 여기고 있다고 천명해 왔다.

독립선언문은 자유를 박탈할 수 없는 권리라고 명명한다. 수정헌법 제5조와 제14조는 "그 누구도… 정당한 법 절차에 의하지 않고는 생명, 자유, 또는 재산을 박탈당하지 않을 것"이라고 보장한다. 초등학생들은 "모든 사람들에게 자유와 정의"를 약속하는 공화국에 충성을 맹세한다.

하지만 일반론을 멈추고 다양성을 가진 국가의 최대 다수에게 자유를 보장하는 최선의 방법을 결정하려 할 때, 갈등이 발생한다. 자유를 해석하는 방법에 대한 합의는 양극화되는 경향이 있다. 한쪽에서 말하는 자유는 정부 간섭**으로부터의 자유**이자, 원하는 것을 할 권리이다. 예컨대, 경쟁의 장벽을 낮추기 위해 사업에 대한 정부의 규제 완화를 희망하는 집단은 정부 간섭**으로부터의 자유**를 요구한다. 다른 한쪽에서 말하는 자유는 자기 결정권과 행위주체성을 행사**할 자유**다. 예컨대, 시장 시세보다 낮은 금리로 연방 학자금 대출을 제공하고 싶은 집단은, 모든 학생이 부채로 인해 평생 동안 부자유해지는 일 없이 고등교육을 추구**할 자유**를 가져야 한다고 주장한다.

디지털 구빈원은 이 두 가지 자유를 **모두** 제한한다.

디지털 구빈원은 정부의 개입, 조사, 감시를 용이하게 해서, 이들 **로부터의 자유**를 약화시킨다. 첨단 기술 도구가 부상하면서 가난한 노동자 계층의 행동과 선택에 관한 데이터의 수집, 저장, 공유가 증가하고 있다. 너무도 흔히, 이런 감시가 결국은 가난한 이들을 견제하고 범죄자로 만드는, 용인 가능한 공격 방법을 찾는 데 주로 도움이 된다. 이 책에서 이야기한 시스템들이 까다로운 행정 절차와 정부의 간섭으로부터의 자유를 촉진한다고는 그 누구도 주장할 수 없을 것이다.

디지털 구빈원은 또 가난한 노동자 계층이 자기 결정권과 자율권을 행사할 능력을 약화시켜 그렇게 **할 자유**를 침해한다. 디지털 구빈원의 복잡성은 그 표적이 되는 사람들의 유능감과 유창성을 약화시킨다. 너무나 자주, 이들 도구는 한 개인이 마땅히 자신의 것인 자원, 자율권, 존중, 존엄성을 포기할 때까지 그의 의지를 그야말로 갈아 으깬다.

우리는 또한 국가의 핵심 가치로서 평등equity에 대한 폭넓은 합의에 이르렀다. 독립선언문은 노예 소유주들이 서명한 것이기는 하지만 "모든 인간은 평등하게 창조되었고, 박탈할 수 없는 권리를 창조주로부터 부여받았다"고 선언한 것으로 유명하다. 하지만 자유와 마찬가지로, 평등을 해석하는 방식은 다양하고도 많다.

한편에서는, 많은 사람들이 평등은 **동등한 대우**라고 이해한다. 최소 의무 형량에 찬성론을 펴는 사람들은 범죄자의 특질이나 범죄 상황과는 무관하게, 비슷한 범죄는 비슷한 처벌을 받아야 한다고 말한다. 다른 한편에서는, 많은 사람들이 평등은 다양한 사람들과 다양한 집단이 공익으로부터, 그리고 정치 공동체의 한 구성원으로서 **동등한 가치**를 얻을 수 있을 때만이 성취된다고 생각한다. 이런 종류의 평등이 번성하려면, 기회에 대한 구조적 장벽이 제거되어야 한다.

디지털 구빈원은 두 가지 종류의 평등을 **모두** 약화시킨다.

디지털 구빈원은 문화적 편견을 재생산하고 정당한 법 절차를 약화시켜 **동등한 대우**로서의 평등을 손상시킨다. 첨단 기술 도구는 내장된built-in 권위와 더불어 고색창연한 객관성을 지니고 있어서, 우리는 이런 도구의 결정이 인간의 결정보다 덜 차별적이라고 곧잘 믿게 된다. 하지만 편견은 프로그래밍의 선택, 데이터의 선택, 성과 측정을 통해 시스템 안으로 들어간다. 요컨대, 디지털 구빈원은 비슷한 사건을 똑같이 다루지 않는다.

디지털 구빈원은 또 가난한 노동자 계층이 공익으로부터, 그리고 정치 공동체의 한 구성원으로서 **동등한 가치**를 얻을 수 있는 능력을 약화시킨다. 디지털 구빈원은 사회복지사업을 정보 처리로 재정의하고, 뒤이어 사회복지사를 컴퓨터로 대체한다. 남아 있는 사람들은 연장된 알고리즘이 된다.

하지만 개별사회복지사업은 정보 처리가 아니다. 대법관 윌리엄 J. 브레넌 주니어가 골드버그 대 켈리 소송에서 판결 사유를 밝히며 말한 대로, 공공 부조에서의 평등은 "공식적으로 알려진 사건 이면에 존재하는 고동치는 생명을 이해하려는 열정"을 필요로 한다.[8] 최고의 역량을 발휘한다면, 개별사회복지사는 가난한 가정들이 복잡한 행정 절차 속에서 길을 찾도록 돕고 때로는 더 높은 정의의 이름으로 규정을 확대해석함으로써, 평등과 통합을 촉진한다.

디지털 구빈원은 또 목표 대상을 시간 속에 가둠으로써, 다시 말해 그들을 그들이 한 가장 곤란한 선택들의 총합으로 묘사함으로써, **동등한 가치**로서의 평등을 약화시킨다. 평등은 발전하고 발달할 수 있는 능력을 필요로 한다. 하지만 캐시 오닐이 쓴 대로 "수학적 모형은 본질적으로 과거에 기반을 두며, 패턴이 반복될 것이라는 전제에 근거한다."[9] 정치 여론 조사원은 그들의 모형으로 2016년 도널드 트럼프의 대통령 선거 승리를 예측하는 데 실패했다. 유권자들이, 과거 유권자에 대한 통계 분석을 통해 예측한 방식대로 행동하지 않았기 때문이다. 사람들은 변화한다. 그래서 변동이 일어나고, 사회가 변화한다. 정의는 발전할 수 있는 능력을 요구한다. 하지만 디지털 구빈원은 우리를 과거의 패턴 속에 가둔다.

마지막으로, 미국인들은 대체로 정치적·사회적 통합이라는 세 번째 국가 가치에 동의한다. 통합은 민주적 제도와 의사 결정에의 참여를 요구한다. 링컨이 게티스버그에서 "국민의, 국민에 의한, 국민을 위한" 정부라고 명명한 것 말이다. 통합은 또 사회적·문화적 결합과 더불어, 국가에 대한 소속감과 상호 의무감, 서로에 대한 공유된 책임을 두루 요구한다. 이런 이상은 미국인의 여권과 화폐에 실린, 미국의 사실상 표어인 "여럿으로 이루어진 하나E Pluribus Unum"라는 말 속에서 지속되고 있다.

자유와 평등의 경우처럼, 통합을 정의하는 방법은 많다. 가장 일반적인 것 가운데 하나는 **동화로서의 통합**이다. 개인과 집단이 한 사회에 속하려면 기존 구조, 가치관, 삶의 방식에 따라야 한다는 생각이다. 미국 정부의 자료가 영어로만 제공되어야 한다고 생각하는 집단은 동화로서의 통합을 촉진할 것이다. 또 다른 이해 방식에서, 통합이란 공동체 속에서 **우리의 온전한 자아로서** 번영할 수 있음을 의미한다. 우리가 온전한 자아로서 통합되려면, 아동에서부터 여성과 남성에 이르기까지 모든 이들의 동등한 가치를 지지하고 존중하도록 사회적·정치적 구조를 변화시켜야 한다.

디지털 구빈원은 두 종류의 통합을 **모두** 약화시킨다.

디지털 구빈원은 **동화로서의** 통합을 저해한다. 공적 부조 신청에 대한 폭발적인 거부가 있었던 인디애나주와 같은 가장 지독한 예에서, 디지털 구빈원은 단지 사람들을 정부 프로그램에서 배제하기 위해 작동할 뿐이다. 좀 더 교묘하게, 디지털 구빈원은 특정 대상을 겨냥한 맞춤형 정책을 통해 사회적·정치적 분열을 촉진한다. 데이터 발굴이 통계에 근거한 사회적 분류를 만들어 내면, 정책 입안자가 정밀하게 나뉜 각 사회 부문에 대한 맞춤형 개입 정책을 만들어 낸다. 개별화된 맞춤형 관리 방식은 통합을 촉진하기보다 사회 분열을 강화할 공산이 크다. 맞춤형 행정이 일부 개인들에게 아주 큰 도움이 될 수도 있지만, 누군가 특별 대우 받고 있다는 인식이 확산되면서 집단 간 적대감이 높아질 것이다.

디지털 구빈원은 또 그 목표 대상이 **온전한 자아로서** 통합을 성취하는 능력을 제한한다. 가난한 노동자 계층 사람들은 디지털 정밀 조사를 받으면서, 자신의 상대적인 사회적 가치와 평가에 대해 깨닫게 된다. 스타이피즈 가족과 셸리 버든은 자신의 목숨이 부유한 이웃의 목숨보다 덜 중요하게 여겨진다는 걸 알게 되었다. 린지 키드웰과 패트릭 그지브는 정부와 맞서 이길 수 있는 사람은 아무도 없다는 사실을 알게 되었다. 게리 보트라이트와 에인절 셰퍼드는 누군가 항상 지켜보면서 자신이 순종하고 굴복하는 태도를 보여 주길 기대하고 있다는 걸 알게 되었다. 이것들은 공정하고 민주적인 정치 체제의 일원이 되는 방법에 대한 끔찍한 교훈이다.

디지털 구빈원은 공유 자원에 대한 접근을 거부한다. 디지털 구빈원은 사생활을 침해하고 정신적 충격을 초래하는 질문을 던진다. 정부 관료 조직이 어떻게 작동하는지, 누가 우리의 정보에 대한 접근권을 가지고 있는지, 그 정보를 어떻게 이용하는지 알기 어렵게 만든다. 우리가 완벽해야만, 즉 'T' 자의 세로획이 가로획과 교차되지 않게 하고, 약속을 잊지 않으며, 실수를 하지 말아야만, 정치 공동체에 속할 수 있다고 가르친다. 디지털 구빈원은 카운티 지정 정신과 의사와의 15분 상담, 몇 푼 안 되는 현금, 임대주택 지원 신청 같은 보잘것없는 당근을 제공한다. 그러면서 아동 분리, 의료보험의 상실, 투옥 같은 어마어마한 강권을 휘두른다. 디지털 구빈원은 통치를 위한 "딱 걸렸어gotcha"식 시스템, 치명적으로 빠른 펀치를 가진 눈에 보이지 않는 불량배다.

디지털 구빈원이 정치를 선점한다

디지털 구빈원은 1970년대에 정치적 승리를 거둔 복지권 운동과 공공 부조에 반감을 품은 전문직 중산층 사이에 불거진 갈등을 조용히 진정시키고자 만들어졌다. 그러려면 새로운 첨단 기술 도구가 중대한 정치적 결정이 아닌, 단순한 행정상의 업그레이드를 구현하는 것으로 보여야 했다.

디지털 구빈원이 생겨났을 때, 미국은 까다로운 문제에 맞닥뜨려 있었다. 불평등 상황에서 서로에 대한 우리의 의무는 무엇인가? 사회적 돌봄을 어떻게 보상할 것인가? 자동화와 컴퓨터화가 불러오는 경제 변화를 어떻게 받아들일 것인가? 디지털 구빈원은 이런 커다란 정치적 난제를 효율성과 시스템 공학이라는 평범한 문제로 재구성했다. 어떻게 필요와 자원을 가장 잘 연결할 것인가? 어떻게 수급 부정을 없애고 부적격자의 주의를 다른 데로 돌릴 것인가? 어떻게 최소한의 재원으로 최대한의 효과를 낼 것인가? 디지털 구빈원은 우리가 더 크고 더 중요한 대화를 빠뜨릴 수 있게 해 주었다.

현재, 우리는 이런 부인의 결과를 거둬들이고 있다. 2012년 미국의 경제 불평등은 1928년 이후 최고 수준에 이르렀다. 하루 2달러 미만으로 살아가는 극빈층이라는 새로운 계층이 생겨났다. 최상층이 어마어마한 부를 축적하면서, 관찰자들이 우리 시대를 제2의 도금 시대Gilded Age라 일컫는 것도 과장이 아니다.

하지만 이 책에서 이야기한 세 가지 시스템은 무언의 목표를 공유한다. 작은 정부와 더불어, 빈곤 문제에 대한 비정치적 해결책 찾기라는 목표 말이다. "2040년까지, 빅데이터가 공공 부문을 알아보지 못할 정도로 축소시킬 것이다." AFST(앨러게니가정선별도구) 설계자인 레마 바이시아나산은 2016년 뉴질랜드《도미니언포스트》기고문에 이렇게 썼다. "일단 우리의 데이터가 준비되면, 공무원 집단이 옛날 방식으로 이런 일을 할 필요가 없을 것이다. 정보와 통찰이 즉각적이고, 실시간이며, 맞춤형인 데다 시간의 흐름에 따른 비교가 쉬울 것이다. 그리고 이상적으로는, 모두의 동의에 따라 완전히 비정치적인 것이 될 것이다."10 자동화된 적격성 판정, 통합 등록, AFST 모두가 비슷한 이야기를 하고 있다. 일단 그 알고리즘이 완벽해지면, 자유 시장과 자유로운 정보가 최대 다수를 위한 최선의 결과를 보장할 것이라고 말이다. 이때 정부는 전혀 필요치 않을 것이다.

이 같은 시각은 정부가 최소한의 통치로써 최고의 통치를 할 수 있다고 본다. 하지만 역사상, 대규모 시위 끝에 연방 정부의 상당한 투자가 있었던 때만이 지속적인 빈곤에 대항할 수 있었다는 사실은 이런 시각을 난처하게 한다. 빈곤과의 전쟁War on Poverty, 사회보장법, 제대군인원호법GI Bill에서 비롯된 여러 프로그램들은 치명적인 결함을 가지고 있었다. 프로그램이 유색인 여성과 남성을 배제해 평등화의 가능성을 제한한 것이다. 하지만 이들 프로그램은 위기에 대한 폭넓은 사회적 해결책을 제시했으며, 번영의 혜택이 널리 분배되어야 한다는 사실을 인정했다.

사회 안전망 자체가 불확실성의 사회적 비용을 공유한다는 합의에 기초한다. 복지국가는 불운의 결과를 사회 전체 구성원들에게 좀 더 평등하게 나눈다. 복지국가는 우리가 한 사회의 구성원으로서 승자와 패자, 불공평과 기회를 낳는 체제를 만든 데 대한 책임을 집단적으로 공유한다고 인정한다. 하지만 디지털 구빈원의 도덕적 미분법은 위기를 개인화하고, 사회적 약속을 파기한다.

첨단 기술을 이용한 사회적 분류에 가장 열광한 곳이 심각한 불평등으로 분열되고 전체주의 정권이 통치하는 나라들이라는 사실을 기억하는 게 큰 도움이 될 것이다. 에드윈 블랙이 『아이비엠과 홀로코스트*IBM and the Holocaust*』에서 전한 대로, 나치 정권이 유대인 및 기타 표적 집단에 대한 신원 파악에서부터 추적, 착취에 이르기까지 모든 것의 효율성을 높일 수 있었던 것은 수많은 홀러리스 천공 카드(초기 형태의 컴퓨터 소프트웨어) 덕분이었다. 간담을 서늘하게 하는 사실은 아우슈비츠에 수용되어 있던 사람들의 팔뚝에 문신으로 새겨 넣은 일련의 숫자가 천공 카드 식별 번호로 시작되었다는 점이다.

2,500만 남아프리카공화국 흑인들의 이동부터 노동 기회, 의료 서비스, 그리고 주거까지 통제하던 유색인용 통행증 제도passbook system는 이 나라의 1951년 인구조사에서 발굴한 데이터 덕분에 가능했다. 이로써 모든 사람을 네 가지 인종으로 분류하는 중앙집권화

된 인구 등록부가 만들어졌다. 일렉트로닉프런티어재단Electronic Fron-
tier Foundation의 신디 콘은 남아프리카공화국인들을 대신해 인종차별
정책을 지원하고 선동한 IBM을 상대로 소송을 제기하기 위해 2015
년 제출한 법정 의견서에서 이렇게 썼다. "남아프리카공화국의 국
가 신원 확인 시스템의 기술적 근간은… 아파르트헤이트 정권이 그
나라 흑인들의 '국적 박탈'을 효과적으로 시행할 수 있게 했다. 백인
정권은 남아프리카공화국 흑인의 신원을 확인하고 강제 분리해서
최종적으로 탄압했다.[11]

소외 집단을 "특별한 주의"를 기울여야 할 대상으로 삼아 분류함
으로써 유익한 개별화가 이루어질지도 모른다. 하지만 그것은 박해
로 이어지기도 한다. 디지털 구빈원의 첨단 기술 도구가 어떤 방향
으로 돌아갈지에 대한 우리의 견해는 정부가 우리 모두를 이런 참
혹한 경험으로부터 지켜 주리라는 믿음—또는 믿음의 부족—에 크
게 좌우된다.

우리는 이 부끄러운 역사를 묵살하거나 경시해서는 안 된다. 확
고한 인권 보호가 부재하는 상황에서 매우 효율적인 기술이 경멸받
는 외(外)집단에 대해 이용될 경우, 잔학 행위가 일어날 가능성이 아
주 크다. 현재, 디지털 구빈원은 소수 권력집단의 손에 행정 권한을
집중시키고 있다. 통합 데이터 시스템과 디지털 감시 인프라는 역
사상 비할 데 없는 수준의 통제력을 제공한다. 가난한 사람들을 분
류하기 위한 자동화 도구를 그대로 두면, 크나큰 불평등을 낳을 것
이다. 우리가 또 다른 방향을 구축하기 위한 분명한 노력을 기울이

지 않는 한 말이다. 그런데도 우리는 마치 정의가 자연히 해결될 것처럼 행동한다.

만약 대안이 있다면, 목적을 가지고 벽돌 하나하나, 바이트 하나하나 쌓듯 만들어 나가야 한다.

디지털 구빈원 해체하기

1968년 3월 31일, 마틴 루서 킹 주니어 박사는 워싱턴 디시의 국립 대성당에서 "대혁명을 통해 깨어 있기"라는 제목으로 마지막 주일 설교를 했다. 킹은 세계가 세 가지 혁명을 겪고 있다고 선언했다. 자동화 및 "컴퓨터에 의한 자동 제어cybernation"가 촉발한 기술 혁명, 핵무기가 촉발한 전쟁 패러다임의 혁명, 전 세계의 자유를 위한 반(反)식민주의 투쟁에 고무된 인권 혁명이 그것이다. 기술 혁신은 세계 인들에게 "지리적 일체감"을 가져다주고 있지만, 서로에 대한 우리의 윤리적 책임은 보조를 맞추지 못하고 있다고 킹은 설교했다. "우리는 과학적이고 기술적인 재능을 통해 이 세계를 이웃으로 만들었지만, 이 세계를 형제로 만드는 윤리적 노력은 하지 않고 있습니다. 하지만 어떻게든, 그리고 어떤 식으로든 그렇게 해야만 합니다. …

우리는 하나의 운명으로 묶여 있고, 벗어날 길 없는 상호 관계망에 붙들려 있습니다."

21세기에, 우리는 킹이 예언한 지리적 일체성을 성취했다. 하지만 킹이 마음속에 그린 윤리적 성장을 성취하기에는 여전히 훨씬 못 미친다. 킹은 인종 간 불평등이라는 국가적 병폐의 즉각적인 근절을 요구했다. "우리 국가와 세계에서 가난을 없앨" 것을 촉구했다. 그는 사회운동이 곧 혁명을 위한 경종이 되리라는 무사안일주의를 경고했다.

"우리는 빈민 운동을 벌이기 위해 워싱턴으로 올 것입니다." 킹은 이렇게 설교를 마무리 지었다. "우리는 언젠가 이런 글을 읽었습니다. '우리는 모든 인간이 평등하게 창조되었고, 박탈할 수 없는 권리를 창조주로부터 부여받았으며, 생명, 자유, 행복의 추구가 이 권리에 속한다는 사실을 자명한 진리로 믿는다.' … 우리는 아메리카가 오래전에 서명한 이 거대한 약속어음에 충실할 것을 요청할 것입니다."

킹은 나흘 후 테네시주 멤피스에서 암살당했다. 그곳에서 킹은 파업을 벌이는 아프리카계 미국인 청소부들을 지원하고 있었다.

킹의 사망 후 빈민 운동이 추진되었으나, 킹이 기대했던 결과를 얻지는 못했다. 빈민 운동에는 100만 달러의 예산이 투입되었다. 피부색을 초월한 빈민 집단들이 광범위한 연합체에 참여했으며, 코레타 스캇 킹(미국의 인권 운동가로, 마틴 루서 킹 주니어의 배우자-옮긴이)과 해리 벨러폰티(자메이카계 미국인 가수이자 배우-옮긴이)같이 대중의 높은 관심을 받는 이들이 빈민 운동을 지지했다. 뉴욕, 로스앤젤레스, 시애틀, 셀머, 그리고 가장 유명하게는 미시시피주 마크스에서 출발한 노새 행렬을 비롯해, 미국 전역으로부터 아홉 개의 주요 대열이 큰 사고 없이 워싱턴 디시에 도착했다. 이들은 원대하기는 하지만, 분명한 의제를 가지고 있었다. 연방 정부가 경제적·사회적 인권 규정을 통과시키겠다고 약속할 때까지, 미국의 수도에서 전투적 비폭력 활동을 벌이는 가장 가난한 사람들의 물결에 동참한다는 것이었다. 하지만 이 운동은 또한 엄청난 도전에 맞닥뜨렸다. 킹의 암살은 남부기독교지도자회의Southern Christian Leadership Conference, SCLC를 분열시켜, 이 조직의 빈곤 퇴치 노력을 산산조각 냈다. 킹의 사망에 뒤이어 미국 전역의 도시들에서 소요 사태가 발생하자, 전문직 중산층 백인 사이에 포위되었다는 심리가 강화되어 시민권 운동에 대한 반발이 격심해졌다.

존 에드거 후버가 이끄는 연방수사국FBI은 이 운동에 특히 관심을 보였는데, 내셔널몰(워싱턴 디시에 있는 공원-옮긴이)에 "부활의 도시Resurrection City"를 세워 살고 있는 3,000명의 빈민들을 상대로 대(對)반란 진압의 노력을 펼치기 시작했다. 제럴드 맥나이트의 1998년 책『최후의 성전The Last Crusade』에 따르면, 이 천막 도시는 FBI뿐 아니라, 육군 정보부, 국경 순찰대, 국립공원 경찰대, 수도권 경찰국의

24시간 감시 대상이었다. 법무부 부처간정보과의 유급(有給) 정보원과 코인텔프로COINTELPRO 요원들이 천막 도시에 잠입해 폭력과 이견을 조장했다. "범죄자와 테러분자"의 식별을 위해, 이 작은 도시의 전화가 도청됐고 무선 전송은 중간에서 가로채였다.

빈민 운동은 또한 남부기독교지도자회의 지도자들이 스스로 의식하지 못하는, 성(性)과 계층에 대한 편견으로 인해 약화되었다. 이 집단은 복지권 지도자들—주로 가난한 흑인 여성—이 빈민 운동을 가능케 한 전국 조직망을 만드는 데 중요한 역할을 했다는 사실을 늘 경시했다. 킹 박사가 복지 문제에 대해 잘 알지 못하면서 전미복지권단체NWRO의 지원을 요청한 데 대해, 복지권 지도자의 한 사람인 자니 틸먼이 질책한 일은 유명하다.

기자인 메리 린과 닉 코츠가 1977년 출간한 책 『평등에의 열정 A Passion for Equality』에서 이야기한 대로, 1968년 시카고에서 열린 한 기획 회의에서 킹이 복지권 지도자들로부터 날카로운 질문을 받고서 혼란스러워하는 모습을 보이자, 자니 틸먼은 부드럽게 말했다. "저기요, 킹 박사님, 이런 질문에 대해 아는 게 없으면 모른다고 말씀하셔야 해요." 킹은 칭찬할 만하게도 이렇게 대답했다. "당신 말이 맞아요, 틸먼 부인. 우린 복지에 대해 아무것도 몰라요. 우린 배우려고 여기에 왔어요."[1]

킹이 암살당한 후, 이런 겸손한 태도는 자취를 감췄다. 남부기독교지도자회의 지도부는 워싱턴에 도착해서 "부활의 도시" 시위자들과 합류하지 않고, 모텔 근처에 머물렀다. 천막 도시에는 취사 시설이 준비되지 않았다. 남부기독교지도자회의 일원들은 따뜻한 밥을 먹었지만, 일반 구성원들은 몇 주 동안 도넛, 시리얼, 볼로냐소시지, 치즈 샌드위치로 때워야 했다. 위생 시설과 보안이 부족했고, 한때 희망의 도시라 불렸던 천막 도시는 몇 주 동안의 비와 진창, 충족되지 못한 물질적 필요, 개인 간 폭력을 감당하지 못하고 결국 주저앉고 말았다. 맥나이트에 따르면, 점령 후 6주 만에 연방 정부가 "부활의 도시"를 불도저로 밀어 버리자 남부기독교지도자회의 지도부는 안도했다고 한다.

빈민 운동은 미국의 위대한 미완의 여정 가운데 하나다. 그 열망은 50년 전 그랬던 것만큼이나 오늘날에도 절박하다. 하지만 디지털 구빈원은 킹이 상상하지 못했던 새로운 도전을 제기한다. 우리는 중대한 기로에 서 있다. 미국 전역에서, 킹이 이야기한 기술 혁명이 그가 갈망하고 조직하고 투쟁으로 추구했던 윤리적 혁명에 대한 약속을 파괴할 만반의 태세를 갖추고 있다.

우리는 비할 데 없는 커뮤니케이션 능력을 갖추고도 형평성과 다원주의를 극히 위축시키고 있다. 모두를 위한 기본적인 "일자리와 소득" 수준을 달성하는 대신에, 역사를 뒤흔들어 놓을 정도의 경제 불평등에 직면해 있다. 1968년 인종차별을 뿌리 뽑고 빈곤을 없애자는 킹의 제의에 응하지 못한 우리의 국가적 실패로 인해 차별을 자동화하고 불평등을 심화시키는, 믿기 힘들 정도로 복잡한 기술의 세대가 등장했다.

하지만 이런 결과는 필연적인 것이 아니다. 우리는 디지털 구빈원을 해체할 수 있다.

가난한 사람들을 프로파일링하고, 감시하고, 처벌하기 위해 만든 제도를 전복시키려면 첨단 기술을 수정하는 것 이상이 필요하다. 문화에서부터 정치, 개인의 윤리에 이르기까지 모든 것에서 엄청난 변화가 있어야 한다.

디지털 구빈원을 해체할 때 가장 중요한 단계는 빈곤에 대해 생각하고 말하고 느끼는 방식을 바꾸는 것이다. 직관에 어긋나는 이야기로 들릴지 모르겠다. 하지만 빅데이터 남용에 대한 최고의 대책은 제대로 된 이야기를 하는 것이다. 그런데 우리의 시야는 가난한 노동자 계층에 대해 이야기할 때 쓰이도록 발달한 좁은 틀에 철저히 제한되어 있다. 마니커 파츠 기자는 비참한 상황을 장황하게 이야기함으로써 실증한 고통이나, 빈곤이란 나쁜 선택의 결과라는 도덕극밖에는 우리가 받아들이지 못한다고 말한다. 마치 경제적 고난에 대한 이야기는 "가난한 사람들을 가엾게 여겨야 한다"거나 "그래서는 안 된다"는 단 두 가지 교훈만을 허용한다는 듯.[2]

우리의 시야를 한층 더 가리는 것은 가난한 사람들은 따로 있다는 서사다. 미국에서 빈곤은 다수가 경험하는 것임을 알고 나면, "빈곤 문화"가 있다는 주장은 기이하고 망상적인 주문(呪文)의 성격을 띤다. 이는 가난하게 태어난 사람들이 가난에서 벗어나려 할 때

특별한 어려움을 겪지 않는다는 말이 아니다. 이들은 특별한 어려움을 마주하게 된다. 미국 성인 빈곤의 최고 예측 변수는 가난하게 태어났느냐 아니냐이다. 왜냐하면 가난이 교육의 질에서부터 인근 지역에 있는 자원, 폭력과 정신적외상에의 노출, 건강에 이르기까지 두루 영향을 미치기 때문이다. 또 이는 모든 사람들이 똑같은 방식으로 가난을 경험한다는 말이 아니다. 불법체류자와 전과자는 인종 간 불평등과 차별, 성별화된 돌봄에 대한 기대, 만성적인 건강 문제, 정신 질환, 신체장애, 부수적인 장애물 등에 맞닥뜨리는데, 이것들은 결합되어 가난해질 가능성을 더 높이고 가난에서 벗어나는 것 또한 더 어렵게 만든다.

하지만 가난은 섬이라기보다 변방이다. 특히 가난한 이들과 노동자 계층 사이의 흐릿한 경계를 가로지르는 경제적 주변부에서는 상당히 많은 움직임이 일어난다. 경제적 변방에 사는 사람들은 노동자 계층의 지갑에서 가능한 한 마지막 한 푼까지 쥐어짜내는 정책으로 인해 서로 대립하고 있다. 이 정책은 전문직 중산층과 부유한 사람들에게는 사회적 의무를 면제해 주면서 가난한 사람들을 위한 사회복지 프로그램은 줄이는 일 또한 동시에 벌이고 있다. 변방에는 많은 자기 비난과 수평적 폭력이 있지만, 공유되는 경험도 많다. 우리가 디지털 구빈원을 해체할 때 맞닥뜨리는 첫 번째 과제는 이기는 정치 연대를 구축하기 위해 가난한 노동자 계층 사람들 사이에 공감과 이해를 쌓는 것이다.

좋은 소식은 이런 계획이 이미 상당히 진척되고 있다는 점이다. 지난 20년 동안, 미국에서는 가난을 종식시키기 위해 가난한 이들이 스스로 주도하는 광범위한 통합 운동이 점점 늘어났다. 예를 들어, 1998년 6월 복지 개혁의 파괴적인 영향을 알리기 위해 조직된 '새로운 자유를 위한 버스New Freedom Bus' 순회에서 빈민경제인권운동Poor People's Economic Human Rights Campaign, PPEHRC이 생겨났다. 이 버스 순회를 주최한 단체들이 몇 달 뒤 복지권 운동가 체리 홍캘러의 지휘 아래 PPEHRC를 결성했다. PPEHRC의 목표는 "피부색의 경계를 넘어 가난한 사람들을 단결시키기 위한 운동을 구성"하는 것인데, 이를 위해서는 가난을 재정의하고 자신이 가난하다고 여기는 사람들의 단체를 확대하는 것이 중요하다.

PPEHRC는 1948년 세계인권선언이 약속한 (의료 서비스, 주거, 최저임금이 보장된 일자리, 양질의 교육이 포함된) 경제 권리 가운데 하나라도 부족하면 가난하다고 본다. 이런 재정의는 전략적이다. 가난한 이들과 노동자 계층 사람들이 서로의 경험에 자신을 비추어 보도록 도우려는 시도인 것이다. 이 운동은 천막 도시를 건설해 버려진 "인권의 집들"을 다시 점유하는 것에서부터, 직접행동 행진을 하고 경제적 인권 유린을 기록하는 일까지, 다양한 계획을 벌인다. 하지만 이들 가운데 가장 중요한 일은 이야기를 하는 것이다.

예를 들어, 2013년 PPEHRC는 필라델피아에 빈곤 문제에 관한 세계여성법정World Court of Women을 열었다. 빈곤 문제에 관한 세계여성법정은 기본 인권의 유린을 비롯한 여성에 대한 폭력에 관심을 촉구하는 공청회이다. 일반인들은 며칠에 걸쳐 증언을 하고, 배심원단은 증언을 듣고 심사숙고하고 증거를 모아 정부와 기업에 인권 유린의 책임을 묻는 자리가 만들어진다.

사흘 동안, 동부의 여러 주에서 온 100명 정도의 참석자들이 한 자리에 모여 이야기를 했다. "이곳은 신성한 자리입니다. 투명 인간이 되어야 했던 사람들, 사라져야 했던 사람들, 자신이 무가치하다고 느껴야 했던 사람들의 말을 듣는 자리입니다." 첫날 홍캘러는 이렇게 말했다. "조용히 있으라는, 사라지라는 말을 들어 온 사람들의 목소리를 듣는 건 굉장히 중요하고, 전략적이며, 꼭 필요합니다. 이건 즐겁기만 한 일이 아닙니다. 도덕적으로 올바르기만 한 일도 아닙니다. 이기는 일입니다. 변화시키는 일입니다. 세상을 바꾸는 일입니다."

지속적이면서 훈련된 이런 공감은 "우리/그들"을 하나의 "우리"로 바꿀 수 있다. 우리 경험과 더불어 생애기회의 실제적인 차이를 흐리는 일 없이 말이다. 우리가 지닌 공통된 고통을 알아볼 때 샘솟는 당연한 분노는 세상을 뒤흔들고, 구조를 무너뜨리고, 통찰하는 힘이 된다.

최근 '새빈민운동New Poor People's Campaign'이 PPEHRC에 합류했다. 종교, 시민권, 경제 정의 분야의 활동가 및 빈곤과 인종차별에서 비롯된 심각한 인간의 고통과 억압을 해결하는 데 노력을 쏟는 조직자들의 연합체다. PPEHRC와 마찬가지로, 새빈민운동의 중심 전략은 진실위원회Truth Commissions를 통한 이야기하기다.

하지만 정의는 진실을 이야기하는 것 이상을 요구한다. 현 상황을 무너뜨리기 위해 풀뿌리들의 힘을 동원할 것을 요구한다. 오늘날의 빈민 운동은 50년 전의 빈민 운동과 마찬가지로 가난한 사람들이 직접 주도하는, 진정 인종을 초월하고 계층을 가로지르는 운동을 조직하고자 애쓰고 있다. 실제 가난한 노동자 계층 사람들이 이끄는 조직은 자원 유치에서 특별한 어려움에 맞닥뜨린다. 재단들은 가난한 이들이 돈을 관리할 수 있다고 좀처럼 믿지 않기 때문이다. 흔히 전문직 중산층 활동가들이 포함된 진보적 연합체에서는 가난한 사람들이 소외된다. 가난한 이들의 언어와 행동이 운동문화의 지배적인 규범에 언제나 들어맞지는 않기 때문이다. 이들의 행동과 정책 권고는 주류 매체에 거의 보도되지 않는다. 반면에 가난한 사람들을 대표해 전문직 중산층 사람들이 이끄는 조직은 자금부터 진보적 협력자, 대중의 관심까지도 성공적으로 끌어들인다. 하지만 이들은 가난한 노동자 계층의 급진적인 분석 및 무한한 에너지와는 보통 거리가 멀다.

1968년 2월, 킹을 비롯한 남부기독교지도자회의 일원들은 존슨 대통령과 의회에 경제적·사회적 인권 규정에 대한 요구를 확실히 밝히는 편지를 작성했다. "우리는 자선을 청하러 여기 온 것이 아닙니다. 우리는 정의를 요구합니다. … 우리는 흑인 남성과 여성을 대표해 흑인 남성과 여성으로서 이야기합니다. 하지만 우리가 주장하는 권리는 우리 흑인에게만 적용되지 않습니다. 이 나라가 선언하고도 그대로 실행하지 않고 있지만, 그것은… 모든 인간의 권리입니다." 그런 다음 이들은 모든 미국인이 생명, 자유, 행복 추구에 이르기 위해 필요한 여섯 가지 기본권을 제시했다. 여섯 가지 기본권은 다음과 같다.

1. 고용 가능한 모든 시민이 제대로 된 일자리를 가질 권리.
2. 모든 시민이 최저 소득을 보장받을 권리.
3. 제대로 된 주거를 얻고 주거 지역을 자유로이 선택할 권리.
4. 적절한 교육을 받을 권리.
5. 의사 결정 과정에 참여할 권리.
6. 의료에서 현대 과학의 모든 혜택을 누릴 권리.

이 야심 찬 의제의 재정을 마련하기 위해, 남부기독교지도자회의는 존슨 행정부가 즉시 베트남에서 철수하고, 국민총생산의 3퍼센트를 적정 주택 건설에 투입하는 국내용 마셜플랜을 만들며, 수백만 명의 가난한 젊은이들에게 고등교육 또는 직업학교를 지원하기 위한 평시peacetime 제대군인원호법을 통과시킬 것을 요구했다.

편지는 이렇게 끝맺었다. "이들 권리와 더불어, 미국은 독립선언문 200주년 무렵이면 '아메리칸 드림'을 되살리는 거대한 발걸음을 뗄 수 있을 것입니다." 킹은 지지자들에게 보내는 한 편지에서, 빈민 운동이 미국이 "건설적이고 민주적인 변화를 향한 양심"을 불러일으킬 "마지막 기회"라고 경고했다.[3]

하지만 그러는 대신에, 1976년경 디지털 구빈원이 모습을 드러냈고, 가난한 가정의 권리를 제한하려는 움직임이 미국 전역을 휩쓸었다. 제한적인 규정, 빠른 처리 과정, 인간 재량의 축소, 완전한 감시가 결합되어 이미 부족한 사회 안전망을 찢어 놓았다. 의회는 "빈곤과의 전쟁" 프로그램의 해체를 합리화하기 위해 베트남에 전쟁 비용을 썼다. 빈민 운동이 요청한 평시 제대군인원호법, 공공서비스 부문의 일자리, 최저 보장 소득은 실현되지 않았다.

오늘날, 때때로 이런 목표는 여전히 가닿을 가망이 없는 듯이 느껴진다. 하지만 진심으로 디지털 구빈원을 해체하려 한다면—가난을 종식시키려 한다면—50년 전의 이 요구들을 가지고 시작하는 것보다 더 나은 게 없다. 확실히, 충분한 임금을 주는 일자리를 만들면, 노동자 계층 사람들과 심지어 일부 전문직 중산층 사람들이 빈곤선 아래, 디지털 구빈원의 가장 빽빽한 감시망 안으로 떨어질 때 주기적으로 발생하는 공적 프로그램의 이용을 많이 줄일 수 있을 것이다. 하지만 캐서린 에딘과 루크 셰퍼가 『하루 2달러: 미국에서 거의 무일푼으로 살아가기 $2.00 a Day: Living on Almost Nothing in America』
에서 지적한 대로, 일자리가 모든 사람에게 효과가 있는 것은 아니
다. 두 사람은 이렇게 쓰고 있다. "일시적인 현금 대비책을 제공할
수 있는 프로그램이 필요하다. 어떤 계획을 시행하건, 때로는 그 노
력이… 실패할 것이기 때문이다."4

자동화가 일자리 없는 미래를 불러오리라는 두려움 앞에서, 현금
부조 계획인 보편적 기본소득universal basic income, UBI*이 부활하고 있
다. 최근 핀란드와 캐나다 온타리오주에서 기본소득 실험이 행해지
고 있다. 2017년 5월, 하와이는 "모든 가정이… 기본 경제적 보장을
받아 마땅하다"고 선언하는 법안을 채택하고, 기본소득 도입을 연
구하기 시작했다. 페이스북 최고경영자 마크 저커버그와 테슬라모
터스의 설립자 일론 머스크 같은 첨단 기술 기업가들은 기본소득이
모든 사람들에게 혁신을 이루고 새로운 생각을 시도하도록 해 주는
완충장치를 제공하리라 생각한다.

기본소득 계획은 대개 1년에 8,000달러에서 1만 2,000달러 사이
의 소득을 제공한다. 원칙상, 기본소득은 실로 보편적인―모든 시
민에게 제공하는―것이지만, 정치적 실제에서 적정 소득 보장 프로
그램은 실업자 또는 최저임금선 아래로 떨어진 사람들에게 제공하
는 경향이 있다. 이런 프로그램은 무조건적인 현금을 제공한다. 즉
기본소득을 받는 사람들은 일을 할 수 있고, 받은 돈은 어떤 식으로

* 재산이나 소득 수준, 노동 여부와 관계없이 모든 사회 구성원에게 조건 없이 지급
하는 소득이다.

든 원하는 대로 쓰거나 저축할 수 있다. 정치 이념을 초월한 지지자들은 소득 부진을 보상하는 기본소득이 복지의 요식 체계를 줄이고, 경제적 충격을 막아 주며, 저임금노동자가 소득을 보충할 수 있게 한다고 말한다. 기본소득은 또 기본적인 인간의 존엄성을 유지할 수 있게 한다. 다시 말해, 약물 검사나 양육에 대한 조사, 또는 경제적 감시가 없다. 무조건적인 현금 제공은 가난한 노동자 계층 사람들이 자기 돈을 쓰고 자기 가족을 돌보는 가장 좋은 방법을 알고 있다고 전제한다.

하지만 복지권 운동이 적정 소득 계획으로 닉슨의 가족지원계획에 도전했을 때 알게 된 것처럼, 기본소득이 만병통치약은 아니다. 기본소득은 가난한 노동자 계층이 정치적, 사회적 배제와 더불어 노동력으로서의 배제를 받아들이도록 조장하는 미끼로 여겨질 수 있다. 이 같은 계획에 따라 제공되는 기본소득은 대개 너무도 낮아서, 직장에서 받는 저임금과 합친다 해도, 이들 가정이 다음 세대를 위한 경제적 안정을 이루기는 어려울 것이다. 기본소득이 다른 사람들의 임금을 낮추거나, 기업들이 항상 불안정하고 착취적인 방식으로 사람들을 고용할 수 있게 할지도 모른다. 기본소득이 사회복지국가를 대거 대체하거나 민영화하는 것으로 나타나 주거 보조, 의료 서비스, 영양 지원, 보육, 또는 직업 훈련에 접근하는 것이 더 어려워질 수 있다.

그렇지만 기본소득은 디지털 구빈원을 해체하는 커다란 첫걸음이 될 수 있을지 모른다. 디지털 구빈원이 수급 부정을 찾아내고,

"자격 없는" 사람들의 주의를 돌리고, 가난한 사람들에 대한 용인 가능한 공격 방법을 만들어 내고, 자원의 지속적인 부족으로 인해 선별해야 하는 임무에서 벗어난다면, 그것의 처벌 장치는 분명 그 모습이 제대로 드러날 것이다. 시간과 자원, 인간의 잠재력을 허비하는 지나치게 정교한 기술 인프라라는 실체 말이다.

또한 공공 부조를 덜 처벌적이고 더 관대하게 만들면, 내가 이야기한 노숙인 서비스와 아동 보호 서비스의 많은 문제가 개선될 것이다. 《로스앤젤레스타임스》의 게일 홀랜드에 따르면, 로스앤젤레스 카운티에서는 **매달** 공공 부조를 받는 1만 3,000명의 사람들이 공적 혜택이 부족하고 또 계속 수급하기가 너무 어려운 까닭에 노숙인이 된다.[5] 확실한 경제 완충장치가 마련되면, 학대보다는 방치에서 기인하는 매년 260만 건의 아동 학대를 많은 부분 줄일 수 있을 것이다.

마틴 루서 킹 주니어를 비롯해 많은 기본소득 지지자들은 소득 보장이란 것이 강력한 사회복지 국가의 대체물은 아니라고 주장한다. 비처벌적인 현금 부조 시스템이 디지털 구빈원을 해체하는 데 도움이 될 수는 있겠지만, 가난을 종식시키지는 못할 것이다.

가난에 대한 문화적 이해와 정치적 대응을 변화시키는 일은 어렵고도 시간이 오래 걸린다. 가난에 대해 이야기하는 새로운 방식과 전망이 등장하길 기다리는 동안, 기술 발전이 속도를 늦출 것 같지는 않다. 그사이에, 우리는 피해를 최소화하기 위한 기본 기술 설계 원칙을 발전시켜야 한다.

강의, 학회, 모임에 가면, 기술자나 데이터 과학자가 다가와 자신이 한 설계가 경제와 사회에 미치는 영향에 대해 이야기하고 싶어 하는 경우가 자주 있다. 나는 이런 사람들에게 두 가지 물음에 답해 봄으로써 "간단한 점검"을 해 보라고 말해 준다.

- 그 도구가 가난한 사람들의 자기 결정권과 행위주체성을 증가시키는가?
- 그 도구가 가난하지 않은 사람들을 대상으로 하더라도 용인될 것인가?

이 책에서 이야기한 기술들은 모두 이런 미미한 정도의 기준도 넘지 못한다. 우리는 더 많이 요구해야 한다.

우리는 가난에 대한 새로운 국가적 서사와 정치학을 만들어 나가면서, 또한 디지털 구빈원을 해체하기 시작해야 한다. 그러려면 우리의 상상력이 유연해야 하며, 우리는 완전히 다른 종류의 질문을 던져야 한다. 가난한 노동자 계층으로 하여금 자원을 이용해 자기 나름대로 스스로의 필요를 충족하게끔 독려하도록 데이터 기반 시스템이 설계되어 있다면, 그것은 어떻게 작동할까? 가난한 사람들, 가정, 지역을 대단히 소중하고 독창적이라고 여기는 의사 결정 시스템은 어떤 모습일까? 그러려면 또한 우리의 기량을 높여야 한다. 인권을 보호하면서 인간의 역량을 강화하는 첨단 기술 도구를 만드는 일은, 그렇지 않은 도구를 만드는 일보다 더 어렵다.

아래의 인간을 해치지 않는 기술 설계 원칙을 새 천년의 데이터 과학자, 시스템 공학 전문가, 해커, 행정 공무원을 위한 히포크라테스 선서의 초안으로 생각해 보자.

빅데이터 시대의 인간을 해치지 않는
기술 설계 원칙에 대한 선서

힘이 닿는 한, 아래의 약속을 지킬 것을 맹세한다.

나는 모든 사람이 자기 삶의 전문가임을 알고, 그들의 자기 통합성과 지혜를 존중할 것이며, 내가 아는 모든 혜택을 기쁘게 공유할 것이다.

나는 나의 기량과 자원을 이용해 장애물이 아닌, 인간의 잠재력을 위한 다리를 만들 것이다. 나는 자원과 그것을 필요로 하는 사람들 사이의 장애물을 없애는 도구를 만들 것이다.

나는 인종차별, 계층차별, 장애인차별, 성차별, 동성애 혐오, 외국인 혐오, 성전환자 혐오, 종교적 불관용, 그리고 기타 형태의 억압이 역사적으로 되풀이되면서 만들어진 불이익을 악화시키는 데 나의 기술 지식을 이용하지 않을 것이다.

나는 역사를 염두에 두고 설계할 것이다. 가난한 사람들을 처벌하는 4세기 동안의 오랜 양상을 못 본 체하면, 형평성과 좋은 의도를 제1조건으로 상정하더라도 발생하는, "의도하지 않았지만" 지극히 예측 가능한 결과에 연루되고 말 것이다.

나는 데이터가 아니라 사람들의 필요를 위해 시스템을 통합할 것이다. 어디서나 감시를 용이하게 하기 위함이 아니라, 인간에게 필요한 것을 확보하기 위한 장치로서 시스템 통합을 선택할 것이다.

나는 데이터 자체를 위해 데이터를 수집하지 않고, 단지 그럴 수 있기 때문에 데이터를 유지하지는 않을 것이다.

고지告知에 입각한 동의와 설계상 편의가 충돌하면, 고지에 입각한 동의를 항상 우위에 둘 것이다.

나는 가난한 사람들의 확고한 법적 권리를 뒤집는 데이터 기반 시스템을 설계하지 않을 것이다.

나는 내가 설계하는 기술이 자료점data point(하나의 데이터 집합에서 인식 가능한 요소-옮긴이), 개연성, 또는 패턴을 위한 것이 아니라 인간을 위한 것이라는 사실을 기억할 것이다.

디지털 구빈원은 우리를 고립시키고 낙인 찍는 것으로 드러나, 우리의 공통된 열망을 약화시킬 수도 있다. 하지만 그 반대의 효과를 불러올 수도 있다. 어디나 존재하는 첨단 기술 도구가 우리의 투쟁, 희망, 꿈이 어떻게 함께 연결되어 있는지 알게 해 줄 수도 있다. 인디애나주의 자동화 실험이 복지 수급자, 개별사회복지사, 비영리단체, 지방정부를 비슷하게 피폐하게 만들었을 때 그랬듯이, 예상밖의 동맹을 만들어 낼지도 모른다. 그 관계망이 우리를 결집시킬수 있을 것이다. 하지만 그런 일이 우연히 일어나지는 않을 것이다. 킹 박사는 이렇게 상기시킨다. "인간의 진보는 필연성의 바퀴로 굴러가지 않는다."[6] 우리는 조직화한 가시적인 저항으로 디지털 구빈원에 대항해야 한다.

지난 10년 동안 가장 고무적인 사회운동들이 계층 차별과 가난을 다루기 시작했지만, 이들은 끊임없이 지속되는 경제적 폭력에서 디지털 구빈원이 하는 역할을 알아보지 못했다. '월가(街)를 점령하라Occupy Wall Street' 시위는 기괴하리만치 팽창하는 상위 1퍼센트의 부에 큰 관심을 불러일으켰다. 하지만 나머지 99퍼센트가 뭉뚱그려진 집합체는 전문직 중산층, 노동자 계층, 그리고 가난한 사람들이 갖는 생애기회의 대단히 실제적인 차이를 모호하게 만든다. 월가시위는 더 높은 최저임금과 채무 면제를 위한 계기를 마련했지만, 공공서비스에 대해서는 대체로 침묵을 지킨다. 게다가 노숙인들이 월가 시위에 자주 참여했으나, 이 운동은 주도권을 그러쥐고서 월가의 문제를 중심에 두려고 애썼다.

'흑인의 삶도 중요하다Black Lives Matter' 운동*의 핵심은 **모든** 흑인의 삶을 긍정하는 것이었다. 이러한 긍정은 분열된 계층들 사이에 다리를 놓는 데 이바지했으며, 이와 더불어 이례적으로 집단을 초월해 사람들을 동원함으로써 경찰의 가혹 행위에 맞서 싸워 대량 투옥을 끝내고 굳건하고도 애정 어린 공동체를 만드는 데 도움이 됐다. 창설자인 얼리셔 가자, 오펄 토미티, 패트리시 쿨러스는 이 운동이 경찰의 폭력뿐 아니라 **모든** 국가 폭력을 규탄한다고 분명히 밝힌다. '흑인의 삶도 중요하다' 네트워크를 비롯해 50개 단체들이 모인 '흑인의 삶을 위한 운동Movement for Black Lives'은 회복을 위한 발판의 일부로서 모든 흑인에게 무조건적인 최저 생계 소득을 보장할 것을 요구하고 있다.

'흑인의 삶도 중요하다' 운동이 폭넓은 관점을 가졌지만, 대중의 관심을 가장 많이 끈 것은 흑인의 몸, 정신, 마음에 대한 형사 사법 제도의 폭력을 겨냥한 개입 활동이었다. 공공 부조, 노숙인 서비스, 아동 보호 서비스에서 비슷하게 드러나는 악랄한 감시와 인간성 말살은, 사회 정의 실현을 위한 과업의 주요 의제로 제대로 포함되어야 한다. 내 동료인 '로스앤젤레스시 경찰청은 감시를 멈춰라Stop LAPD Spying' 운동 연합의 메리엘러 새바는 항상 내게 이 점을 상기시

---

* 아프리카계 미국인을 향한 폭력과 제도적 인종주의에 반대하는 사회운동으로 2013년에 시작됐다. 이 운동은 경찰에 의한 흑인의 죽음, 인종 프로파일링에 대한 광범위한 사안, 경찰의 가혹 행위, 미국의 형사 사법 제도 내 인종 간 불평등에 항의하기 위해 정기적으로 조직된다.

킨다. 경찰 배지를 살피는 게 필수라고 말이다. 하지만 감시 문화는 다양한 제복을 입고 있다.

그리고 국가가 경찰에게 사람을 죽이라고 요구하지는 않는다.

디지털 구빈원은 사람들을 죽인다. 그 대다수가 여성, 아동, 정신 질환자, 장애자, 노인이다. 많은 이들이 가난한 노동자 계층 유색인이다. 또 다른 많은 이들은 가난한 노동자 계층 백인이다. 디지털 구빈원에 대해 고심하는 것은 진보적 사회운동의 관심을 "경찰"로부터 **감시 활동** 과정으로 전환시키는 데 도움이 될 수 있다.

감시 활동은 법 집행보다 더 폭넓다. 여기에는 질서를 유지하고, 생활을 규제하고, 사람들을 상자 안에 눌러 넣어 우리의 부당한 사회에 맞추는 모든 과정이 포함된다. 카운티 설립 구빈원은 아무런 죄도 없는 사람들을 가두기 위해 만들어진, 법적으로 정당하지 않은 보호시설이었다. 과학적 자선은 두 세대 동안 가난한 노동자 계층의 생활을 감시했고, 잔혹한 결과를 낳았다. 오늘날, 디지털 구빈원은 첨단 기술 도구를 이용해 추론하고 예측한다. 아직 일어나지도 않은 사건을 감시하려 말이다.

가장 비관적인 순간에는, 디지털 구빈원이 물리적인 감옥 시설의 필요성을 줄이고 있는 이 역사적인 때에 우리가 이처럼 대량 투옥에 맞선 싸움을 이기고 있다는 사실조차도 염려스럽다. 기업들은 이미 벽 없는 디지털 감옥 국가를 만들면 엄청난 비용이 절감되리라 예상하고 있다. 예를 들어, 2012년 '붕괴된 공공 부문Public Sector, Disrupted'이라는 제목의 보고서를 낸 딜로이트투쉬토마츠사(社)는 "전자 감시로 형사 사법 제도를 바꾸는" 것이 정부 서비스에서 "파괴적 혁신을 위한 기회"라고 본다.

한 도표가 이 보고서의 주장을 절감하게 해 준다. 도표 왼쪽에는 감옥 창살 뒤에 막대 인간이 하나 있고, 가운데에는 등호가 있다. 오른쪽에는 전자 발찌를 착용한 막대 인간이 다섯 개 반 있다. 디지털 구빈원이 휘두르는 폭력은 경찰의 가혹 행위보다 덜 직접적이고, 그 작용을 눈으로 확인하기 어렵다. 하지만 우리는 디지털 구빈원의 도덕적 분류에 저항해야 한다. 역사, 맥락, 구조의 삭제에 저항해야 한다.

디지털 구빈원의 폭력을 폭로하려면 많은 용기가 필요하다. 가난한 노동자 계층은 자기 경험의 진실 앞에서, 서로의 공통성을 인정하고 차이를 기반 삼아 흔들리지 않는 연대를 만들어야 한다. 오랜 세월 동안 우리의 분열에서 인종이 가장 중심이 되어 왔기에, 최우선 과제는 빈민 운동의 인종차별 반대 역량을 확대하고 키우는 것이다. 하지만 많은 진보적 조직들에 깊숙이 자리 잡은 계층 차별주의에 맞서는 것도 마찬가지로 중요하다. 진정한 혁명은 사람들이 있는 곳에서 시작될 것이다. 진정한 혁명은 안전, 주거, 건강, 음식, 가족 등 기본이 되는 물질적 필요 측면에서 사람들을 참여시킬 것이다. 진정한 혁명은 가난한 노동자 계층 사람들에게 깊이 있는 지식, 힘, 지도력을 가져다줄 것이다.

동시에, 전문직 중산층과 부유한 이들은 경제 불평등이 엄청난 고통을 불러일으킨다는 사실을 인정해야 한다. 그들은 자신의 과오를 알고서, 공정한 세상을 만드는 데 어떤 역할을 할지 재검토해야 한다. 전문 지식, 도구, 시간, 자금을 비롯해서 엄청난 자원을 가진 기술 전문가들에게는 이 말이 갑절로 해당한다. 경제 불평등의 구조에 자신도 모르게 관여하게 된 것일 수 있지만, 이들은 자신이 가진 도구를 디지털 구빈원을 해체하는 방향으로 돌려야 한다.

1968년 3월 31일의 설교에서, 마틴 루서 킹 주니어 박사는 자칭 "빈곤과의 전쟁에 대한 양심적 거부자들"에게 도덕적 심판을 요구했다. 킹 박사는 미국 국회의사당에 서서 낭랑한 목소리로 말했다.

이것이 오늘날 미국이 직면해 있는 문제입니다. 결국 위대한 국가는 연민 어린 국가입니다. 미국은 가난한 사람들에 대한 의무와 책임을 다하지 않고 있습니다.

언젠가 우리는 역사의 신 앞에 서서 우리가 한 일에 대해 이야기할 것입니다. 그렇습니다, 우리는 바다를 가로지르는 엄청난 다리를 만들었다고, 하늘에 가닿는 거대한 건물을 지었다고 말할 수 있을 것입니다. 그렇습니다, 우리는 잠수함이 대양 깊숙이 뚫고 들어가게 만들었습니다. 우리는 과학과 기술의 힘으로 다른 많은 것들이 생겨나게 했습니다.

나는 역사의 신이 이렇게 말하는 것이 들리는 듯합니다. "그것으로는 충분하지 않다! 난 배가 고픈데, 너희는 내게 먹을 걸 주지 않았다. 헐벗었는데, 옷을 입혀 주지 않았다. 제대로 된 깨끗한 집이 없는데, 집을 주지 않았다. 따라서 너희는 위대한 왕국에 들어올 수가 없다. 너희가 가장 적게 가진 사람들에게 그렇게 한다면, 나에게 그렇게 하는 것이다." 이것은 오늘날 미국이 직면해 있는 문제입니다.

50년이 지나, 킹이 말한 문제는 더욱 절박해졌을 뿐이다. 킹은 자신이 격찬한 놀라운 기술이 가난한 사람들에게 등을 돌리리라고는 생각하지 못했다. 윤리의 진화는 여전히 기술 혁명에 뒤쳐져 있다. 하지만 더욱 중요한 사실은, 미국이 킹의 가장 중대한 도전 과제를―인종차별주의의 해체와 빈곤의 종말을―해결하는 데 실패한까닭에, 디지털 혁명은 여전히 불평등한 우리 세계에 맞게 왜곡되었다는 점이다.

우리는 심판관 앞에 서서 우리가 한 일에 대해 또 이야기할 것이다. 인간처럼 대화하는 보트bot(특정한 작업을 반복 수행하는 프로그램-옮긴이)를 프로그래밍했다고. 자율 주행하는 자동차를 만들었다고. 경찰권 남용을 기록하고 시위를 동원할 수 있는 앱도 가지고 있다고.

하지만 역사의 신은 여전히 말하고 있다. "그것으로는 충분하지 않다!"

감사의 말

이 책의 중심에는 인디애나주, 로스앤젤레스 카운티, 앨러게니 카운티의 디지털 구빈원에 살고 있는 사람들에 대한 이야기가 있다. 많은 사람들이 큰 위험에 처한 상황에서, 자기 경험을 이야기하는 데 동의해 주었다. 이들은 목숨을 구할 수 있는 의료 서비스, 식료품, 주거, 자녀 양육권을 잃을 처지에 놓여 있었다. 이들의 경험을 되살리는 일도 흔히 정신적외상을 불러일으키는 것이었다. 나는 자신의 이야기를 공유하는 데 동의해 준 모든 분들의 용기에 경외심을 가지고 있다. 내가 이분들이 받아 마땅한 존중과 정확성을 가지고 그 실상을 포착했기를 바란다.

많은 사람들이 피드백과 격려를 해 주었지만, 몇몇은 특히 언급해 둘 만하다. 닉 매튤리스는 이 책의 원고를 모두, 때로는 여러 차례 읽고서 편집과 관련된 귀중한 피드백을 주었다. 거리낌 없는 비판가인 그는 내가 여러 맥락을 종합하고 심장이 고동치는 이야기를 놓치지 않도록 독려해 주었다.

앨러시어 존스는 지하철에서, 주말에 자투리 시간을 도둑맞으면서, 그리고 밤늦게까지 원고를 읽어 주었다. 존스가 빠르고도 치열하게 읽어 준 덕분에, 나는 언제나 높은 기준을 유지할 수 있었다.

존스의 진실성이 내게 책이 대화로의 초대, 행동에의 요구가 될 수 있다는 사실을 상기시켜 주었다. 패트리셔 스트래치의 피드백은 너그러우면서도 통찰력이 있었다. 우리의 대화가 이 책을 더욱 설득력 있게 만들었고, 스트래치의 철석같은 지지가 그동안 내가 죽 가지고 있던 의심을 극복하는 데 도움이 되었다. 내가 한 말이 나디아 로슨의 입에서 나오면 더 타당하게 들렸다. 나의 열렬한 신도가 되어 준 데 대해 감사한다.

애드리언 니콜 르블랑은 우려되는 순간에 도움의 손길을 뻗어 이 작업을 끊임없이 옹호해 주었다.

나의 편집자인 세인트마틴스출판사의 엘리자베스 디시가드는 이 책과 저자를 두고 큰 도박을 했다. 처음 시작할 때 신뢰를, 내가 고전하고 있을 때 유연성을, 책 원고가 결승선을 넘도록 밀어붙여야 할 때는 단호함을 보여 준 데 대해 감사한다. 세인트마틴스출판사의 다른 직원들, 즉 로라 애퍼슨, 앨런 브래드쇼, 로리 프라이버, 새러 벡스, 대니얼 프릴립은 이 책을 샅샅이 다듬어 최상의 상태로 만들어 주었다.

나의 출판 대리인 샘 스톨로프는 나무랄 데 없는 훌륭한 유머로 모든 역행하는 일에 동의해 주었다. 스톨로프는 지지자, 확고한 협력자, 관찰력 있는 독자, 신뢰받는 친구이다.

내 책의 사실관계를 점검해 준 스테퍼니 매피터즈는 이 잡듯 샅샅이 살펴 내가 인정하고 싶지 않을 정도로 많은 오류를 찾아낸 영웅이다.

니너 볼드윈, 캐롤 유뱅크스, 줄리 노브코프, 멀리서 손, 그리고 뉴욕주 샤티코크의 다이버도서관작가단체Diver Library Writers' Group가 또한 내 원고의 빈틈을 통찰로, 내 마음을 용기로 채워 주었다. 제시 스타일즈, 올리비어 로빈슨, 로런 앨런, 리치 펠은 나를 위해 피츠버 그에 거처를 마련해 주었다.

이 책을 쓰는 동안 내내, 나는 아워데이터바디즈 팀인 시터 페냐 강가다란, 태미커 루이스, 태워너 페티, 메리엘러 새버와 계속 진행 했던 대화들을 고이 간직하고 있었다. 이들의 헌신, 유머, 통찰은 내 가 어떤 사람이 되고 싶고 무엇을 성취하고 싶은지에 대한 기준을 끊임없이 높여 놓았다.

뉴아메리카 포드학술협회Ford Academic Fellowship의 지원이 없었다면 이 책을 쓸 수 없었다. 포드학술협회는 인디애나주, 로스앤젤레스 카운티, 앨러게니 카운티 취재 비용을 상당 부분 지원해 주었다. 특 히 앤드리 마티네즈와 피터 버전에게 감사한다. 더욱이 뉴아메리카 의 2015년 기수 동료들과 직원들, 특히 그 가운데서도 마니커 파츠, 앤드리어 엘리엇, 퍼즈 호건, 베키 셔퍼, 크리스텐 버그, 러셀 블랙, 앨리터 스프랭그, 베키 셔퍼, 엘리자베스 윙가튼, 앤드류 볼던, 크리 스토퍼 레너드, 그레터 바이럼, 앤디 건, 라이언 지러티, 조시 브라 이트바트는 중요한 멘토이자 협력자였다. 뉴아메리카의 TDM 팀, 특히 리서 왓슨과 패니 매키슨은 아주 암울한 순간에 내 가족을 구 해 주러 왔고, 나는 항상 감사할 것이다.

이 책은 또 아주 중요한 순간에 쓸 수 있었던 두 군데 집필 공간

덕을 보았다. 해리엇 바로, 벤 스트레이더, 조하 기털리스, 그리고 블루마운틴센터Blue Mountain Center의 다른 모든 직원들과 지지자들에게 감사의 마음을 전한다. 또 운동을 함께하는 동료, 특히 앤드리어 퀴자다, 모니카 에르난데스, 캐슬린 서트클리프, 머린 와츠에게 제이슨이 공격당하고 내가 어찌할 바를 모르고 있을 때 도와준 일에 대해 감사한다.

캐어리글로벌굿협회Carey Institute for Global Good는 로건 논픽션 연구비Logan Nonfiction Fellowship를 제공해 주어, 내가 휴식을 취하며 중요한 순간에 집중할 수 있게 해 주었다.

진행 중인 책을 아주 너그러이 비판적으로 읽어 주고 지지해 준 데 대해 팀 위너에게 감사한다. 캐럴 애시, 개리스 크로퍼드, 조시 프리드먼에게 이런 믿기지 않을 정도의 자원을 조성하고 지원해 준 데 대해, 태미 쿡, 존 머레이, 그리고 나머지 직원 분들에게 일이 순조롭게 진행되게 해 준 데 대해 감사한다.

내가 적을 두고 있는 뉴욕주립대학교 올버니 캠퍼스에 감사한다. 여성의 젠더와 섹슈얼리티 연구학과의 학생들과 동료 교수들은 내게 12년 동안 활력 넘치고 도전의식을 불러일으키는 본거지를 제공해 주었다. 정치학부 동료들이 융통성과 지지를 준 덕분에 이 책을 발전시킬 수 있었다.

마지막으로, 나의 동반자인 제이슨 마틴에게 가장 깊이 감사한다. 제이슨은 모험적인 변화, 재앙, 회복이 있었던 4년 동안 놀라운 품위, 성실성, 용기를 보여 주었다. 제이슨은 자신이 쓰러졌을 때도

어떻게 해서든 나를 다잡도록 도와주었다. 제이슨, 내겐 오직 당신
뿐이다.

해제:
복지국가의 두 얼굴과 '디지털 구빈원'의 현실성

홍기빈(칼폴라니 사회경제연구소 소장)

공공 부조는 처음부터 빈민의 편이 아니었다

스페인의 인문주의자 후안 루이스 비베스Juan Luis Vives가 1526년 그의 저서 『빈민 구호론De Subventione Pauperum Sive de Humanis Necessitatibus』을 출간하여 빈민을 돌보는 역할을 국가가 떠맡아야 한다고 주장했던 것은 당시 큰 물의를 일으켰다고 한다. 그때까지 가난한 이들을 돕는 것은 교회가 독점하는 역할이었고, 이는 자선charity의 형태를 띠고 있었다. 하지만 비베스는 이러한 임무를 국가가 떠맡는 공공 부조public aid로 전환해야 한다고 주장했던 것이다. 사실 빈민의 구호야말로 중세 교회가 사람들로부터 부를 기부받고, 또 어마어마한 양으로 부를 축적해 놓는 가장 중요한 명분 중 하나였다. 그러므로 이 역할을 국가가 빼앗아 간다는 것에 대해 교회는 강력하게 저항할 수밖에 없었다. 결국 비베스가 제안한 국가 주도의 공공 부조가 가장 먼저, 또 가장 체계적으로 제도화된 곳은 가톨릭교회와 절연하고 국왕이 수장인 조직으로 교회를 재편하는 데 성공한 튜더 왕조의 영국이었다.

튜더 시대의 영국은 헨리 8세의 종교 개혁 이외에도 국가 주도의 공공 부조가 시작될 수 있는 또 하나의 중요한 요소를 갖추고 있었다. 계명된 행정가들—토머스 모어 또한 그중 하나였다—의 존재였다. 이들은 종교의 논리와 지배자의 탐욕 등이 뒤범벅되어 있던 중세 지배층의 사고방식과 단절하고, 과학적이고 경험적인 방법으로 사회를 살찌우고 관리하는 근대적 의미의 국가통치술statecraft을 발전시키고 있었다. '훌륭한 가장이 집안을 잘 돌보듯이 훌륭한 국가는 나라 전체를 잘 관리해야 한다'는 것이 이 행정가들의 사고방식이었다. 훗날 정치경제학political economy*으로 발전하는 이들의 아이디어와 실천은 이 같은 사고방식에 뿌리를 두고 있다.

그리하여 엘리자베스 1세 때 모습을 갖추게 된 영국의 이른바 '구빈법'은 시혜와 억압의 얼굴을 모두 가지고 있었다. 한편으로 구빈법은 나라 차원에서 체계적으로 구빈원을 마련하여 '기독교 공동체 성원 그 누구도 굶어 죽는 일이 없도록 한다'는 정신을 실현했다. 다른 한편으로는 떼로 몰려다니는 부랑자들vagabonds로 인해 치안이 위협받는 일이 없도록, 부랑 행위를 철저히 금지하고 빈민들을 감

---

*   economy는 본래 '집안 관리'를 뜻하는 그리스어에서 온 말이었다. 이러한 가장(家長)의 기술을 '나라 차원에서political' 행한다는 뜻으로 이 말이 생겨났다.

시 감독한다는 목적을 추구했다. 당시 영국은 '울타리 치기Enclosure'로 인해 토지에서 강제로 쫓겨난 빈민들이 넘쳐 나는 시대였다. 빈민의 존재는 심각한 사회불안 요소였다. 따라서 이들을 먹여 살려 주는 한편, 몸이 성한 자는 노동을 강제할 수 있도록 한곳에 몰아넣어 체계적으로 관리하는 일이 절실했던 것이다.

이렇게 해서 '궁핍한 이들을 사회가 돕는다'는 의미와 '사회의 잠재적 불안 요소인 빈민들을 체계적으로 관리한다'는 의미가 하나로 결합된 근대국가의 공공 부조 시스템이 생겨나게 된다. 교회의 자선에서 근대국가의 공공 부조로의 전환은 단지 운영 주체와 시행 방법의 전환만을 뜻하지 않았다. 그것은 빈곤 구제가 내거는 명분과 지향점에서부터의 뿌리 깊은 전환이었다. 가난한 이들을 구제하는 자원을 제공하는 이들에게 그 대가로 '영혼의 구원'을 약속했던 교회와는 달리, 근대국가가 제공한 대가는 '사회의 안전'이었던 것이다. 따라서 자원을 모으기 위한 수사학에도 큰 변화가 온다. 교회는 가난한 이웃들을 방치하고서 재산을 움켜쥔 채 죽은 부자들의 '영혼의 파멸'을 이야기했지만, 근대국가는 빈민들이 일정한 숫자가 넘도록 불평등이 심해질 경우 '치안, 나아가 봉기나 혁명의 위험'이 있음을 이야기했다. 구호를 받는 이들에 대해서도 마찬가지였다. 예전에는 이들에게 교회에 대한 절대 충성이 요구되었다면, 이제 이들에게는 근대국가가 요구하는 무수한 가부장적 온정주의paternalistic의 간섭과 통제에 군소리없이 따를 것이 요구되었다. 요컨대, 근대국가의 공공 부조에서 국가통치술 차원의 빈민들에 대한 감시와 통제는 애초부터 본질적인 것이었던 셈이다.

억압과 통제의 통치술인가, 인간 해방의 디딤돌인가

자본주의의 발생과 함께 빈민들의 숫자가 폭증하고, 아예 '자기 노동력, 즉 몸뚱이를 노동시장에 내다 팔지 않으면 삶을 영위하는 것이 불가능한' 이들이 사회의 가장 거대한 계급으로 자리 잡게 되었다. 그러면서 근대국가의 통치 행위로서 공공 부조의 성격은 더욱 강화된다.

자본주의 사회에서 유산계급 및 그들에게 꼭 필요한 기능을 수행하는 전문직이나 포괄적 의미에서의 관리직을 제외한 나머지 인구 대다수는 항시적인 경제 불안정에 시달린다. 결국 이들은 힘들고 귀찮고 위험해 사람들이 하기 싫어하는 일*, 즉 노동을 내놓을 수밖에 없는 처지에 내몰린다. 이러한 인구의 존재는 자본주의 작동에 필수 불가결하다. 그렇기 때문에 이들은 언제든 파산할 수 있는 불안정한 경제 상황에 늘 시달리게 되어 있으며, 한편으로는 '근로 대중'이지만 다른 한편으로는 '빈민'이라는 두 개의 얼굴을 가지게 된다. 이 같은 이들이 인구의 절반에 육박하는 사회체제라면, 사회 질서 유지의 최후 보루인 근대국가로서는 이들을 관리하고 통제하

---

* 이것이 본래 노동(勞動, labour, travail)이라는 말의 뜻이었음을 상기하라. 20세기 중반 이후 노동이라는 말이 사회권을 얻는 과정에서 중산층과 전문직이 이 말을 빼앗아 가서, 자신들의 이익을 옹호하는 무기로 변질시킨 감이 있다. '억압'이나 '해방'이라는 말이 그랬던 것처럼.

는 기능을 중심으로 본질적인 환골탈태를 겪지 않을 수 없다.

빈민의 숫자가 인구의 절반을 넘어서면, 부유한 이들에게서 돈을 걷어 재분배한다는 공공 부조의 방법만으로는 관리하는 것이 무리이다. 그리하여 19세기 들어 불안정한 처지에 있는 이들 스스로가 무리를 지어 갹출을 통해 서로의 리스크를 분산한다는 '사회보험'이라는 방법이 새로이 발명된다. 그리고 20세기가 되면 이 공공 부조와 사회보험이라는 두 개의 방법을 결합시켜서 국민 모두에게 인간적인 삶의 최소한을 보장한다는 복지국가가 생겨난다. 그런데 이때 근대국가가 만들어 내는 이 사회 안전망의 두 번째 얼굴, 즉 관리와 통제라는 측면은 그대로 유지되었을 뿐만 아니라, 오히려 복지국가의 구조화와 함께 사회 전체를 얽매는 가장 중요한 통치 방법의 하나가 된다. 1950년대 '복지국가' 영국에서 목장의 양 떼마냥 '사육당하는' 느낌에 절망하던 젊은이들의 절규를 담은 존 오즈번의 희곡 〈성난 얼굴로 뒤돌아보라*Look Back In Anger*〉나 1960년대 급진파 젊은이들의 운동, 그리고 철학자 위르겐 하버마스의 '생활세계의 식민화' 등의 개념은 모두 이러한 측면을 고발하고 있다.

물론 현대 복지국가의 이러한 억압적 측면만을 강조하는 것은 분명히 일면적이다. 공공 부조와 사회보험을 적절히 결합시켜 모든 개인의 삶에서 실질적인 선택의 자유를 강화한다는 '강한 사회'의 이념을 내걸고 이를 계속 실현시켜 온 스웨덴을 비롯한 북유럽의 보편적 복지국가를 상기해 보라. 이는 산업사회에서 인간의 해방이라는 측면에서 볼 때 중요한 진보였음을 누구도 부인할 수 없다. 하지만 복지국가가 영국 엘리자베스 1세 이래 몇백 년간 물려받아 온 억압적 통제의 기제라는 반쪽의 DNA를 여전히 지니고 있다는 사실, 그래서 그것이 인간의 보편적 해방과 자유를 가져오는 소중한 방법으로도 쓰일 수 있는 각종 사회정책의 가능성을 계속 테두리 짓는 역할을 해 왔다는 사실도 부인할 수 없다.

근대국가와 자본주의 체제에서 사회정책이 지닌 이 두 가지 측면이 빚어내는 긴장을 어떻게 소화해 내면서 가급적 후자, 즉 관리와 통제의 측면을 극복해 나갈 것인가야말로 진보를 원하는 모든 이들이 반드시 풀어야 할 숙제이다. 그 한쪽 극단에는 찰스 디킨스의 소설 『올리버 트위스트 Oliver Twist』에서 실로 공포스럽게 묘사된 바 있는 구빈원이 있으며, 그 다른 쪽 극단에는 모든 국민이 '부자 아버지를 둔 것이나 마찬가지로' 자유롭게 자신의 인생 진로를 설계해 나가는 것을 이상으로 삼는 북유럽 모델이 있다.

기술은 가치중립적이지 않다

이러한 큰 역사적 맥락을 염두에 둔다면, 『자동화된 불평등』이 제기하고 있는 '디지털 구빈원'의 악몽은 결코 일부 지식인과 좌파의 기우가 아니라, 필연적으로 생겨날 수밖에 없는 하나의 경향성임을 깨닫게 될 것이다. 기술은 결코 사회에 대해 중립적이지 않으며, 사회에 존재하는 권력과 지배 구조, 불평등과 차별, 편견과 미몽을 모두, 그것도 훨씬 더 큰 규모에서 훨씬 더 효율적으로 관철시키는 도구로 전락할 수 있다는 것은 이미 명확히 밝혀졌다. 지금 발전하고 있는 빅데이터와 인공지능 등의 첨단 기술 또한 예외가 아니다. 아마존을 비롯한 몇몇 회사에서 직원 채용 면접을 위해 인공지능 프로그램을 개발했지만, 이 프로그램이 여성 및 유색 인종에 대해 명백히 차별적인 판단을 내린다는 것이 밝혀져서 폐기되었다는 소식이 얼마 전에 들려온 바 있다. 그 인공지능 프로그램이 '학습'했을 기존의 인사 채용 의사 결정의 패턴들이 얼마나 많은 성적(性的)·인종적 편견에 가득 찬 것이었을까를 생각하면 놀랄 일도 아니다.

그렇다면 만약 첨단 기술이 오늘날 복지국가의 기능을 확장하고 강화하는 데 쓰인다면 어떤 결과가 나타나게 될까? 여기에서 90년대 이후 지금까지의 이른바 '신자유주의적 개혁'이라는 맥락을 새겨 볼 필요가 있다. 복지국가의 개조라는 이름 아래, 지난 30년간 사회정책은 그 통제와 관리의 측면이 지나칠 정도로 강하게 두드러져 왔다. 평등, 해방, 연대, 자유 등의 이상을 실현하기 위한 도구가 아니라, '시장을 더욱 효율적으로 작동'시키고 개개인을 '자기 책임의 원리'에 입각해 '경제적 합리성'에 더욱 충실하게 따라 움직이는 존재로 만들기 위한 인센티브—즉 '당근'—로 사회정책을 변화시켜야 한다는 것이 그 '개혁'의 방향이었다. 빅데이터와 인공지능에 죄를 묻는 것이 아니다. 사회적 합의에 이런 내용이 들어 있으며 이를 현실화하기 위한 도구로서 첨단 기술이 도입된다면, 그 기술은 기존의 '신자유주의적 개혁'이라는 사회정책의 방향을 훨씬 더 강화하는 쪽으로 사용되는 것이 필연이다.

그렇게 된다면 온 인간 사회가 거대한 '디지털 구빈원'이 되는 것은 심각하게 숙고해 보아야 할 현실적 가능성이 된다. 단순히 '빅브 러더'가 내 샤워실을 들여다본다는, 어찌 보면 소소한 '프라이버시' 의 문제가 아니다. 또 막연하게 '권력과 감시'가 작동한다는 추상적 인 차원의 이야기도 아니다. 16세기 영국과 프랑스의 정치가, 행정 가들이 꿈꾸었던 것처럼 전 인구가 국가의 관리 대상이 되며, 그 틀 에 갇힌 개인은 거대하면서도 세밀하기 짝이 없는 알고리즘의 통제 속에서 자신들이 현재 자리 잡고 있는 사회경제적인 위치에서 벗어 나지 못하도록 계속 관리된다. 이것이 저자가 말하고 있는 '불평등 의 자동화'이다. 사회정책은 개인을 강화시키고 해방시키고 불평등 을 줄이고 사회적 이동성을 촉진하는 장치가 아니라, 현존하는 사 회질서와 위계 서열을 고정시키고 동결시키는 기제가 되어 버린다. 16세기 영국 영주들의 공포가 엘리자베스 구빈법의 배후에 있었듯 이, 2000년대 들어 중산층이 붕괴하는 가운데 '추락의 공포'에 시달 리는 미국의 백인 전문직 종사자들이 이러한 공격적인 변화의 배후 에 있다고 저자는 의심하고 있다.

시장의 폭력에 치이고 시달리는 이들에게 사회정책은 너무나 중 요한 버팀목이다. 하지만 어떤 사회정책인가? 자유, 평등, 연대의 정 신에 기반해 모두가 해방되고 화해하는 것을 이상으로 삼는 사회정 책인가(저자는 조심스럽게 '보편적 기본소득'의 가능성을 타진해 보고 있다)? 그 저 최소한의 비용을 들여서 사회가 폭발하거나 붕괴, 혹은 내파되 는 것을 막고 관리하기 위한 통치술로서의 사회정책인가? 이를 결 정하는 것은 바로 우리 자신이다.

이 책을 주의 깊게 읽는다면, 두려워해야 할 것은 빅데이터와 인공지능과 같은 기술도 아니며, 사회정책 그 자체도 아니라는 것을 알게 될 것이다. 우리가 두려워해야 할 대상은 바로 우리 자신이며, 변화를 위한 결단을 내리는 것도 우리 자신이다.

자료의 출처와 이용 방식

뒤에 실린 주는 자료에 대해 더 정확한 정보를 제공하고, 자료의 가공 과정을 투명하게 하며, 나의 생각에는 중요하지만 직접 이용하지는 않은 자료의 목록을 독자에게 제공하기 위함이다. 자동화된 의사 결정, 즉 알고리즘의 책임과 디지털에 의한 새로운 형태의 차별에 관한 뛰어난 연구들이 늘어나고 있다. 나는 뒤에 실린 것이 독자들이 데이터 시대의 징후와 자동화된 불평등의 위험성을 더 깊이 이해하기 위한 길을 찾는 데 도움이 되길 바란다.

이 책에서 분명하게 인용한 분들과 그렇지 않은 분들 모두의 인터뷰 목록을 아래에 싣는다. 이야기를 나눠 준 분들의 아량에 깊이 감사한다. 이분들과의 인터뷰는 나의 이해에 없어서는 안 될 부분이었다. 물론, 기록하지 말아 달라고 한 몇 안 되는 분들은 이 목록에 포함시키지 않았다.

나는 각 지역에서 기록을 시작하면서, 내가 연구하는 시스템들로부터 가장 직접적으로 영향을 받은 가정들과 긴밀히 협력하며 일하는 지역단체들과 연락을 취했다. 인디애나법률서비스, 인디애나주의 미국자유인권협회, 제너레이션즈프로젝트가 적격성 판정 현대화 실험 시기 동안 혜택을 상실한 사람과 연결시켜 주었다. 로스앤젤레스지역사회활동네트워크, 다운타운여성센터, 로스앤젤레스 남부의 패스웨이즈투홈 쉼터는 통합 등록에 참여한 노숙인들에게 나를 소개해 주었다. 그리고 앨러게니 카운티 전역의 가정 지원 센터들은 앨러게니가정선별도구 평가를 받은 부모들에게 나를 소개해 주었다.

나는 개인 인터뷰를 선호한다. 2014년 12월과 2015년 3월, 두 차례 인디애나주에 가서 장기간 조사했다. 로스앤젤레스에는 2015년 1월, 5~6월, 12월, 1016년 2월과 5월, 다섯 차례 가서 조사했다. 앨러게니 카운티에는 2016년 7월, 8월, 9월, 11월, 네 차례에 걸쳐 갔다. 이 가운데 가장 짧은 기간은 6일, 가장 긴 기간은 거의 한 달가량이었다. 일부 후속 인터뷰는 전화로 진행했다. 전화나 화상 전화로만 취재원을 인터뷰한 경우는 거의 없었다.

이 책에 이용한 인터뷰들은 인터뷰 대상이 한 말을 그대로 썼다. 몇몇은 길이 때문에 부분적으로만 썼다. 인터뷰 자료를 책에 직접 이용할 때는 인용 표시를 했다. 때로는 명확성을 위해 인용문을 편집했다. 인터뷰 대상자의 말이지만 인용 표시되지 않은 자료는 취재원이 과거의 일을 회상한 것이거나, 인터뷰 기록과 내 노트에서 나온 긴 대화에 대한 주해이다.

여러 해 전 익명을 조건으로 학술 연구에 참여했던 한 분에 대해서는 가명(도로시 앨런)을 썼고, 성은 빼고 이름만 써 달라고 요청한 분에 대해서는 이름만 썼다. 4장에서 언급한 대로, 스티븐과 크지슈토프라는 이름 역시 가명이다. 그 외에는, 인용한 모든 사람들의 성명을 온전히 표시했다.

마지막 편집 단계에서, 나는 전문가를 고용해 책 내용의 사실 관계를 검토하게 했다. 그분의 통찰, 세심함, 노고가 기여한 바는 결정적이었다. 그분은 나의 역사 관련 조사 내용을 점검했다. 나의 취재원들과 이야기를 나누고, 인터뷰 원고를 읽고, 공개 심리 영상을 보고, 신문 기사를 읽고, 내 취재 노트를 세세히 읽어 신원과 사건을 확인했다.

서론: 적신호

인터뷰

Dorothy Allen

출판된 문헌

Federal Bureau of Investigations. "What We Investigate: Health Care Fraud." https://www.fbi.gov/investigate/white-collar-crime/health-care-fraud.

Moretto, Mario. "LePage Releases EBT Data Showing Transactions at Strip Clubs, Bars, Smoke Shops." *Bangor Daily News*, Jan. 7, 2014.

National Health Care Anti-Fraud Association. "The Challenge of Health Care Fraud." https://www.nhcaa.org/resources/health-care-anti-fraud-resources/the-challenge-of-health-care-fraud.aspx.

State of Maine. "EBT Transaction Data." 2014. https://docs.google.com/file/d/0B2MlKOvJIQRGRnItZGVzaXllY0U/edit. [Accessed Sept. 13, 2017.]

State of Maine House of Representatives. *Committee Amendment "A" to H.P. 725, L.D. 1030, Bill, "an Act to Require That Electronic Benefits Transfer System Cash Benefits Are Used for the Purpose for Which the Benefits Are*

Provided." 126th Legislature, H.P. 725, L.D. 1030.

Tice, Lindsay. "Mainers Using EBT Cash in Unusual Places." *Bangor Daily News*, Jan. 19, 2014.

US Department of Health and Human Services. "Departments of Justice and Health and Human Services Announce over $27.8 Billion in Returns from Joint Efforts to Combat Health Care Fraud." News Release, Mar. 19, 2015. http://www.hhs.gov/about/news/2015/03/19/departments-of-justice-and-health-and-human-services-announce-over-27-point-8-billion-in-returns-from-joint-efforts-to-combat-health-care-fraud.html.

Xerox Corporation. "Public Welfare Agency Burdened by Paper Processes. Xerox Delivered Needed Relief." In *Case Study: Government*, nd. http://docushare.xerox.com/pdf/PADeprofPublicWelfare-CS.pdf. [Accessed May 5, 2015.]

1. 구빈원에서 데이터베이스로

출판된 문헌

Almy, Frederic. *Relief: A Primer for the Family Rehabilitation Work of the Buffalo Charity Organization Society*. New York: Charity Organization Dept. of the Russell Sage Foundation, 1910.

Ambrose, Jay. "Welfare Clients—Victims or Villains?" *Knickerbocker News*, Feb. 25, 1971, 1-A, 4-A.

Axelrod, Donald. "Memo to Richard L. Dunham: Welfare Requests for Your Discussion at Governor's Staff Meeting." Albany, NY: New York State Archives, 1971. Record 15000-88, Box 30: Welfare Programs: Welfare Administration Computerization Projects.

Bailis, Lawrence Neil. *Bread or Justice: Grassroots Organizing in the Welfare Rights Movement*. Lexington, MA: Lexington Books, 1974.

Bellesiles, Michael A. *1877: America's Year of Living Violently*. New York:

New Press, 2010.

"Body Speculators in Troy." *New York Times*, Feb. 3, 1879, 1.

Bolton, Charles C. "Farmers without Land: The Plight of White Tenant Farmers and Sharecroppers." *Mississippi History Now*, 2004. http://www.mshistorynow.mdah.ms.gov/articles/228/farmers-without-land-the-plight-of-white-tenant-farmers-and-sharecroppers. [Accessed Sept. 13, 2017.]

"Children of the Poor House." *The Standard* (Syracuse, NY), Jan. 21, 1856.

Clement, Priscilla Ferguson. *Welfare and the Poor in the Nineteenth-Century City: Philadelphia, 1800-1854*. Rutherford, NJ: Fairleigh Dickinson University Press, 1985.

Crannell, Linda. "The Poorhouse Story." http://www.poorhousestory.com/.

Dawes, Sharon S. *New York's Welfare Management System: The Politics of Information*. Nelson A. Rockefeller Institute of Government, State University of New York, 1986.

Du Bois, W.E.B. *The Philadelphia Negro*. Publications of the University of Pennsylvania, No. 14. Series in Political Economy and Public Law. Millwood, NY: Kraus-Thomson Organization Ltd., 1973.

Federal Government Information Technology: Electronic Record Systems and Individual Privacy. Congress of the United States, Office of Technology Assessment, 1986.

Gilens, Martin. "How the Poor Became Black: The Racialization of American Poverty in the Mass Media." In *Race and the Politics of Welfare Reform*, Sanford F. Schram, Joe Soss, and Richard C. Fording, eds. Ann Arbor: University of Michigan Press, 2003: 101-30.

Grauer, Anne L., Vanessa Lathrop, and Taylor Timoteo. "Exploring Evidence of Nineteenth Century Dissection in the Dunning Poorhouse Cemetery." In *The Bioarchaeology of Dissection and Autopsy in the United States*, Kenneth C. Nystrom, ed. Switzerland: Springer International Publishing, 2017: 301-13.

Green, Elna C. *This Business of Relief: Confronting Poverty in a Southern*

City, 1740-1940. Athens, GA: University of Georgia Press, 2003.

Greenberg, David H., Wolf Douglas, and Jennifer Pfiester. *Using Computers to Combat Welfare Fraud: The Operation and Effectiveness of Wage Matching.* New York: Greenwood Press, 1986.

Gustafson, Kaaryn S. *Cheating Welfare: Public Assistance and the Criminalization of Poverty.* New York: New York University Press, 2011.

Holcomb, Charles. "Rocky to Thin 'Welfare Gravy.' " *Knickerbocker News,* Mar. 16, 1971, 1A, 5A.

In the Matter of an Inquiry into the Administration, Discipline, and Moral Welfare of the Rensselaer County Poorhouse. Albany, NY: New York State Archives, 1905.

Jackson, Larry R., and William A. Johnson. "Protest by the Poor: The Welfare Rights Movement in New York City." New York: RAND Institute, 1973.

Katz, Michael B. *In the Shadow of the Poorhouse: A Social History of Welfare in America.* New York: Basic Books, 1996.

——————. *The Undeserving Poor: From the War on Poverty to the War on Welfare.* 1st ed. New York: Pantheon Books, 1990.

Katz, Michael B., and the Committee for Research on the Urban Underclass Social of the Science Research Council. *The "Underclass" Debate: Views from History.* Princeton, NJ: Princeton University Press, 1993.

Kennedy, Howard. "Policy Due on 'Night Raid' Checking of Welfare Cases," *LA Times,* Feb. 18, 1963, 1

Killgrove, Kristina. "How Grave Robbers and Medical Students Helped Dehumanize 19th Century Blacks and the Poor." *Forbes,* July 13, 2015. https://www.forbes.com/sites/kristinakillgrove/2015/07/13/dissected-bodies-and-grave-robbing-evidence-of-unequal-treatment-of-19th-century-blacks-and-poor/#1c2632f66d12. [Accessed July 27, 2017.]

"Leasing the County Farm and Stone Quarry on the Same." *Troy Daily Whig,* Feb. 8, 1869, 1.

Lombardo, Paul. "Eugenics Sterilization Laws." Dolan DNA Learning Center,

Cold Spring Harbor Laboratory. http://www.eugenicsarchive.org/html/
eugenics/essay8,fs.html. [Accessed June 23, 2017.]

Lombardo, Paul A. *Three Generations, No Imbeciles: Eugenics, the Supreme
Court, and* Buck v. Bell. Baltimore: Johns Hopkins University Press, 2008.

Massachusetts General Court Committee on Paupers Laws and Josiah
Quincy. *Commonwealth of Massachusetts: In the Year of Our Lord One
Thousand Eight Hundred and Twenty One: The Committee, to Whom Was
Referred, at the Last Session of the General Court, the Consideration of the
Paupers Laws of This Commonwealth, with Directions to Report, Whether
Any, and If Any, What Amendments, or Alterations May Be Made Therein,
with Leave to Report by Bill, or Otherwise, Ask Leave to Report.* Boston:
Russell & Gardner, 1821.

Mink, Gwendolyn. *The Wages of Motherhood: Inequality in the Welfare State,
1917-1942.* Ithaca, NY: Cornell University Press, 1995.

Nadasen, Premilla. *Rethinking the Welfare Rights Movement.* New York:
Routledge, 2012.

——. *Welfare Warriors: The Welfare Rights Movement in the
United States.* New York: Routledge, 2005.

Nadasen, Premilla, Jennifer Mittelstadt, and Marisa Chappell. *Welfare in
the United States: A History with Documents, 1935-1996.* New York:
Routledge, 2009.

New York Legislature, Senate Select Committee Appointed to Visit Charitable
Institutions. *Report of Select Committee Appointed to Visit Charitable
Institutions Supported by the State and All City and County Poor and Work
Houses and Jails of the State of New York: Transmitted to the Legislature,
January 9, 1857.* In Senate; 1857, No. 8; Senate Document (New York
State). Albany, NY: C. Van Benthuysen, printer to the legislature, 1857.

New York State Department of Social Services. *Welfare Management System:
A Proposed Design and Implementation Plan.* Albany, NY: Department of
Social Services, 1975.

Orwig, Timothy T. "Three Nineteenth-Century Massachusetts Almshouses and the Origins of American Poorhouse Architecture." Masters Thesis, Boston University, 2001.

"Our County Institutions." *Troy Daily Whig*, Feb. 6, 1857, 1.

Peel, Mark. "Charity Organization Society." In *Encyclopedia of American Urban History*, David R. Goldfield, ed. Thousand Oaks, CA: Sage Publications, 2007.

Piven, Frances Fox, and Richard A Cloward. *Regulating the Poor: The Functions of Public Welfare*. New York: Pantheon, 1971.

Quadagno, Jill S. *The Color of Welfare: How Racism Undermined the War on Poverty*. New York: Oxford University Press, 1994.

Reese, Ellen. *Backlash against Welfare Mothers: Past and Present*. Oakland, CA: University of California Press, 2005.

"Revelations Promised: Alleged Mismanagement of the Rensselaer County Poorhouse." *Albany Express*, Dec. 5, 1885, 1.

Rezneck, Samuel. "The Depression of 1819: A Social History." *American Historical Review* 39, 1 (1933): 30-31.

Richmond, Mary Ellen. *Social Diagnosis*. New York: Russell Sage Foundation, 1917.

Rockefeller, Nelson A. *Public Papers of Nelson A. Rockefeller, Fifty-Third Governor of the State of New York*. Albany, NY: New York State Archives, 1959.

Schneider, David M. *The History of Public Welfare in New York State*. Chicago: University of Chicago Press, 1938.

"Shot Himself: Financial Troubles Drove Calvin B. Dunham to End His Life with a Pistol Ball." *Illustrated Buffalo Express*, Jan. 19, 1896.

Smith, Bruce. "Poor Relief at the St. Joseph County Poor Asylum, 1877- 1891." *Indiana Magazine of History* 86, 2 (1990): 178-96.

Trattner, Walter I. *From Poor Law to Welfare State: A History of Social Welfare in America*, 6th ed. New York: Free Press, 1999.

Wagner, David. *Ordinary People: In and Out of Poverty in the Gilded Age.* New York: Routledge, 2016.

Watkinson, James D. "Rogues, Vagabonds, and Fit Objects: The Treatment of the Poor in Antebellum Virginia." *Virginia Calvacade* 49, Winter 2000: 16-29.

Weise, Arthur James. *Troy's One Hundred Years: 1789-1889.* London: Forgotten Books, 2015.

Welfare Management System: A Proposed Design and Implementation Plan. Albany: New York Dept. of Social Services, 1975.

Wyman, George K. "Nationwide Demonstration Project Newsletter." Albany: New York State Dept. of Social Services, 1971.

Yates, John Van Ness. "Report of the Secretary of State in 1824 on the Relief and Settlement of the Poor." In *Annual Report for the Year 1900*, vol. 1, New York State Board of Charities, 937-1145. Albany, NY: 1824.

출판되지 않은 기록

뉴욕주에서의 디지털 구빈원의 부상에 대한 내 연구의 많은 부분이 뉴욕주기록보관소New York State Archives에 있는 경이로운 소장 기록에서 나왔다. 중요한 자료는 15000-88번 기록이 담긴 29번과 30번 상자의 복지 프로그램Welfare Programs, 복지 행정 전산화 계획Welfare Administration Computerization Projects.

2. 미국 심장부의 자동화된 적격성 판정 시스템

인터뷰

Jamie Andree; Michelle Birden; Glenn Cardwell; John Cardwell; Karen Francisco; Dennis Frick; Fred Gilbert; Patty Goff; Jane Porter Gresham; Chris Holly; Denny Lanane; Senator Tim Lanane; Ruth Lawson; Gene Lushin; Marcia; Maria Martino; Adam Mueller; Kim Murphy; Ginny Nilles; Matt Pierce; Gavin Rose; Dan Skinner; Jeff Stewart; Kim and Kevin Stipes;

Marilyn "Kay" Walker; Terry R. West; Myra Wilkie; Lindsay Williams (Kidwell); Kyle Wood

출판된 문헌

"Bill Would Slow FSSA Rollout." *South Bend Tribune*, Jan. 21, 2009.

Bradner, Eric. "Agency Tests a Nun's Faith (Indiana Welfare Agency in Disarray)." *Courier Press*, Mar. 20, 2009.

Burdick, Betsy. "Indiana State Government's Performance Report, July-December 2007." 2008.

Carr, Mike, and Rich Adams. "The Hybrid System." http://www.aphsa.org/content/dam/aphsa/pdfs/NWI/2012-07-Business-Model-for-Hybrid-System-Integration.pdf. [Accessed June 23, 2017.]

Cermak, Joe. "Local Representative Wants Legislators to Change Modernized Welfare." *NewsLink Indiana*, May 16, 2008.

Cole, Eric, and Sandra Ring. *Insider Threat: Protecting the Enterprise from Sabotage, Spying, and Theft*. Rockland, MA: Syngress, 2006.

Corbin, Bryan. "Bill Filed to Halt Further Expansion of Indiana's New Welfare Eligibility Program." *Indiana Economic Digest*, Jan. 19, 2009.

──────. "Welfare Gripes Persist." *Evansville Courier Press*, Dec. 29, 2008.

Creek, Julie. "Losing the 'Human Factor': State Focuses on Technology in Privatizing Key Welfare Duties." *Fort Wayne Journal Gazette*, May 14, 2006, 13A.

Daniels, Mitch. "Editorial: FSSA Contract with IBM Is Obvious Answer to Obvious Need." *South Bend Tribune*, Jan. 3, 2007. http://articles.southbendtribune.com/2007-01-03/news/26769021_1_welfare-system-fssa-indiana-economy. [Accessed June 28, 2017.]

Davis, Martha F. *Brutal Need: Lawyers and the Welfare Rights Movement, 1960–1973*. New Haven, CT: Yale University Press, 1993.

Ernst, Rose, Linda Nguyen, and Kamilah C. Taylor. "Citizen Control: Race at the Welfare Office." *Social Science Quarterly* 94, no. 5 (2013): 1283–307.

"FSSA Releases Details of New Eligibility System—the Hybrid System." News release, Dec 14, 2009. http://blog.ihca.org/2009/12/fssa-releases-details-of-new.html. [Accessed Sept. 13, 2017.]

Greenhouse, Linda. "New Look at an 'Obscure' Ruling, 20 Years Later." *New York Times*, May 11, 1990.

Harvey, Roger. "Church Leaders Charged with Food Stamp Fraud." Channel 13 WTHR, May 9, 2006.

Herbers, John. "Reagan Called Warm to Welfare-Work Plan." *New York Times*, Feb. 23, 1987.

Higgins, Will. "Falling through Welfare's Cracks." *Indianapolis Star*, July 20, 2009, A1, A4.

Holtz, Maribeth. "Hundreds Line Up to Share Their FSSA Complaints." *Chronicle Tribune*, May 14, 2008.

Indiana Family and Social Services Administration (FSSA). Monthly Management Reports. http://www.stats.indiana.edu/fssa_m/index.html. [Accessed Aug. 3, 2017.]

Indiana Inter-Agency Review Committee. "Eligibility Modernization: An Indiana Solution." June 2005. http://www.in.gov/fssa/transformations/pdf/Eligibility Modernization_An Indiana Solution.pdf. [No longer accessible.]

Jarosz, Francesca, Heather Gillers, Tim Evans, and Bill Ruthhart. "Rollout of Welfare Changes Halted." *Indianapolis Star*, July 31, 2008, A1, A11.

Kusmer, Ken. "IBM Releases Plan for Fixing Indiana's Welfare Problems." *News and Tribune*, July 24, 2009. http://www.newsandtribune.com/news/local_news/ibm-releases-plan-for-fixing-indiana-s-welfare-problems/article_eb1cf1cf-fdd4-5b99-b14b-0c26fb175708.html. [Accessed July 27, 2017.]

Leadership Conference on Civil Rights. "Justice on Trial: Racial Disparities in the American Criminal Justice System." Washington, DC: 2000. https://

web.archive.org/web/20161007113926/http://www.protectcivilrights.org/ pdf/reports/justice.pdf. [Accessed July 27, 2017.]

Linville, Erin, and Indiana Family & Social Services Administration. "Eligibility Modernization: The Need for Change." 2006.

"Mitch Daniels: The Right Stuff." *Economist*, Apr. 19, 2010.

Murray, John. "Disputed Welfare Practices Don't Hold up in Court." *Indianapolis Star*, Apr. 1, 2010.

"Numbers Don't Support State's Claim That All Is Well." *Star Press* (Muncie), May 18, 2008, 2D.

Overmyer, Beth. "Medicaid Enrollment & Modernization–What You Should Know!" Indiana Council of Community Mental Health Centers presentation, 2009.

Riecken, Rep. Gail. "FSSA Disclosure, Transparency, Evaluation Must Be Priorities." *Fort Wayne Journal Gazette*, May 21, 2010, 13A.

Rowe, Gretchen, Carolyn O'Brien, Sam Hall, Nancy Pindus, Lauren Eyster, Robin Koralek, and Alexandra Stanczyk. "Enhancing Supplemental Nutrition Assistance Program (SNAP) Certification: SNAP Modernization Efforts: Final Report." Alexandria, VA: US Department of Agriculture, Food and Nutrition Service, Office of Research and Analysis, 2010.

Roysdon, Keith. "Once-Mighty Borg-Warner Plant Sits Empty, Waiting in Muncie." *Indiana Economic Digest*, Mar. 23, 2015.

Schneider, Mary Beth. "Audit of FSSA Finds 185 Problems." *Indianapolis Star*, June 16, 2005.

Schneider, Mary Beth, and Tim Evans. "Shake-Up Pro Will Take Over the FSSA." *Indianapolis Star*, Dec. 8, 2004.

—————————————————. "Ex-Local Official to Head the FSSA." *Indianapolis Star*, Dec. 8, 2004, A1, A8

Schneider, Mary Beth, and Bill Ruthhart. "Daniels: Critics Were Right." *Indianapolis Star*, Oct. 16, 2009, A1, A15.

Sedgwick, Weston. "Governor Accepts Recommendation to Modernize FSSA

Eligibility Processes." News release, Nov. 29, 2006.

Soss, Joe, Richard C. Fording, and Sanford Schram. *Disciplining the Poor: Neoliberal Paternalism and the Persistent Power of Race.* Chicago: University of Chicago Press, 2011.

State of Indiana. "Request for Proposals 6-58: Eligibility Determination Services." Department of Administration and Indiana Family and Social Service Administration. Indianapolis, IN: 2006.

Taylor, Steve. "Border Lawmakers: Cancellation of Accenture Contract Was Long Overdue." *Rio Granda Guardian*, Mar. 13, 2007.

Welch, Matt, Joshua Swain, and Jim Epstein. "Mitch Daniels on How to Cut Government & Improve Services." *Reason*, May 19, 2015.

"'Welfare Queen' Becomes Issue in Reagan Campaign," *New York Times*, Feb. 15, 1976, 51. Reprinted from the *Washington Star*, no author credited.

Werner, Nick. "Welfare Troubles Prompt Meeting." *Star Press*, Apr. 23, 2008, 3A.

법원 자료

Brief of Appellants: *Sheila Perdue v. Anne W. Murphy*, No. 49A02-1003-PL-00250 (Indiana Court of Appeals 2010).

Complaint for Damages and Declaratory Relief: *State of Indiana v. International Business Machines Corporation* (Marion County Court 2016).

Finding of Fact, Conclusions of Law, and Judgement for IBM, *State of Indiana v. International Business Machines Corporation* (Marion County Court, 2012).

Findings of Fact, Conclusion of Law, and Summary Judgment: *Sheila Perdue, et al. v. Anne W. Murphy*, No. 49D10-0803-PL-013340 (Marion Superior Court 2010).

Goldberg v. Kelly, No. 397 U.S. 254, 62 (United States District Court for the Southern District of New York 1970).

Plaintiff Complaint: *International Business Machines v. The State of Indiana* (Marion Circuit/Superior Court 2010).

Sheila Perdue, et al. v. Michael A. Gargano, et al., No. 49S02-1107-PL-437 (Indiana Supreme Court 2012).

State of Indiana v. International Business Machines Corporation, No. 49S02-1408-PL-00513 (Indiana Supreme Court 2016).

3. '천사의 도시'의 노숙인 통합 등록 시스템

인터뷰

Jose-Antonio Aguilar; T.C. Alexander; Gary Blasi; Gary Boatwright; Lou Contreras; Devin Desjarlais; General Dogon; Bob Fitzgerald; Kris Freed; Maria Funk; John Horn; Quanetha Hunt; Deon Joseph; Rachel Kasselbrock; Hamid Khan; Chris Ko; Veronica Lewis; Hazel Lopez; Tracy Malbrough; Patricia McHugh; William Menjivar; Christina Miller; Robert Mitchell; Ana Muniz; Richard Renteria; Tiffany Russell; Molly Rysman; Al Sabo; James Smith; Monique Talley; Tanya Tull; Nathaniel VerGow; Danielle Wildkress; Jennifer Wolch

출판된 문헌

Aron, Hillel. "L.A.'s Culture War Over the Last True Skid Row in America." *LA Weekly*, July 24, 2014.

Barragan, Bianca. "Downtown LA Vacancy Rate Hits 17-year High," *Curbed Los Angeles*, Sept 15, 2017. https://la.curbed.com/2017/9/15/16316040/downtown-la-high-vacancy-rate-rent. [Accessed Sept. 21, 2017.]

——————. "Historic South-Central Has the Most Crowded Housing in the US." *Los Angeles Curbed*, March 10, 2014.

Blasi, Gary, and Forrest Stuart. "Has the Safer Cities Initiative in Skid Row Reduced Serious Crime?" 2008. http://wraphome.org/wraparchives/

downloads/safer_cities.pdf. [Accessed June 26, 2017.]

Boden, Paul. "The Devastating Impacts of Safer Cities Policing in Skid Row." *Huffington Post*, 2011. http://www.huffingtonpost.com/paul-boden/on-homeless-memorial-day-_1_b_811966.html. [Accessed Aug. 1, 2017.]

Boyle, Hal. "Skid Row: The West's Bowery." *Evening Independent*, June 14, 1947: 10.

Culhane, Dennis P. "We Can End Homelessness." *Penn Top Ten*, 2016. http://www.penntopten.com/wp-content/uploads/2016/05/Top-10-Homelessness-Essay.pdf. [Accessed June 26, 2017.]

Cunningham, Mary, Sarah Gillespie, and Jacqueline Anderson. "Rapid Re-Housing: What the Research Says." New York: Urban Institute, 2015. http://www.urban.org/sites/default/files/publication/54201/2000265-Rapid-Re-housing-What-the-Research-Says.pdf. [Accessed June 26, 2017.]

Davis, Mike. "Afterword—a Logic Like Hell's: Being Homeless in Los Angeles." *UCLA Law Review* 39 (Dec. 1991): 325–27.

—————. *City of Quartz: Excavating the Future in Los Angeles*. New York: Verso, 1990.

DiMassa, Cara Mia. "Little Tokyo Residents Resent Mental Health Facility." *Los Angeles Times*, Feb. 21, 2008.

Downtown Center Business Improvement District. "Downtown Los Angeles Demographic Study 2013." http://www.downtownla.com/survey/2013/results/DTLA-Demo-Study-2013.pdf. [Accessed March 3, 2016.]

Eng, Lily. "Chief Praised, Rebuked in Crackdown on Homeless." *Los Angeles Times*, Aug. 22, 1990.

Gandy, Oscar H. *The Panoptic Sort: A Political Economy of Personal Information*. Boulder, CO: Westview Press, 1993.

Gerry, Sarah. "*Jones v. City of Los Angeles*: A Moral Response to One City's Attempt to Criminalize, Rather Than Confront, Its Homelessness Crisis." *Harvard Civil Rights-Civil Liberties Law Review* 42 (2007): 239–51.

Green, Richard K., Vincent Reina, and Selma Hepp. "2014 USC Casden

Multifamily Forecast." In *USC Lusk Center for Real Estate*, 2014. https://
lusk.usc.edu/sites/default/files/2014-USC-Casden-Multifamily-Forecast.
pdf. [Accessed June 26, 2017.]

Gutierrez, The Honorable Philip S. *"Tony Lavan, et al. v. City of Los Angeles,
et al.* Order Issuing a Preliminary Injunction." https://cangress.files.
wordpress.com/2011/06/lavan-preliminary-injunction-highlights.pdf.
[Accessed June 26, 2017.]

Gustafson, Kaaryn S. "The Criminalization of Poverty." *Journal of Criminal
Law and Criminology* 99, no. 3 (2009): 643–7160.

Holland, Gale. "Fears Mount over a Homeless Plan That Residents Say Will
'End Venice as We Know It.' " *Los Angeles Times*, Oct. 18, 2016.

—————. "L.A. Leaders Are Crafting New Plan to Help Homeless on
Skid Row." *Los Angeles Times*, July 15, 2014.

—————. "Plan to Turn Cecil Hotel into Homeless Housing Is
Withdrawn." *Los Angeles Times*, Apr. 4, 2014.

—————. "Treading a Fine Line, L.A. Council Considers Ordinance to
Boost Homeless Sweeps." *Los Angeles Times*, Mar. 30, 2016.

—————. "Venice Residents Fight over Homeless Housing Project—and
Character of the Neighborhood." *Los Angeles Times*, Mar. 11, 2017.

Howard, David B. "Unsheltered: A Report on Homelessness in South Los
Angeles." Special Services for Groups, 2008. http://www.ssg.org/wp-
content/uploads/Unsheltered_Report.pdf. [Accessed June 26, 2017.]

Huey, Laura. *Negotiating Demands: The Politics of Skid Row Policing in
Edinburgh, San Francisco, and Vancouver*. Toronto: University of
Toronto Press, 2007.

Irvine, Huston. "Skidrow Serenade." *Los Angeles Times Sunday Magazine*,
Mar. 26, 1939: 6, 21.

Littlejohn, Donna. "San Pedro Meeting Erupts over Homeless Storage Center."
Daily Breeze, Oct. 5, 2016.

Lopez, Steve. "A Corner Where L.A. Hits Rock Bottom." *Los Angeles Times*,

Oct. 17, 2005.

Los Angeles Central City Committee. "Centropolis: The Plan for the Central City of Los Angeles." Studies prepared jointly by Los Angeles Central City Committee, Los Angeles City Planning Dept., Traffic Dept., [and others]: 1960.

Los Angeles Department of Mental Health. "Rapid Rehousing: Overview and New Developments." In *9th Annual Housing Institute*, 2016. http://file.lacounty.gov/SDSInter/dmh/246452_RapidRehousing-6-8-16.pdf. [Accessed June 26, 2017.]

Los Angeles Homeless Services Authority. "The Greater Los Angeles Homeless Count." 2017. https://www.lahsa.org/homeless-count/reports. [Accessed June 26, 2017.]

Lyon, David. *Surveillance as Social Sorting: Privacy, Risk, and Digital Discrimination*. New York: Routledge, 2003.

Massey, Douglas S., and Nancy A. Denton. *American Apartheid: Segregation and the Making of the Underclass*. Cambridge, MA: Harvard University Press, 1993.

McDonald, Jeff. "State Ruling May Aid City Crackdown on Homeless: Courts: Decision Will Support Ventura's Plan to Toughen Municipal Ordinance against Camping in Parks, Officials Say." *Los Angeles Times*, Apr. 25, 1995.

O'Brien, J.C. "Loose Standards, Tight Lips: Why Easy Access to Client Data Can Undermine Homeless Management Information Systems." *Fordham Urban Law Journal* 35 (3), 2008: 673–93.

Office of Los Angeles Mayor Eric Garcetti. "Comprehensive Homelessness Strategy." https://www.lamayor.org/comprehensive-homelessness-strategy. [Accessed Aug. 1, 2017.]

————. "Mayor Eric Garcetti and City Council Approve Emergency Spending on Homeless Housing and Shelter." News Release, Dec. 9, 2015. https://www.lamayor.org/mayor-eric-garcetti-and-city-council-approve-emergency-spending-homelesshousing-and-shelter. [Accessed June 26, 2017.]

OrgCode Consulting Inc. and Community Solutions. VULNERABILITY INDEX SERVICE PRIORITIZATION DECISION ASSISTANCE TOOL (VI-SPDAT), American Version 2.0 for Single Adults, 2015.

Parson, Don. "Los Angeles' 'Headline-Happy Public Housing War.' " *Southern California Quarterly* 65 (3), 1983: 265.

Posey, Jacquie. "Penn Researcher Says Ending Homelessness Is Possible." nd. http://www.upenn.edu/spotlights/penn-researcher-says-ending-homelessness-possible. [Accessed June 26, 2017.]

Rosenberg, Jeremy. "Laws That Shaped L.A.: How Bunker Hill Lost Its Victorians." KCET, https://www.kcet.org/departures-columns/laws-that-shaped-la-how-bunker-hill-lost-its-victorians. [Accessed June 26, 2017.]

Sides, Josh. *L.A. City Limits: African American Los Angeles from the Great Depression to the Present.* Oakland, CA: University of California Press, 2003.

Spivack, Donald R. "Community Redevelopment Agency (CRA)." https://www.scribd.com/document/59101874/History-of-Skid-Row. [Accessed June 26, 2017.]

Stuart, Forrest. *Down, Out, and Under Arrest: Policing and Everyday Life in Skid Row.* Chicago: University of Chicago Press, 2016.

—————. "Policing Rock Bottom: Regulation, Rehabilitation, and Resistance on Skid Row." Dissertation, Ph.D., Department of Sociology, University of California, Los Angeles, 2012.

Tsemberis, Sam J. *Housing First: The Pathways Model to End Homelessness for People with Mental Illness and Addiction.* Center City, MN: Hazelden, 2010.

US Commission on Civil Rights. "Understanding Fair Housing." Washington, DC: US Govt. Printing Office, 1973.

White, Magner. "L.A. Shows the World How to End Slums." *Los Angeles Examiner (Special Pullout)*, Oct. 12, 1959: 1–6.

Wild, Mark. *Street Meeting: Multiethnic Neighborhoods in Early Twentieth-Century Los Angeles.* Oakland, CA: University of California Press, 2005.

Willse, Craig. *The Value of Homelessness: Managing Surplus Life in the United States.* Minneapolis: University of Minnesota Press, 2015.

Wolch, Jennifer, and Michael J. Dear. *Malign Neglect: Homelessness in an American City.* San Francisco: Jossey-Bass Publishers, 1993.

문서

로스앤젤레스도서관 센트럴 분관에서의 몇 가지 흥미진진한 조사는 로스앤젤레스에 대한 나의 이해를 넓혀 주었다. 이곳의 재능 넘치고 열정적인 연구 사서들의 도움에 감사한다. 나는 특히 과거 신문 기록과 정부 문서 수집물에 의존했다. 여기에는 로스앤젤레스 도심 개발을 위한 전설적인 "센트로폴리스"와 실버북 계획의 사본이 포함되어 있다. 또 과거의 지도 수집물이 재미있었는데, 특히 샌본화재보험회사Sanborn Fire Insurance의 지도와 베이스트부동산측량Baist's Real Estate Surveys 지도는 스키드로의 역사를 재현하는 데 도움이 되었다. 그 정규 수집품에는 또 랜초로스어미고스 국립재활센터의 100주년을 기념하는 희귀본이 포함되어 있다. 이 책에는 현재 남아 있는 로스앤젤레스 카운티 구빈원의 유일한 사진 몇 장이 실려 있다.

4. 앨러게니의 알고리즘

인터뷰

Carmen Alexander; Karen Blumen; Fred Brown; Marc Cherna; Kim Berkeley Clark; Erin Dalton; Doreen Glover; Patricia Gordon; May Gray; Patrick Grzyb; Tanya Hankins; Amanda Green Hawkins; Mary Heards; Rochelle Jackson; Janine; Tracey McKants Lewis; Laurie Mulvey; Bruce Noel; Kate Norton; Emily Putnam-Hornstein; Marcia Raines; Judy Hale Reed; Ken Regal; Jessie Schemm; Angel Shepherd; Pamela Simmons; Tiffany E. Sizemore-Thompson; Barbara Stack; Rhonda Strickland; Kenneth R.

Strother; Rhema Vaithianathan; Catherine Volponi; and Colleen Young

출판된 문헌

Ackerman, Jan. " 'Why Did You Do That'." *Pittsburgh Post-Gazette*, Mar. 30, 1994: B-1, B-6.

Allegheny County Department of Human Services. "Predictive Risk Modeling in Child Welfare in Allegheny County: The Allegheny Family Screening Tool." http://www.alleghenycounty.us/Human-Services/News-Events/Accomplishments/Allegheny-Family-Screening-Tool.aspx. [Accessed June 26, 2017.]

Baxter, Joanne. "External Peer Review for *Interim findings on the feasibility of using predictive risk modelling to identify new-born children who are at high risk of future maltreatment (April 2013)*." Wellington, New Zealand: Ministry of Social Development, Aug. 2013.

Belser, Ann. "Baby Byron Given Back to His Mom." *North Hills News Record*, Dec. 28, 1993: A1, A6.

Billingsley, Andrew, and Jeanne M. Giovannoni. *Children of the Storm: Black Children and American Child Welfare*. New York: Harcourt, Brace, Jovanovich, 1972.

Birckhead, Tamar. "Delinquent by Reason of Poverty." Juvenile Justice Information Exchange, 2012. http://jjie.org/2012/08/20/delinquent-by-reason-of-poverty/. [Accessed June 26, 2017.]

Bobkoff, Dan. "From Steel to Tech, Pittsburgh Transforms Itself." In *All Things Considered*, NPR, Dec. 16, 2010. http://www.npr.org/2010/12/16/131907405/from-steel-to-tech-pittsburgh-transforms-itself. [Accessed Aug. 1, 2017.]

Bull, John M.R. "County CYS Director Accepts Florida Post." *Pittsburgh Post-Gazette*, Jan. 9, 1995: A1, A2.

Cabrera, Marquis. "Florida Leverages Predictive Analytics to Prevent Child Fatalities—Other States Follow." *HuffPost*, Dec. 21, 2015. http://www.huffingtonpost.com/marquis-cabrera/florida-leverages-predictive_

b_8586712.html. [Accessed June 26, 2017.]

Center for the Study of Social Policy. "Predictive Analytics in Child Welfare: A Broader View from the Field." https://www.youtube.com/watch?v=3VaFEWmynYo. [Accessed June 26, 2017.]

Collier, Roger. "New United States Mammogram Guidelines Ignite Debate." *Canadian Medical Association Journal* 182 (2), 2010: E101-E02.

Compac 21 (The Committee to Prepare Allegheny County for the Twentyfirst Century). "Preparing Allegheny County for the 21st Century: A Report to the Allegheny County Board of Commissioners." 1996.

Dalton, Erin. "Data Sharing." Actionable Intelligence for Social Policy." http://www.aisp.upenn.edu/wp-content/uploads/2015/11/Dalton-Data-Sharing.pdf. [Accessed June 26, 2017.]

Dare, Tim, and Eileen Gambrill. "Ethical Analysis: Predictive Risk Models at Call Screening for Allegheny County." Centre for Social Data Analytics, University of Auckland, 2016.

Deitrick, Sabina, and Christopher Briem. "Allegheny County Economic Trends 2005." University Center for Social and Urban Research, University of Pittsburgh, 2005. http://ucsur.pitt.edu/wp-content/uploads/2014/11/ACEconomicTrends2005.pdf. [Accessed June 28, 2017.]

Frey, William H., and Ruy Teixeira. "The Political Geography of Pennsylvania: Not Another Rust Belt State." *Brookings Policy Brief*, Brookings Institute, April 15, 2008. https://www.brookings.edu/research/the-political-geography-of-pennsylvania-not-another-rust-belt-state/. [Accessed June 28, 2017.]

Fuoco, Michael A. "Dad Held in Death of Girl, 2." *Pittsburgh Post-Gazette*, Mar. 10, 1994: A1, A13.

Gill, Sam, Indi Dutta-Gupta, and Brendan Roach. "Allegheny County, Pennsylvania: Department of Human Services' Data Warehouse." http://datasmart.ash.harvard.edu/news/article/allegheny-county-pennsylvania-department-of-human-services-data-warehouse-4. [Accessed June 27,

2017.]

Gillingham, Philip. "Predictive Risk Modelling to Prevent Child Maltreatment and Other Adverse Outcomes for Service Users: Inside the 'Black Box' of Machine Learning." *British Journal of Social Work* 46 (6), 2016: 1044–58.

————. "Why the PRM Will Not Work." In *Re-Imagining Social Work in Aotearoa New Zealand*, RSW Collective, Oct. 8, 2015. http://www.reimaginingsocialwork.nz/2015/10/why-the-prm-will-not-work/. [Accessed June 28, 2017.]

Harcourt, Bernard E. *Against Prediction: Profiling, Policing, and Punishing in an Actuarial Age*. Chicago: University of Chicago Press, 2007.

Hawkes, Jeff. "After the Sandusky Case, a New Pennsylvania Law Creates Surge in Child Abuse Reports." *Lancaster Online*, Feb. 20, 2015. http://lancasteronline.com/news/local/after-the-sandusky-case-a-new-pennsylvania-law-creates-surge/article_03541f66-b7a3-11e4-81cd-2f614d04c9af.html. [Accessed June 28, 2017.]

Heimpel, Daniel. "Managing the Flow: Predictive Analytics in Child Welfare." *Chronicle of Social Change,* April 6, 2017. https://chronicleofsocialchange.org/analysis/managing-flow-predictive-analytics-child-welfare. [Accessed Aug. 1, 2017.]

Hickey, Kathleen. "Saving Children, One Algorithm at a Time." In *GCN: Technology, Tools, and Tactics for Public Sector IT*, July 26, 2016. https://gcn.com/articles/2016/07/26/child-welfare-analytics.aspx. [Accessed June 28, 2017.]

The Independent Committee to Review CYS. "Report of the Committee to Review Allegheny County Children and Youth Services" (The Murray Report). Submitted to the Advisory Board of Children and Youth Services of Allegheny County, Feb. 17, 1995.

Kelly, John. "Rapid Safety Feedback's Rapid Ascent." *Chronicle of Social Change*, Feb. 28, 2017. https://chronicleofsocialchange.org/child-welfare-2/rapid-safety-feedbacks-rapid-ascent. [Accessed Aug. 1, 2017.]

Kirk, Stacey. "Paula Bennett Rejects That She Knew about 'Lab Rat' Child Abuse Study."http://www.stuff.co.nz/national/politics/70725871/paula-bennett-rejects-lab-rat-child-abuse-study-greenlit-under-her-watch. [Accessed June 26, 2017.]

Kitzmiller, Erika M. "Allegheny County's Data Warehouse: Leveraging Data to Enhance Human Service Programs and Policies." In *Actionable Intelligence for Social Policy*. Philadelphia: University of Pennsylvania, May 2014. https://www.aisp.upenn.edu/wp-content/uploads/2015/08/AlleghenyCounty-_CaseStudy.pdf. [Accessed Aug. 1, 2017.]

Levenson, Michael. "Can Analytics Help Fix the DCF?" *Boston Globe*, Nov. 7, 2015.

Lindert, Bryan. "Eckerd Rapid Safety Feedback: Summary and Replication Information." nd. http://static.eckerd.org/wp-content/uploads/Eckerd-Rapid-Safety-Feedback-Final.pdf. [Accessed Aug. 1, 2017.]

Ministry of Social Development (New Zealand). "The Feasibility of Using Predictive Risk Modelling to Identify New-Born Children Who Are High Priority for Preventive Services." Feb. 2, 2014. http://www.msd.govt.nz/documents/about-msd-and-our-work/publications-resources/research/predictive-modelling/00-feasibility-study-report.pdf. [Accessed Aug. 1, 2017.]

——————————————————. "The White Paper for Vulnerable Children, Volume II." 2012. https://www.mvcot.govt.nz/assets/Uploads/Documents/whitepaper-volume-ii-web.pdf. [Accessed Aug. 1, 2017.]

Niedecker, Stacy. "Byron's Mother Ready for Family to Be Together." *North Hills News Record*, Dec. 30, 1993: A4.

O'Neil, Cathy. *Weapons of Math Destruction: How Big Data Increases Inequality and Threatens Democracy*. New York: Crown, 2016.

Pelton, Leroy. "The Continuing Role of Material Factors in Child Maltreatment and Placement." *Child Abuse & Neglect* 41 (2015): 30–39.

Piven, Frances Fox, and Richard A. Cloward. *Regulating the Poor: The Functions of Public Welfare*. New York: Pantheon, 1971.

——————————————————————. *Poor People's Movements: Why They Succeed, How They Fail*. New York: Vintage, 1978.

Pro, Johnna A. "Baby's Death Puts System in Question." *Pittsburgh Post-Gazette*, Mar. 11, 1994: C1, C7.

The Protect Our Children Committee. "Child Protection Report: Digging Deeper to Understand How Pennsylvania Defines Child Abuse." nd. http://www.protectpachildren.org/files/Child-Protection-Report-On-Defining.pdf. [Accessed July 31, 2017.]

Putnam-Hornstein, Emily, and Barbara Needell. "Predictors of Child Protective Service Contact between Birth and Age Five: An Examination of California's 2002 Birth Cohort." *Children and Youth Services Review* 33 (2011): 2400–07.

Rauktis, Mary E., and Julie McCrae. "The Role of Race in Child Welfare System Involvement in Allegheny County," Pittsburgh, PA: Allegheny County Dept. of Human Services, 2010. http://www.alleghenycountyanalytics.us/wp-content/uploads/2015/12/The-Role-of-Race-in-Child-Welfare-System-Involvement-in-Allegheny-County.pdf. [Accessed Aug. 1, 2017.]

Reich, Jennifer A. *Fixing Families: Parents, Power, and the Child Welfare System*. New York: Routledge, 2005.

Roberts, Dorothy E. *Shattered Bonds: The Color of Child Welfare*. New York: Basic Books, 2002.

Shroff, Ravi. "Stats and the City: A Data-Driven Approach to Criminal Justice and Child Welfare." In *DataBites*. New York City: Data & Society, June 14, 2017. http://listen.datasociety.net/databites-100-series-stats-city-data-driven-approach-criminal-justice-child-welfare/. [Accessed Aug. 1, 2017.]

Smith, Matthew P. "Authorities Take 'Baby Byron.' " *Pittsburgh Post-Gazette*, Dec. 28, 1993: A1, A2.

Smith, Michael. "Building an Interoperable Human Services System: How

Allegheny County Transformed Systems, Services and Outcomes for Vulnerable Children and Families." Smithtown, NY: Stewards of Change, 2008.

Stack, Barbara White. "Criticized CYS Policies to Be Studied." *Pittsburgh Post-Gazette*, Sept. 28, 1994: C1, C4.

——————. "CYS Failed to Tell Judge Facts in Case." *Pittsburgh Post-Gazette*, Oct. 1, 1994: A1, A3.

——————. "CYS, Father Betrays Girl, 2." *Pittsburgh Post-Gazette*, Sept. 4, 1994: A1, A8.

——————. "U.S. Probe of Youth Agency Sought." *Pittsburgh Post-Gazette*, Oct. 4, 1994: B1, B4.

TCC Group. "Peer Review Report 1." Wellington, New Zealand: Ministry of Social Development, 2015. https://www.msd.govt.nz/documents/about-msd-and-our-work/publications-resources/research/predictive-modelling/feasibility-study-schwartz-tcc-interim-review.pdf. [Accessed Aug. 1, 2017.]

US Centers for Disease Control and Prevention. "Adverse Childhood Experiences: Looking at How ACEs Affect our Lives and Society." nd. http://vetoviolence.cdc.gov/apps/phl/resource_center_infographic.html. [Accessed July 31, 2017.]

US Department of Health and Human Services and Children's Bureau. "Child Maltreatment 2015." Jan. 19, 2017. https://www.acf.hhs.gov/cb/resource/child-maltreatment-2015. [Accessed Aug. 1, 2017.]

Vaithianathan, Rhema, Tim Maloney, Nan Jiang, Irene De Haan, Claire Dale, Emily Putnam-Hornstein, and Tim Dare. "Vulnerable Children: Can Administrative Data Be Used to Identify Children at Risk of Adverse Outcomes?" Centre for Applied Research in Economics. Auckland, NZ: University of Auckland Business School, Sept. 2012. http://www.msd.govt.nz/documents/about-msd-and-our-work/publications-resources/research/vulnerable-children/auckland-university-can-administrativedata-be-used-to-identify-children-at-risk-of-adverse-outcome.pdf. [Accessed Aug. 1, 2017.]

Vaithianathan, Rhema, Tim Maloney, Emily Putnam-Hornstein, and Nan Jiang. "Children in the Public Benefit System at Risk of Maltreatment Identification Via Predictive Modeling." *American Journal of Preventative Medicine* 45 (3), 2013: 354–59.

Vaithianathan, Rhema, Emily Putnam-Hornstein, Nan Jiang, Parma Nand, and Tim Maloney. "Developing Predictive Models to Support Child Maltreatment Hotline Screening Decisions: Allegheny County Methodology and Implementation." Centre for Social Data Analytics, University of Auckland, April 2017. http://www.alleghenycountyanalytics. us/wp-content/uploads/2017/04/Developing-Predictive-Risk-Models-package-with-cover-1-to-post-1.pdf. [Accessed Aug. 1, 2017.]

Wilson, Moira L., Sarah Tumen, Rissa Ota, and Anthony G. Simmers. "Predictive Modeling: Potential Application in Prevention Services." *American Journal of Preventative Medicine* 48 (5), 2015: 509–19.

Woods, Darian. "New Zealand's Child Abuse Analytics Study Hits Political Snag." *Chronicle of Social Change*, Aug. 7, 2015. https:// chronicleofsocialchange.org/featured/new-zealands-child-abuse-analytics-study-hits-political-snag. [Accessed Aug. 1, 2017.]

문서

나는 앨리게니가정선별도구를 조사하던 초기에 해리스버그에 있는 펜실베이니아대학 기록보관소를 찾아갔다. 이곳 공공복지부 기록Records of the Department of Public Welfare, 특히 RG-23 시리즈 8-1618번 상자 26번 통(행정 서신), 8-1638번 상자 61번 통(부처간 서신), 8-1628번 상자 54번 통(부처간 서신), 8-1635번 상자 58번 통(부처간 서신)에서 아주 중대한 역사적 맥락을 발견했다.

5. 디지털 구빈원

출판된 문헌

Automating Apartheid: U.S. Computer Exports to South Africa and the Arms Embargo. Philadelphia: NARMIC/American Friends Service Committee, 1984.

Black, Edwin. *IBM and the Holocaust: The Strategic Alliance between Nazi Germany and America's Most Powerful Corporation.* New York: Crown Publishers, 2001.

Brennan, William J. "Reason, Passion, and 'the Progress of the Law.'" *Cardozo Law Review* 3 (1988): 3–23.

Cohen, Adam. *Imbeciles: The Supreme Court, American Eugenics, and the Sterilization of Carrie Buck.* New York: Penguin Press, 2016.

Cohn, Cindy. "Amicus Brief of the Electronic Frontier Foundation (Case 14-4104, Document 57)." 2015. https://www.eff.org/files/2015/02/11/eff_ibm_apartheid_amicus_brief_final.pdf. [Accessed June 26, 2017.]

Desilver, Drew. "U.S. Income Inequality, on Rise for Decades, Is Now Highest Since 1928." Pew Research Center, 2013. http://www.pewresearch.org/fact-tank/2013/12/05/u-s-income-inequality-on-rise-for-decades-is-now-highest-since-1928/. [Accessed June 26, 2017.]

Ehrenreich, Barbara. *Fear of Falling: The Inner Life of the Middle Class.* New York: Pantheon Books, 1989.

Flaherty, David H. *Protecting Privacy in Surveillance Societies: The Federal Republic of Germany, Sweden, France, Canada, and the United States.* Chapel Hill, NC: University of North Carolina Press, 1989.

Gandy, Oscar H. *Coming to Terms with Chance: Engaging Rational Discrimination and Cumulative Disadvantage.* New York: Routledge, 2009.

Gangadharan, Seeta Pena. "Digital Inclusion and Data Profiling." *First Monday* 17 (5–7), 2012.

Haney López, Ian. *Dog Whistle Politics: How Coded Racial Appeals Have Reinvented Racism and Wrecked the Middle Class.* New York: Oxford University Press, 2014.

Killgrove, Kristina. "How Grave Robbers and Medical Students Helped Dehumanize 19th Century Blacks and the Poor." *Forbes,* July 13, 2015. https://www.forbes.com/sites/kristinakillgrove/2015/07/13/dissected-bodies-and-grave-robbing-evidence-of-unequal-treatment-of-19th-century-blacks-and-poor/#468b84886d12. [Accessed Aug. 1, 2017.]

Massey, Douglas S., and Nancy A. Denton. *American Apartheid: Segregation and the Making of the Underclass.* Cambridge, MA: Harvard University Press, 1993.

Mounk, Yascha. *The Age of Responsibility: Luck, Choice, and the Welfare State.* Cambridge, MA: Harvard University Press, 2017.

O'Neil, Cathy. *Weapons of Math Destruction: How Big Data Increases Inequality and Threatens Democracy.* New York: Crown, 2016.

Rank, Mark R. *One Nation, Underprivileged: Why American Poverty Affects Us All.* New York: Oxford University Press, 2004.

Stone, Deborah A. *Policy Paradox: The Art of Political Decision Making,* 3rd ed. New York: W. W. Norton, 2012.

Taube, Aaron. "How Marketers Use Big Data to Prey on the Poor." *Business Insider,* Dec. 19, 2013. http://www.businessinsider.com/how-marketers-use-big-data-to-prey-on-the-poor-2013-12. [Accessed Aug. 1, 2017.]

Vaithianathan, Rhema. "Big Data Should Shrink Bureaucracy Big Time." *Stuff,* 2016. http://www.stuff.co.nz/national/politics/opinion/85416929/rhema-vaithianathan-big-data-should-shrink-bureaucracy-big-time. [Accessed June 26, 2017.]

Wong, Julie Carrie. " 'We're Just Rentals': Uber Drivers Ask Where They Fit in a Self-Driving Future." *Guardian,* Aug. 19, 2016. https://www.theguardian.com/technology/2016/aug/19/uber-self-driving-pittsburgh-what-drivers-think. [Accessed June 28, 2017.]

결론: 디지털 구빈원 해체하기

출판된 문헌

Alexander, Karl L., Doris R. Entwisle, and Linda Steffel Olson. *The Long Shadow: Family Background, Disadvantaged Urban Youth, and the Transition to Adulthood.* American Sociological Association, Rose Series in Sociology. New York: Russell Sage Foundation, 2014.

Deloitte Touche. *Public Sector, Disrupted: How Disruptive Innovation Can Help Government Achieve More for Less.* 2012. https://www2.deloitte. com/content/dam/Deloitte/global/Documents/Public-Sector/dttl-ps-publicsectordisrupted-08082013.pdf. [Accessed Aug. 1, 2017.]

Edin, Kathryn J., and H. Luke Shaefer. *$2.00 a Day: Living on Almost Nothing in America.* Boston: Houghton Mifflin Harcourt, 2015.

Garza, Alicia. "A Herstory of the #Blacklivesmatter Movement." http:// blacklivesmatter.com/herstory/. [Accessed June 28, 2017.]

Gillespie, Sarah. "Mark Zuckerberg Supports Universal Basic Income. What Is It?" *CNN Money,* May 26, 2017. http://money.cnn.com/2017/05/26/news/ economy/mark-zuckerberg-universal-basic-income/index.html. [Accessed June 28, 2017.]

Hiltzik, Michael. "Conservatives, Liberals, Techies, and Social Activists All Love Universal Basic Income: Has Its Time Come?" *Los Angeles Times,* June 22, 2017. http://www.latimes.com/business/hiltzik/la-fi-hiltzik-ubi-20170625-story.html. [Accessed June 28, 2017.]

Holland, Gale. "13,000 Fall into Homelessness Every Month in L.A. County, Report Says." *Los Angeles Times,* Aug. 25, 2015. http://www.latimes.com/ local/lanow/la-me-homeless-pathways-20150825-story.html. [Accessed Aug. 1, 2017.]

House of Representatives of the State of Hawaii. *Requesting the Department of Labor and Industrial Relations and the Department of Business, Economic Development, and Tourism to Convene a Basic Economic*

Security Working Group. 29th Legislature. http://www.capitol.hawaii.gov/session2017/bills/HCR89_.HTM. [Accessed Aug. 1, 2017.]

Jackson, Thomas F. *From Civil Rights to Human Rights: Martin Luther King, Jr., and the Struggle for Economic Justice*. Philadelphia: University of Pennsylvania Press, 2007.

King, Jr., Dr. Martin Luther. "Remaining Awake through a Great Revolution." Sermon in the National Cathedral. Washington, DC, Mar. 31, 1968 (1968b). http://kingencyclopedia.stanford.edu/encyclopedia/documentsentry/doc_remaining_awake_through_a_great_revolution.1.html. [Accessed Aug. 1, 2017.]

Kotz, Mick, and Mary Lynn Kotz. *A Passion for Equality: George A. Wiley and the Movement*. New York: W. W. Norton & Co., 1977.

McKnight, Gerald. *The Last Crusade: Martin Luther King, Jr., the FBI, and the Poor People's Campaign*. Boulder, CO: Westview Press, 1998.

Movement for Black Lives. "Platform: Reparations." https://policy.m4bl.org/reparations/. [Accessed Aug. 1, 2017.]

Potts, Monica. "The Other Americans." *Democracy: A Journal of Ideas* 32 (2014). http://democracyjournal.org/magazine/32/the-other-americans/. [Accessed Aug. 1, 2017.

문서

http://www.crmvet.ort/에 있는 인권 운동가들의 온라인 기록보관소는 대단한 자료다. 이곳에서 나는 빈민 운동에 관한 많은 초기 자료를 찾아냈다. 여기에는 다음과 같은 자료가 포함된다.

Martin Luther King. *Statement Announcing Poor People's Campaign*. Dec. 4, 1967.

Martin Luther King. *Letter to Supporters Regarding Poor People's Campaign*. Apr. 1968 (1968a).

SCLC~Martin Luther King. *Economic Bill of Rights*. 1968.

킹 박사와 아마도 남부기독교지도자회의의 또 다른 관련자의 것으로 추정되는, 서명이 없는 원고 초안. *Draft: To the President, Congress, and Supreme Court of the United States*. Feb. 6, 1968.

주

1. 구빈원에서 데이터베이스로

1. State Board of Charities, 1905.

2. Massachusetts General Court Committee on Paupers Laws and Josiah Quincy 1821: 14.

3. 앞의 책: 10.

4. Katz, 1996.

5. 1857년의 보고서는 뉴욕주 얼스터 카운티의 구빈원 입소자 177명 가운데 50명이 그전 해에 사망했다고 밝혔다. 또한 David Wagner, *Ordinary People*을 참조하라. "30년 동안 (매사추세츠주 구빈원의) 턱스베리에게 보내진 수백 명의 버려진 아이들이 거의 모조리 사망했다."(Wagner, 2008: 25).

6. Trattner, 1999: 53-54.

7. *The Washington National Republican*, 1877, quoted in Bellesiles, 2010: 144.

8. Richmond, 1917: 39

9. Almy, 1910: 31.

10. Priddy from Lombardo, 2008: 128; Buzelle from Trattner, 1999: 100.

11. *274 U.S. 200* (1927), Justia U.S. Supreme Court Center, https://supreme. justia.com/cases/federal/us/274/200/case.html#207. [Accessed July 21, 2017.]

12. Peel, 2007: 133.

13. Nadasen, 2012: 18.

14. Kennedy, 1963.

15. Nadasen, 2012: 12.

16. 앞의 책: 107.

17. Gilens, 2003: 102.

18. Jackson and Johnson, 1973: 201.

19. Rockefeller, 1959.

20. New York State Department of Social Services, 1975: 1.

2. 미국 심장부의 자동화된 적격성 판정 시스템

1. Schneider and Ruthhart, 2009.

2. Sedgwick, 2006.

3. Daniels, 2007.

4. Greenhouse, 1990.

5. Corbin, 2009.

6. Kusmer, 2009.

7. Complaint for Damages and Declaratory Relief, *State of Indiana v. International Business Machines Corporation*, 2006: 22.

8. Finding of Fact, Conclusions of Law, and Judgement for IBM, *State of Indiana v. International Business Machines Corporation*, 2012: 35.

9. 앞의 책: 4-9.

10. Riecken, 2010: 13A.

11. Higgins, 2009: A1.

12. "Welfare Queen' Becomes Issue in Reagan Campaign," 1976.

13. Ernst, 2013.

14. Soss, Fording, and Schram, 2011.

15. Leadership Conference on Civil Rights, 2000.

3. '천사의 도시'의 노숙인 통합 등록 시스템

1. Boyle, 1947.

2. Lopez, 2005.

3. Irvine, 1939.

4. Posey, nd.

5. Culhane, 2016.

6. OrgCode Consulting Inc. and Community Solutions, 2015: 5 - 6.

7. Cunningham, 2015: 1.

8. O'Brien, 2008: 693.

9. 앞의 책.

10. Gustafson, 2009: 669.

11. Blasi, 2008.

12. Lyon, 2003.

13. Gandy, 1993: 1-2.

4. 앨러게니의 알고리즘

1. U.S. Centers for Disease Control and Prevention, nd.

2. The Independent Committee to Review CYS (The Murray Report), 1995: 5.

3. Putnam-Hornstein and Needell, 2011: 2406.

4. Vaithianathan, 2013: 355.

5. Wilson, 2015: 511.

6. TCC Group, 2015: 5.

7. 예를 들어, Baxter 2013을 참조하라.

8. Vaithianathan, 2016: 35-41.

9. 앞의 책: 12.

10. 앞의 책: 15.

11. Collier, 2010.

12. O'Neil, 2016: 21.

13. Rauktis, 2010.

14. Birckhead, 2012.

15. 이 모형의 나머지 절반의 변수에는 가정 내 아동의 나이와 수, 부모의 나이
와 수, 학대로 신고된 가해자의 특성, 정신 건강 상태, 약물 사용이 포함된다.

16. U.S. Dept. of Health and Human Services, 2015.

17. 마크 처너는 시스템이 이 모형에 포함된 모든 예측 변수를 부정적으로 해

석하지는 않는다고 지적한다. 따라서 예를 들어, 공공 정신 건강 서비스를 이용한 일은 시스템에 의해 긍정적이면서 방어적인 요인으로 해석될 수도 있다. 이는 그 사람의 앨러게니가정선별도구 점수를 높이기보다 낮출 것이다. 유감스럽게도, 내가 각 요인이 위험 예측 모형에서 어느 정도의 중요성을 갖는지, 그리고 그것이 앨러게니가정선별도구 점수와 음의 상관관계를 갖는지 양의 상관관계를 갖는지 밝혀 줄 변수들의 가중치를 공개해 달라고 하자, 바이시아나산과 퍼트넘-호른스타인은 거절했다.

5. 디지털 구빈원

1. Rank, 2004: 102-3.

2. Killgrove, 2015.

3. Ehrenreich, 1989.

4. Cohen, 2016.

5. Gandy, 2009.

6. Gangadharan, 2012.

7. Wong, 2016.

8. Brennan, 1988: 22.

9. O'Neil, 2016: 38.

10. Vaithianathan, 2016.

11. Cohn, 2015.

결론: 디지털 구빈원 해체하기

1. Kotz, 1977: 249.

2. Potts, 2014.

3. King, 1968a: 1.

4. Edin and Shaefer, 2015: 168.

5. Holland, 2015.

6. King, 1968b.

찾아보기

인명 찾아보기

북트리거 포스트

북트리거 페이스북

자동화된 불평등

첨단 기술은 어떻게 가난한 사람들을 분석하고, 감시하고, 처벌하는가

1판 1쇄 인쇄일 2018년 11월 23일
1판 1쇄 발행일 2018년 12월 10일

지은이 버지니아 유뱅크스 | **옮긴이** 김영선 | **해제** 홍기빈
펴낸이 권준구 | **펴낸곳** (주)지학사
본부장 황홍규 | **편집장** 윤소현 | **기획·책임편집** 김지영 | **편집** 전해인
마케팅 송성만 손정빈 윤술옥 이승혜 | **디자인** 정은경디자인 | **제작** 김현정 이진형 강석준
등록 2017년 2월 9일(제2017-000034호) | **주소** 서울시 마포구 신촌로6길 5
전화 02.330.5295 | **팩스** 02.3141.4488 | **이메일** booktrigger@naver.com
홈페이지 www.jihak.co.kr | **포스트** http://post.naver.com/booktrigger

ISBN 979-11-960400-9-3

이 도서의 국립중앙도서관 출판예정도서목록(CIP)은 서지정보유통지원시스템 홈페이지
(http://seoji.nl.go.kr)와 국가자료공동목록시스템(http://www.nl.go.kr/kolisnet)에서
이용하실 수 있습니다.(CIP제어번호: CIP2018036392)

북트리거

트리거(trigger)는 '방아쇠, 계기, 유인, 자극'을 뜻합니다.
북트리거는 나와 사물, 이웃과 세상을 바라보는 시선에 신선한 자극을 주는 책을 펴냅니다.